铁道概论

主　编　隋东旭　宋贵君
副主编　米秀杰　国　策
　　　　吴　曦　李冠群

北京理工大学出版社
BEIJING INSTITUTE OF TECHNOLOGY PRESS

内 容 提 要

本书系统、全面地介绍了铁路运输体系的构成及铁路基本知识与基本原理。全书共分为9个项目，主要内容包括铁路概述，铁路轨道，铁路路基、桥梁和隧道，铁路车站，铁路车辆，铁路机车，铁路信号和通信，铁路运输组织，高速铁路与重载运输等。

本书内容选材适当，结合现场实际，适度地描述了铁路建设前沿知识，文字通俗易懂，既可作为交通运输类高等院校教材或作为职工培训教材，也可供铁路爱好者学习参考。

图书在版编目（CIP）数据

铁道概论/隋东旭，宋贵君主编.—北京：北京理工大学出版社，2018.1
ISBN 978-7-5682-4739-9

Ⅰ.①铁…　Ⅱ.①隋…　②宋…　Ⅲ.①铁路工程－高等学校－教材　②铁路运输－高等学校－教材　Ⅳ.①U2

中国版本图书馆CIP数据核字(2017)第205709号

出版发行 / 北京理工大学出版社有限责任公司
社　　址 / 北京市海淀区中关村南大街5号
邮　　编 / 100081
电　　话 / (010)68914775(总编室)
　　　　　(010)82562903(教材售后服务热线)
　　　　　(010)68948351(其他图书服务热线)
网　　址 / http://www.bitpress.com.cn
经　　销 / 全国各地新华书店
印　　刷 / 三河市天利华印刷装订有限公司
开　　本 / 787毫米×1092毫米 1/16
印　　张 / 14　　　　责任编辑 / 王晓莉
字　　数 / 331千字　　　　文案编辑 / 王晓莉
版　　次 / 2018年1月第1版　2018年1月第1次印刷　　　　责任校对 / 周瑞红
定　　价 / 59.00元　　　　责任印制 / 王美丽

图书出现印装质量问题，请拨打售后服务热线，本社负责调换

前 言

PREFACE

运输是人与物在一定空间范围内的位移。交通运输是国家的基础设施，对于国家社会经济的正常运行和发展具有举足轻重的、全局性的作用。铁路是我国的主要运输方式，也是世界上其他国家陆上交通的一种主要工具。

“铁道概论”课程的教学目的和主要任务是：要求学生对铁路运输业有个概括的认识和了解，尤其要对铁路运输设备的基本构造、基本原理进行初步的掌握。这一方面为学生学习后续课程提供必要的基础知识；另一方面也为学生充分了解铁路运输现状和发展趋势提供了必要条件。

本书根据高等院校人才培养目标和工学结合人才培养模式以及专业教学改革的需要，从更好地服务于高等院校学生毕业就业的角度出发，在内容选取上涉及铁路概述，铁路轨道，铁路路基、桥梁和隧道，铁路车站，铁路车辆，铁路机车，铁路信号和通信，铁路运输组织，高速铁路与重载运输等内容，严格遵循国家现行标准及规范进行编写。学生通过对本书的学习，将为今后专业技术水平的提高打下坚实的基础。

本书编写过程中，注重原理性、基础性与现代性，强化学习理念和综合思维，着重培养学生发现问题和解决问题的能力，有助于理论知识与实践技能的协调发展。本书的编写人员，都是具有丰富教学经验的教师，教材内容更加贴近教学的实际需要，方便教师的“教”和学生的“学”，增强了教材的实用性，使学生真正做到“学以致用”。

本书由隋东旭、宋贵君任主编，由米秀杰、国策、吴曦、李冠群任副主编。其中项目 2、项目 3、项目 4 由隋东旭编写；项目 1、项目 9 由宋贵君和李冠群共同编写；项目 5、项目 6 由米秀杰编写；项目 7 由国策编写；项目 8 由吴曦编写。

本书在编写过程中参阅了大量的文献，在此向这些文献的作者致以诚挚的谢意！由于编写时间仓促，编者的经验和水平有限，书中难免有不妥和错误之处，恳请读者和专家批评指正。

编　者

目录
CONTENTS

项目1
铁路概述

学习目标

1. 了解现代交通运输方式的种类及特点和现代交通运输在社会和经济发展中的作用。
2. 了解世界铁路发展的历史。
3. 了解我国铁路发展的历程及未来发展规划。

1.1 现代交通运输的方式和作用

1.1.1 现代交通运输的方式

运输是指人和物借助交通工具的载运，产生有目的的空间位移。交通运输是研究铁路、公路、水路及航空运输基础设施的布局及修建、载运工具运用工程、交通信息工程及控制、交通运输经营和管理的工程领域。

现代交通运输方式主要有铁路运输、公路运输、水路运输、航空运输和管道运输。这五种运输方式在技术上、经济上各有长短，都有其适宜的使用范围。

1. 铁路运输

铁路运输是一种陆上运输方式，以两条平行的铁轨引导火车。铁路运输是一种最有效的已知陆上交通方式。铁路运输方式具有以下特点：

(1)运量大。目前，我国铁路的一列货物列车一般都能运送几千吨货物，重载货物列车可以运送万吨以上货物。

(2)速度快。我国铁路还有少量旅客列车运行速度在 80 km/h 左右，特快旅客列车为 120～160 km/h，高速旅客列车可达 200 km/h 以上，大部分长途旅客列车可以实现夕发朝至。铁路货运每昼夜的行驶距离也有几百公里①，比水路运输快得多。

---

① 1公里=1千米。

(3)运输成本低。铁路的运输成本只有公路的十几分之一到几分之一，比航空运输更低。

(4)安全、准时、可靠。铁路运输基本上不受气候条件的影响，一年四季可以不分昼夜地进行连续运输。铁路运输有可靠的安全行车设施和保证安全的规章制度，所以，安全、可靠是铁路运输的一大重要特点，同时，在所有的运输方式中，铁路运输又是最准时的。

(5)建设周期长，初期投资大。修建铁路、架桥、开凿隧道需要大量的钢铁、水泥、木材及各种设备，要完成大量的土石方工程，从开始修建到投入运营的时间周期较长，初期投资较大。

铁路运输适合于中、长距离的大宗货物和旅客运输。

2. 公路运输

公路运输是在公路上运送旅客和货物的运输方式。目前所用运输工具主要是汽车。因此，公路运输一般即指汽车运输。公路运输方式具有以下特点：

(1)机动灵活，适应性强。由于公路运输网一般比铁路网、水路网的密度要大十几倍，分布面也广，因此，公路运输车辆可以“无处不到、无时不有”。公路运输在时间方面的机动性也比较大，车辆可随时调度、装运，各环节之间的衔接时间较短。尤其是公路运输对客货运量的多少具有很强的适应性，汽车的载重吨位有小(0.25～1 t)有大(200～300 t)，既可以单个车辆独立运输，也可以由若干车辆组成车队同时运输，这一点对抢险、救灾工作和军事运输具有特别重要的意义。

(2)可实现“门到门”直达运输。由于汽车体积较小，中途一般也不需要换装，除了可沿分布较广的路网运行外，还可离开路网深入工厂企业、农村田间、城市居民住宅等地，即可以把旅客和货物从始发地门口直接运送到目的地门口，实现“门到门”直达运输。这是其他运输方式无法与公路运输比拟的特点之一。

(3)在中、短途运输中，运送速度较快。由于公路运输可以实现“门到门”直达运输，中途不需要倒运、转乘就可以直接将客货运达目的地，因此，与其他运输方式相比，其客、货在途时间较短，运送速度较快。

(4)原始投资少，资金周转快。公路运输与铁、水、航运输方式相比，所需固定设施简单，车辆购置费用一般也比较低，因此，投资兴办容易，投资回收期短。据有关资料表明，正常情况下，公路运输的投资每年可周转 1～3 次，而铁路运输则需要 3～4 年才能周转一次。

(5)掌握车辆驾驶技术较容易。与火车司机或飞机驾驶员的培训要求相比，汽车驾驶技术比较容易掌握，对驾驶员的各方面素质要求相对也比较低。

(6)运量较小，运输成本较高。目前，世界上最大的汽车是美国通用汽车公司生产的矿用自卸车，车长为 20 多米，自重为 610 t，载重为 350 t 左右，但仍比火车、轮船小得多；由于汽车载重量小，行驶阻力比铁路大 9～14 倍，所消耗的燃料又是价格较高的液体汽油或柴油，因此，除航空运输外，就是汽车运输成本最高了。

(7)运行持续性较差。据有关统计资料表明，在各种现代运输方式中，公路的平均运距是最短的，运行持续性较差。如我国 1998 年公路平均运距客运为 55 km，货运为 57 km；铁路客运为 395 km，货运为 764 km。

(8)安全性较低，污染环境较大。据历史记载，自汽车诞生以来，已经使 3 000 多万人失去生命，特别是 20 世纪 90 年代开始，死于汽车交通事故的人数急剧增加，平均每年达 50 多万人。这个数字超过了艾滋病、战争和结核病人每年的死亡人数。汽车所排出的尾气和引起的噪声也严重威胁着人类的健康，是大城市环境污染的最大污染源之一。

公路运输适合近距离中、小批量的货物运输，以及对运输时间要求较高的货物运输。

3. 水路运输

水路运输是以船舶为主要运输工具，以港口或港站为运输基地，以水域包括海洋、河流和湖泊为运输活动范围的一种运输方式。水路运输与其他运输方式相比，具有以下特点：

(1)水路运输运载能力大、成本低、能耗少、投资省，是一些国家国内和国际运输的重要方式之一。例如，一条密西西比河相当于 10 条铁路，一条莱茵河抵得上 20 条铁路。此外，修筑 1 km 铁路或公路需占地 3×10^4 m^2 多，而水路运输利用海洋或天然河道，占地很少。在我国的货运总量中，水运所占的比重仅次于铁路和公路。

(2)受自然条件的限制与影响大。受海洋与河流的地理分布及其地质、地貌、水文与气象等条件和因素的明显制约与影响，水运航线无法在广大陆地上任意延伸，所以，水运要与铁路、公路和管道运输配合，并实行联运。

(3)开发利用涉及面较广。如天然河流涉及通航、灌溉、防洪排涝、水力发电、水产养殖以及生产与生活用水的来源等；海岸带与海湾涉及建港、农业围垦、海产养殖、临海工业和海洋捕捞等。

水路运输适合长距离的干线运输、大宗和散装货物以及集装箱运输及国际货物运输。

4. 航空运输

航空运输是使用飞机、直升机及其他航空器运送人员、货物、邮件的一种运输方式，是现代旅客运输，尤其是远程旅客运输的重要方式。航空输运的特点如下：

(1)具有较高的运送速度。当今世界市场竞争十分激烈，行情瞬息多变，时间成本是企业需要考虑的重要因素，航空运输较高的运送速度已成为当前国际市场上商品竞争的有利因素。

(2)适于鲜活、季节性商品。鲜活商品对时间的要求很高，运输延迟会使商品失去原有价值。采取航空运输可以保证商品新鲜成活，有利于开辟远距离的市场。对于季节性商品，航空运输能够保证在销售季节到来前应市，避免由于错过季节导致商品无法销售而产生的费用。

(3)破损率低、安全性好。采用航空运输的货物本身价值较高，航空运输的地面操作流程环节比较严格，管理制度比较完善，这就使得货物破损率很低，安全性较好。

(4)节省包装等费用、加快资金周转。航空运输速度快，商品在途时间短、交货速度快，可以降低商品的库存数量，减少仓储费、保险费和利息支出等。另外，航空运输保管制度完善，货损货差较少，包装可相应简化，从而降低商品的包装费用和保险费用。产品流通速度加快，也加快了资金周转速度。

航空运输的缺点是运输费用相当高，飞机机舱容积和载重量都比较小，受天气影响较大，准时性和准点性差。

航空运输适合鲜活、易腐货物的运输，也适合附加值高、运输承担能力强的货物运输及紧急需要的物资运输。

5. 管道运输

管道运输是用管道作为运输工具的一种长距离输送液体和气体物资的运输方式，是一种专门由生产地向市场输送石油、煤和化学产品的运输方式，是统一运输网中干线运输的特殊组成部分。管道输运的特点如下：

(1)运量大。一条输油管线可以源源不断地完成输送任务。根据其管径的大小不同，其每年的运输量可达数百万吨到几千万吨，甚至超过亿吨。

(2)占地少。运输管道通常埋于地下，其占用的土地很少；运输系统的建设实践证明，运输管道埋藏于地下的部分占管道总长度的95%以上，因而对于土地的永久性占用很少，分别仅为公路的3%左右，铁路的10%左右。在交通运输规划系统中，优先考虑管道运输方案，对于节约土地资源，意义重大。

(3)建设周期短、费用低。国内外交通运输系统建设的大量实践证明，管道运输系统的建设周期与相同运量的铁路建设周期相比，一般来说要短1/3以上。统计资料表明，管道建设的费用比铁路的低60%左右。

(4)安全可靠、连续性强。由于石油和天然气具有易燃、易爆、易挥发、易泄漏的特点，故采用管道运输方式既安全，又可以大大减少挥发损耗。同时，由于泄漏导致的对空气、水和土壤的污染也可大大减少，也就是说，管道运输能较好地满足运输工程的绿色化要求。此外，由于管道基本埋藏于地下，其运输过程受恶劣多变的气候条件影响小，可以确保运输系统长期稳定地运行。

(5)耗能少、成本低、效益好。发达国家采用管道运输石油，每吨千米的能耗不足铁路的1/7，在大量运输时的运输成本与水运接近，因此，在无水条件下，采用管道运输是一种最为节能的运输方式。管道运输是一种连续工程，运输系统不存在空载行程，因而系统的运输效率高。理论分析和实践经验已证明：管道口径越大，运输距离越远，运输量越大，运输成本就越低，以运输石油为例，管道运输、水路运输、铁路运输的运输成本之比为1∶1∶1.7。

管道运输的缺点主要是运送速度慢，运输过程中容易出现渗漏等情况，对技术要求较高等。

管道运输适合石油、天然气、化学品、碎煤浆等气体和液体的货物运输。

1.1.2 现代交通运输的作用

交通运输不仅是经济发展的基本需要和先决条件，现代社会的生存基础和文明标志以及社会经济的基础设施和重要纽带，也是现代工业的先驱和国民经济的先行部门，资源配置和宏观调控的重要工具，更是国土开发、城市和经济布局形成的重要因素。交通运输对促进社会分工、大工业发展和规模经济的形成，巩固国家的政治统一和加强国防建设，扩大国际经贸合作和人员往来发挥着重要作用。

(1)运输业中的交通网络，就好像是布满祖国各地的脉络，把全国连成一个统一的整体，对团结各民族、提高人民的生活水平发挥着重要的作用。

(2)运输业把国民经济中各生产部门的产、供、销有机地结合在一起，成为发展社会主义市场经济和工农业现代化的先导。

(3)运输业对巩固国防、实现国防现代化以及反侵略战争具有重要的作用，是不能用经济尺度来衡量的。

(4)运输业在对外开放、对外贸易和发展世界各民族之间的友好往来以及在国际经济、技术、文化交流中发挥着重要的作用。

1.2 世界铁路的发展

自1825年英国出现世界第一条铁路(从斯托克顿至达林顿)以来，铁路至今已有190多年的历史。16世纪中叶，英国开始兴起了采矿业，为提高运输效率，在道路上铺了两根平行的木材作为轨道。17世纪时，将木轨换成了角铁形状的钢轨，角铁的一边起导向作用，马车则在另一条边上行驶。此后经多年的改进，才逐渐形成今天的钢轨。因此，各国至今都沿用"铁路"这一名称。百余年来，铁路技术已有很大发展，大致可以分为开创时期、发展时期、成熟时期和新发展时期。

1.2.1 开创时期(1825—1850年)

铁路的开创时期正值产业革命后期，钢铁工业、机器制造业等已达到一定水平，同时，工业发展又有原材料和产品的输送问题需要解决，这就促使铁路迅速兴起。1825年英国建成第一条铁路后，美国、德国等相继开始修建铁路。到1850年为止，世界上有19个国家建成铁路并开始营业。世界主要国家铁路修通年份见表1-1。

表1-1 世界主要国家铁路修通年份 年

国名	修通年份	国名	修通年份	国名	修通年份	国名	修通年份
英国	1825	加拿大	1836	瑞士	1844	埃及	1855
美国	1830	俄国	1837	西班牙	1848	日本	1872
法国	1832	奥地利	1838	巴西	1851	中国	1876
比利时	1835	荷兰	1839	印度	1853		
德国	1835	意大利	1839	澳大利亚	1854		

1.2.2 发展时期(1850—1900年)

铁路的发展时期是英国铁路修建的高潮时期，1880年主要的线路基本完成，1890年全国性铁路网已形成，铁路网总长达32 000 km。美国为了开疆拓土，于1830年5月24日建成第一条铁路并通车。该铁路全长21 km，从巴尔的摩至埃利科特，并于1869年5月在犹他州盐湖城附近的布罗蒙特瑞完成东、西两岸铁路的通车典礼。从此，美国东、西岸的交通往来可缩减为5～6天。美国东、西两岸铁路连线的完成，为美国的繁荣与富兴奠定了良好的基础。这一时期，铁路运输在社会上所处的地位可谓相当重要，除了影响经济发展的货物运送之外，在国防运输上更有其绝对的必要性。鉴于此，欧美各国纷纷于这一时期兴建铁路运输系统。

1.2.3 成熟时期(1900—1970年)

成熟时期内，又有28个国家和地区建成铁路并开始营业。这些新建铁路大部分建在非洲和中东地区，而且大多建成于第二次世界大战以前。在这个时期内，一些国家因公路和航空等运输方式与铁路开展激烈竞争，促使铁路提高了行车速度并改进了铁路客、货运输的服务设施，开始采用内燃机车和电力机车来代替落后的蒸汽机车。但由于铁路运输难以同公路运输的方便和航空运输的快速相竞争，所以逐渐出现萧条景象。

1.2.4 新发展时期(1970年至今)

1970年的世界能源危机，使公路和航空运输的发展受到限制，而铁路运输由于能耗较少，加上运输过程中排放的废气及产生的噪声对生态环境的影响比其他交通运输工具低，促使人们又重新开始重视铁路在交通运输体系中的重要作用。特别是随着电气化铁路、高速铁路、重载铁路的出现，更使人们认识到铁路在国民经济发展和人们的物质文化生活中具有不可忽视的地位和作用。随着以日本新干线、法国TGV、德国ICE为代表的高速铁路的出现，铁路行业出现了新的生机和活力。目前，世界各国的铁路建设正在步入一个新的发展时期，铁路网结构已进一步优化，客、货运量有了较大回升，铁路行业也迎来了历史的发展机遇，迈入蓬勃发展的春天。现今，世界铁路运营里程总长达到1 130 000 km以上，其中，美国铁路营运里程居世界第一位，达到260 000 km；俄罗斯和中国分别为128 000 km和91 000 km，位居世界第二、三位。

1.3 我国铁路的发展与规划

1.3.1 我国铁路的发展

我国的铁路建设经过了漫长的历程。从1876年修建第一条铁路开始，已有一百多年的历史。我国铁路发展主要分为三个时期：清朝晚期；中华民国时期；中华人民共和国时期。

1. 清朝晚期(1876－1911)

我国第一条真正运营的铁路，是1876年由英国怡和洋行擅自铺设的吴淞铁路(上海—吴淞)，全长14.5 km。因当时无论是清政府还是普通民众对铁路的态度都十分保守顽固，通车运营一年后(1877 年)就被清政府以 285 000 两白银赎买后拆除。

1881 年的唐胥铁路(唐山—胥各庄)是中国自己创办的第一条铁路，它是为了解决开平矿务局的煤炭运输问题而修建的。铁路全长约 10 km，采用 15 kg/m 的钢轨和 1 435 mm 的"标准轨距"，以后逐步发展成为现在的京沈铁路。唐胥铁路的建成通车是我国铁路建筑史上的一件大事，但和世界上第一条铁路相比已经晚了 56 年。

由我国人民自己集资、自己设计并自己施工建成的准轨铁路，是 1891 年从台北向东至基隆港的一段长为 28 km 的铁路和 1893 年完成的从台北向西南至新竹的一段长为 78 km 的铁路，两段共长 106 km。

第一条完全由我国工程技术人员主持、设计、施工的铁路干线是京张铁路，于 1905 年 10 月开工，1909 年建成。京张铁路南起北京丰台，北至张家口，全长 201 km，采用 1 435 mm 的"标准轨距"，是在我国杰出的爱国工程师詹天佑主持下，全部用中国人民自己的智慧和才能建成的。这条铁路的建成有力地打击了帝国主义的嘲讽、鄙视，批判了清朝官僚们一味崇洋媚外的思想，谱写了我国铁路建筑史上光辉的一页。

2. 中华民国时期(1911—1949 年)

1912 年中华民国建立后，继续在清代既有的基础上持续建设铁路。1928 年国民政府努力开展铁路建设，同年 10 月在行政院之下成立铁道部，并颁布了中国第一部铁道法规——《铁道法》，还制定了一系列与铁路建设、发展相关的法律法规，主要涉及铁路运输、财政、组织等各个方面，另外，又开创了以中外合作的方式筹集资金。

1927—1937 年，国民政府共修铁路 3 793 km(未包括同时期东北三省修建的 4 500 km)，全国铁路里程已达 12 000 km。

3. 中华人民共和国时期(1949 年至今)

1949 年中华人民共和国成立以来，我国在铁路的新线建设和原有铁路的技术改造方面做出了很大的成绩。20 世纪 80 年代是我国铁路建设事业在治理整顿和深化改革中不断奋进、取得可喜成绩的时期。在此期间，新建的大秦铁路(大同—秦皇岛)，全长 653.2 km，是我国第一条复线电气化开行重载单元列车的运煤专用铁路。1989 年，在我国铁路网中素有铁路心脏之称的郑州北站，建成了亚洲最大的铁路综合自动化编组站，货车的中转、解体、编组作业等一整套生产管理已经由电子计算机取代了手工操作。郑州北站运营管理综合自动化系统包括货车管理信息系统、驼峰作业过程控制系统、枢纽地区调度监督系统、站内无线通信系统、调车场尾部道岔微机集中联锁系统。郑州北站运营管理综合自动化系统的建成使我国铁路编组站的现代化技术迈入了世界先进行列。

经过我国铁路"一五"到"十二五"计划期间的建设，特别是 1997 年以来实施的全国铁路六次大提速和"十二五"期间的建设，铁路职工以邓小平理论和"三个代表"重要思想为指导，树立和落实科学发展观，积极推进铁路的跨越式发展，取得了显著的成绩。

铁路"十二五"规划明确提出："基本建成国家快速铁路网""发展高速铁路"。到 2015 年，全国铁路营业里程达到 120 000 km 以上，其中高速铁路营业里程达到 16 000 km 以上，西部铁路营业里程达到50 000 km 以上，复线率和电气化率分别达到 50%、60%。以高速铁路为骨架、总规模为50 000 km 的快速铁路网基本建成，总规模为 70 000 km 的区际大能力通道布局成网，繁忙干线实现客、货分线运输。新建和改造铁路客站 1 015 座，客、货枢纽及配套设施进一步完善，铁路网布局和技术结构更加合理。2011 年，全国铁路安排基本建设投资 7 000 亿元，新线铺轨 7 935 km，复线铺轨 6 211 km，新线投产 7 901 km，复线投产 6 861 km，电气化投产8 800 km，高铁投产 4 715 km。

1.3.2　我国铁路的规划

2004 年 1 月，国务院审议通过了国家中长期铁路网规划，提出了未来 10 年中国铁路网的发展蓝图。这是国务院批准的第一个行业规划，也是截至 2020 年我国铁路建设的蓝图。这份纲领性文件促使青藏铁路提前一年建成通车，指导全国铁路第六次大面积提速成功实施，让大秦铁路突破世界重载运量极限，更推动了一大批高速铁路(客运专线)开通运营，开辟了中国高速铁路的新纪元。

2008 年，我国出台了《中长期铁路网调整规划方案》(以下简称《调整规划》)。在《调整规划》中做出了到 2020 年，全国铁路营业里程达到 120 000 km，其中客运专线营业里程达到 16 000 km 的规定。主要繁忙干线实现客、货分线，复线率和电化率均可达到 60%，基本形成布局合理、结构清晰、功能完善、衔接顺畅的铁路网络，运输能力满足了国民经济和社会发展的需要，主要技术装备达到或接近国际先进水平。

学习评价

本章主要介绍了现代交通运输方式和作用、世界铁路的发展和我国铁路发展与规划。交通运输是研究铁路、公路、水路及航空运输基础设施的布局及修建、载运工具运用工程、交通信息工程及控制、交通运输经营和管理的工程领域。自 1825 年英国出现世界第一条铁路(从斯托克顿至达林顿)以来，铁路至今已有 190 多年的历史。我国的铁路建设从 1876 年修建第一条铁路开始，已有一百多年的历史。2008 年，我国出台了《中长期铁路网调整规划方案》，其中制定了到 2020 年我国铁路发展的长远规划。

思考与练习

一、填空题

1. 现代化的交通运输方式主要有__________、__________、__________、__________和__________。

2. 世界铁路技术已有很大发展，大致可以分为__________、__________、__________和__________。

3. 我国铁路发展主要分为几个时期：__________；__________；__________。

4. 中国第一条真正营运的铁路，是 1876 年由英国怡和洋行擅自铺设的__________。

5. 2004 年 1 月，国务院审议通过了__________，提出了未来 10 年中国铁路网的发展蓝图。

二、判断题

1. 铁路运输适合中、长距离的大宗货物和旅客运输。 （ ）

2. 1825年美国建成世界上第一条铁路后，英国、德国等相继开始修建铁路。 （ ）

3. 世界铁路发展的成熟时期是在1900—1980年。 （ ）

4. 第一条完全由中国工程技术人员主持、设计、施工的铁路干线是京张铁路。 （ ）

5. 大秦铁路是我国第一条复线电气化开行重载单元列车的运煤专用铁路。 （ ）

三、简答题

1. 铁路运输方式具有哪些特点？

2. 现代交通运输的作用主要表现为哪几个方面？

3. 世界铁路的新发展时期表现为什么状况？

4. 铁路“十二五”规划明确提出哪些主要内容？

5. 在《中长期铁路网调整规划方案》中制定的我国铁路规划目标是什么？

项目2
铁路轨道

学习目标

1. 了解铁路的等级及主要技术标准。

2. 熟悉铁路线路的组成、轨道的组成及铁路界限的含义。

3. 掌握铁路线路平面、纵断面的组成，平面图与纵断面图的表示方法，以及铁路线路标志的设置。

4. 掌握铁路轨道的结构类型及特点。

5. 了解铁路线路的养护与维修作业内容。

2.1 铁路轨道概述

2.1.1 铁路等级

铁路等级是指根据铁路所承担的客、货运量与铁路在铁路网中所处的地位和作用而划分的等级，不同等级的铁路，其建筑标准也不同。铁路等级是铁路的基本标准，设计铁路时，首先要确定铁路等级。铁路的技术标准和装备类型都要根据铁路等级去选定。

铁路等级是按某种比较点来划分铁路群的级别。我国《铁路线路设计规范》(GB 50090—2006)规定，新建和改建铁路(或区段)的等级，应根据它们在铁路网中的作用、性质和近期的客、货运量确定。我国铁路共划分为四个等级，即Ⅰ级、Ⅱ级、Ⅲ级、Ⅳ级，见表2-1。

表2-1 铁路等级

等级	铁路在铁路网中的意义	近期年客、货运量/Mt
Ⅰ级铁路	在铁路网中起骨干作用的铁路	≥20
Ⅱ级铁路	在铁路网中起联络、辅助作用的铁路	<20且≥10

续表

等级	铁路在铁路网中的意义	近期年客货运量/Mt
Ⅲ级铁路	为某一地区或企业服务的铁路	<10 且≥5
Ⅳ级铁路	为某一地区或企业服务的铁路	<5
注：1. 近期指交付运营后第 10 年。 2. 年客、货运量为重车方向的货运量与客车对数折算的货运量之和。		

2.1.2　铁路的主要技术标准

铁路的主要技术标准包括正线数目、最小曲线半径、限制坡度、到发线有效长度、车站分布、牵引种类、机车类型、机车交路和闭塞类型等。其中，前五项属工程标准(固定设备标准)，建成后很难改变；后四项则属技术装备类型，可随着运量的增长逐步进行更新改造。

由于铁路的主要技术标准是铁路建筑物和设备的类型、能力和规模的基本标准，其对铁路能力、运营安全、运输效率、投资规模、经济效益和社会效益具有重要影响，而且主要技术标准之间联系密切，相互影响，因此，主要技术标准应根据国家要求的年输送能力和确定的铁路等级在设计中综合考虑，经技术经济比选确定，以保证技术上先进、经济上合理、标准间协调。

2.2　铁路线路的平面及纵断面

铁路线路在空间的位置是用它的线路中心线来表示的。线路中心线是指距钢轨半个轨距的铅垂线 AB 与两路肩边缘水平线 CD 交点 O 的纵向连线，如图 2-1 所示。

线路中心线在水平面上的投影，叫作铁路线路平面，表明线路的直、曲变化状态。线路中心线纵向展开后在铅垂面上的投影叫作线路纵断面，表明线路的坡度变化。

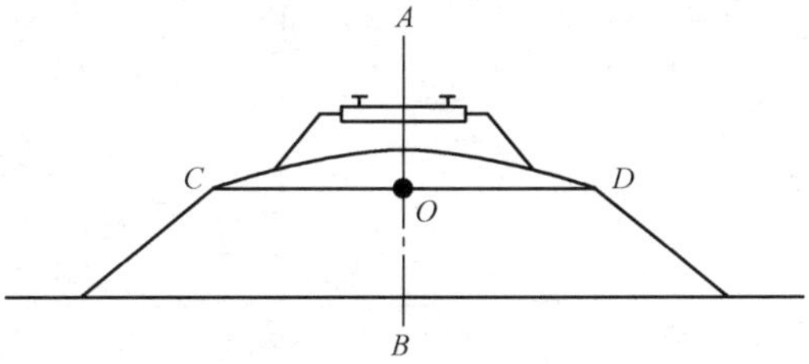

图 2-1　铁路线路横断面示意图

2.2.1 铁路线路的平面及平面图

2.2.1.1 铁路线路的平面组成

铁路线路平面由直线、圆曲线以及连接直线与圆曲线的缓和曲线组成，如图 2-2 所示。在线路平面设计时，为了缩短线路长度和改善运营条件，应尽可能设计较长的直线段，但当线路遇到地形、地物等障碍时，为减少工程造价和运营支出，还应适当设置曲线。为了使列车由圆曲线到直线或由直线到圆曲线运行平稳，还应设置缓和曲线。

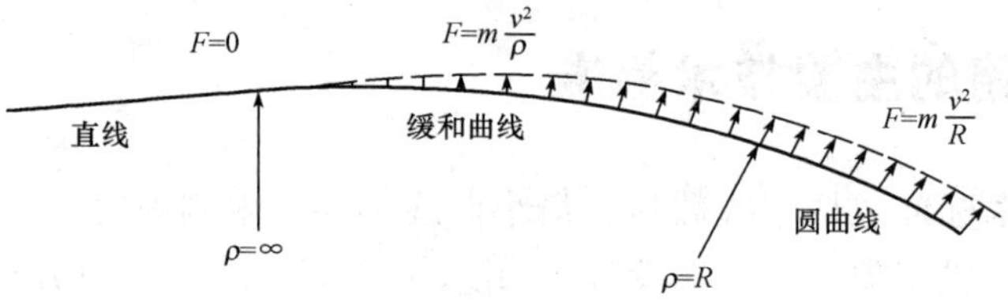

图 2-2　铁路线路平面的组成

1. 圆曲线

铁路线路在转向处所设的曲线为圆曲线，其基本要素包括曲线半径 R、曲线转角 α、曲线长度 L 及切线长度 T，如图 2-3 所示。

圆曲线转向角 α 的大小由线路走向、绕过障碍物的需要等因素确定。曲线半径 R 的大小则反映了曲线弯曲度的大小。R 越小，则弯曲度越大；R 越大，则弯曲度越小，行车速度越高，但工程量越大，工程费用越高。

2. 缓和曲线

在铁路线路上，直线和圆曲线不是直接相连的，而是在它们之间插入一段缓和曲线，如图 2-4 所示。

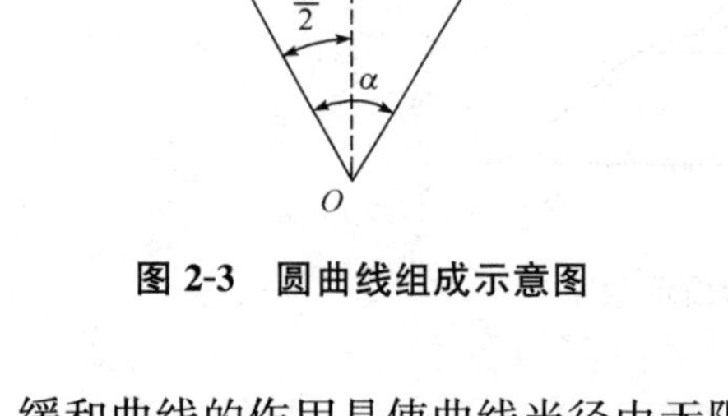

图 2-3　圆曲线组成示意图

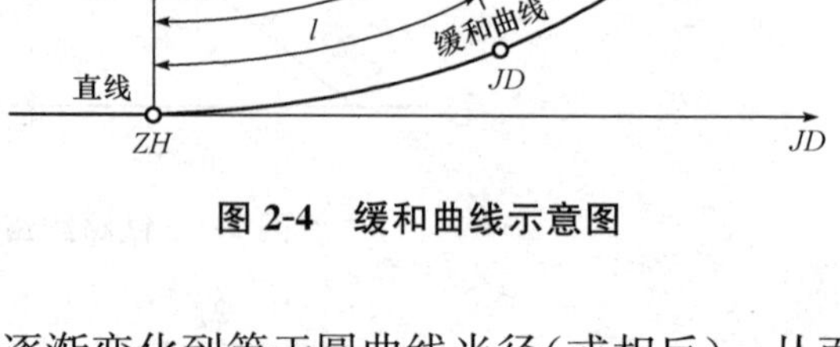

图 2-4　缓和曲线示意图

缓和曲线的作用是使曲线半径由无限大逐渐变化到等于圆曲线半径（或相反），从而使线路平顺地由直线过渡到圆曲线或由圆曲线过渡到直线，以避免车辆离心力的突然产生或消失。缓和曲线的设置可使列车运行安全平稳，旅客乘坐时感觉较为舒适。

缓和曲线的长度与所衔接圆曲线的半径及路段旅客列车设计行车速度有关，路段设计行车速度越快，缓和曲线长度也应越大；圆曲线半径越大，则所需衔接缓和曲线的长度就越小。

2.2.1.2 曲线附加阻力

线路平面上有了曲线后，给列车运行造成阻力增大和限制行车速度等不良影响。列车通过曲线时，由于离心力的作用，所以外侧车轮轮缘挤压外轨，摩擦增大；同时还由于外轨长于内轨，内侧车轮在轨面上滚动时产生相对滑动，从而给运行中的列车带来一种附加阻力，称为曲线附加阻力。曲线附加阻力的大小，我国通常用下面的试验公式来计算。

$$\omega_r = \frac{600}{R}$$

式中　ω_r——单位曲线附加阻力(N/kN)；

R——曲线半径(m)；

600——根据试验得出的常数。

从上面公式可知，曲线阻力与曲线半径成反比。曲线半径越小，曲线阻力越大，运营条件就越差，说明采用大半径曲线对列车运行的影响较小。而小半径曲线也具有容易适应地形困难的优点，对工程条件有利。因此，在设计铁路线时应结合工程条件、路段设计速度以及减少维修等因素，因地制宜，合理选用曲线半径。我国《铁路线路设计规范》(GB 50090—2006)中规定，曲线半径宜采用以下序列值：12 000 m、10 000 m、8 000 m、7 000 m、6 000 m、5 000 m、4 500 m、4 000 m、3 500 m、3 000 m、2 800 m、2 500 m、2 000 m、1 800 m、1 600 m、1 400 m、1 200 m、1 000 m、800 m、700 m、600 m、550 m 和 500 m。

不同路段的曲线半径应优先选用表 2-2 规定范围内的序列值；困难条件下可采用规定范围内 10 m 的整数倍数。

表 2-2　线路平面曲线半径优先取值范围

路段设计速度/(km·h⁻¹)	160	140	120	100	80
曲线半径/m	2 500～5 000	2 000～4 000	1 600～3 000	1 200～2 500	800～2 000

线路平面的最小曲线半径应根据路段设计速度、工程条件以及运输性质和运输需求比选确定，但不得小于表 2-3 规定的数值。

表 2-3　最小曲线半径

路段旅客列车设计行车速度/(km·h⁻¹)			160	140	120	100	80
最小曲线半径/m	工程条件	一般地段	2 000	1 600	1 200	800	600
		困难地段	1 600	1 200	800	600	500

2.2.1.3 铁路路线平面图

用一定比例尺，把线路中心线及其两侧的地形情况投影到水平面上，就是铁路线路平面图(图 2-5)，线路平面图是铁路设计文件的重要组成部分。在各个设计阶段都要编制要求不同、用法不同的各种平面图。图中通常需要标明线路中心线的曲直变化和里程，沿线的车站、桥隧建筑物等的数量和位置，以及等高线(地面上高程相等各点的连线)表示的沿线地形和地物等情况。

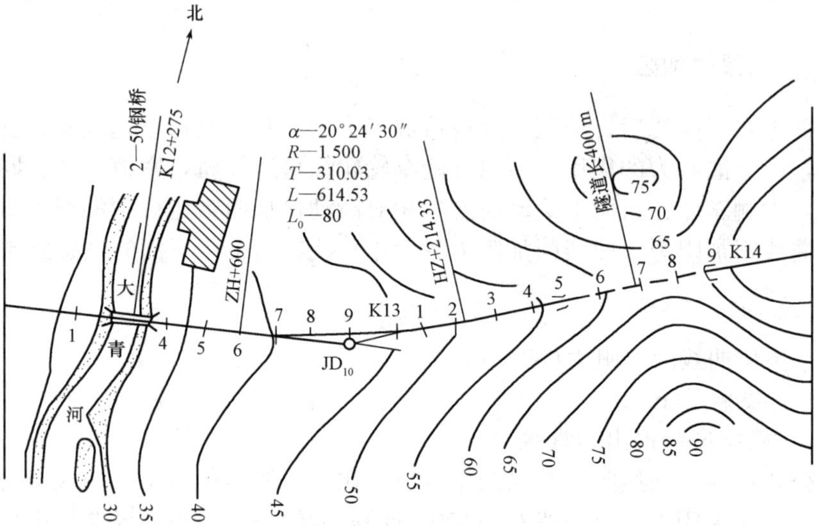

图 2-5　铁路线路平面图

2. 2. 2　铁路线路的纵断面及纵断面图

2. 2. 2. 1　铁路线路的纵断面组成

铁路线路的纵断面由平道、坡道及设于变坡点处的竖曲线组成，如图 2-6 所示。

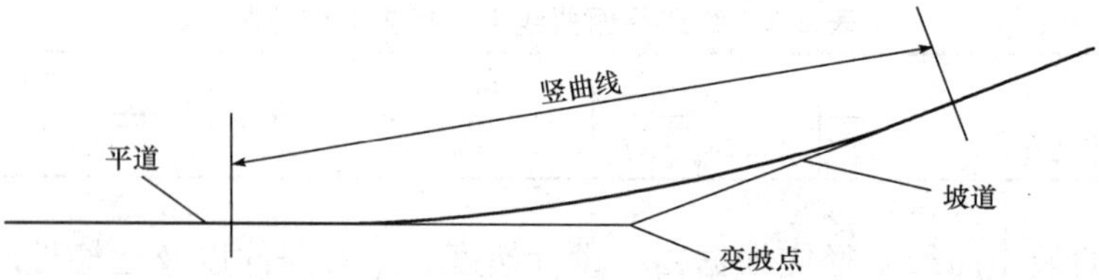

图 2-6　铁路线路的纵断面组成示意图

1. 坡道的坡度

线路坡道的陡与缓常用坡度来表示。如图 2-7 所示，坡度是指坡道线路中心线与水平夹角口的正切值，即：

$$i=\frac{h}{L}=\tan\alpha$$

式中　i——坡度值(‰)；

α——坡道段线路中心线与水平线的夹角(°)；

h——坡道段始点与终点的高差(m);

L——坡道段始点与终点的水平距离(m)。

铁路线路的上、下坡是按列车运行方向来区分的，通常用“+”号表示上坡，用“−”号表示下坡，平道用“0”表示。例如，+3‰表示坡度为3‰的上坡道。

由此可见，坡度越大，列车上坡时的坡道阻力也就越大，同一台机车(在列车运行速度相同条件下)所能牵引的列车质量也就越小。

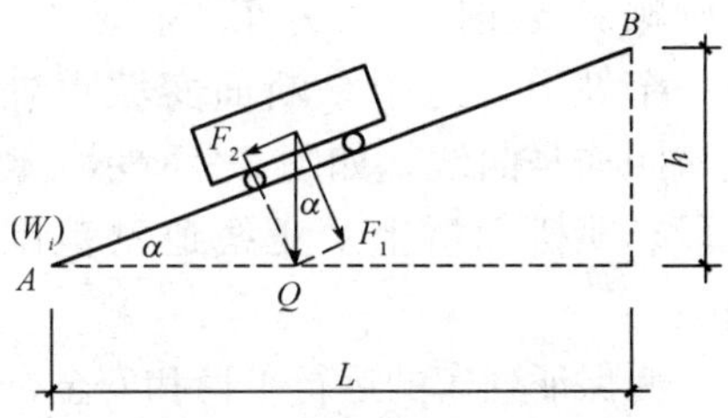

图 2-7　坡道阻力示意图

2. 限制坡度

每一铁路区段都是由许多平道和不同坡度的坡道组成的。坡道的坡度不同，它们对列车质量的影响也就不同。

在一个区段上，决定一台某一类型机车所能牵引的货物列车质量(最大值)的坡度，叫作限制坡度。在一般情况下，限制坡度的数值往往和区段内陡长上坡道的最大坡度值相当。

限制坡度的大小，影响一个区段甚至全铁路线的运输能力。限制坡度越小，列车质量就可以增加，运输能力就越大，运营费用就越省。但是当限制坡度过小时，不容易适应地面的天然起伏，特别是在地形变化很大的地段，使工程量增大，造价提高。因此，限制坡度的选定是一个很重要的问题，要经过仔细的综合研究，才能得出合理的结论。我国《铁路技术管理规程》规定的最大限制坡度的数值，见表2-4。

表 2-4　客、货共线Ⅰ、Ⅱ级铁路区间线路最大限制坡度　‰

铁路等级		Ⅰ		Ⅱ	
		一般	困难	一般	困难
牵引种类	电力	6.0	15.0	6.0	20.0
	内燃	6.0	12.0	6.0	15.0

在个别线路的越岭地段，由于地形障碍显著而集中，若仍采用表2-4所规定的限制坡度，实际上有困难或工程造价太高时，在经过详尽的技术经济比较后，可允许采用最大限制坡度的加力牵引坡度。加力牵引坡度是指在大于限制坡度的坡道地段，为统一全区段的列车质量标准，保证必要的线路通过能力，而进行多机牵引的坡度。内燃牵引的可用至25‰，电力牵引的可用至30‰。

3. 变坡点与竖曲线

平道与坡道、坡道与坡道的交点叫作变坡点。当列车经过变坡点时，坡度的突然变化会使车钩内产生附加应力。当坡度变化较大时，附加应力的突然增大甚至容易造成脱钩、断钩事故，如图2-8所示。

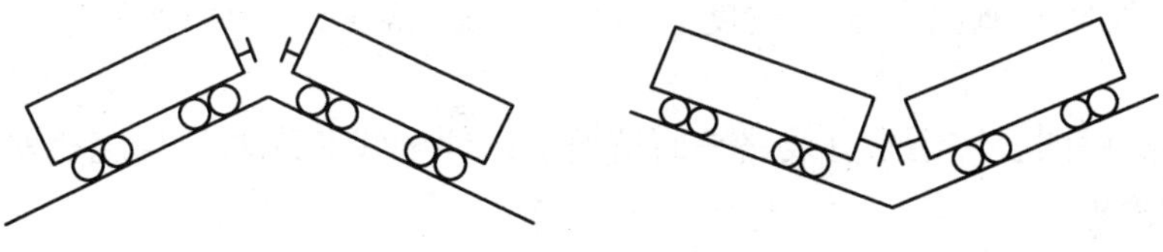

图 2-8　车辆经过变坡点的状态

当相邻坡道的坡度代数差超过一定数值时，为了保证列车的运行平稳和安全，应在相邻坡道同用一圆顺曲线连接，使列车顺利地由一个坡道过渡到另一个坡道，这个纵断面变坡点处所设的圆顺曲线，叫作竖曲线，如图 2-9 所示。但是在缓和曲线地段、明桥面桥上及正线道岔范围内不得设置竖曲线。

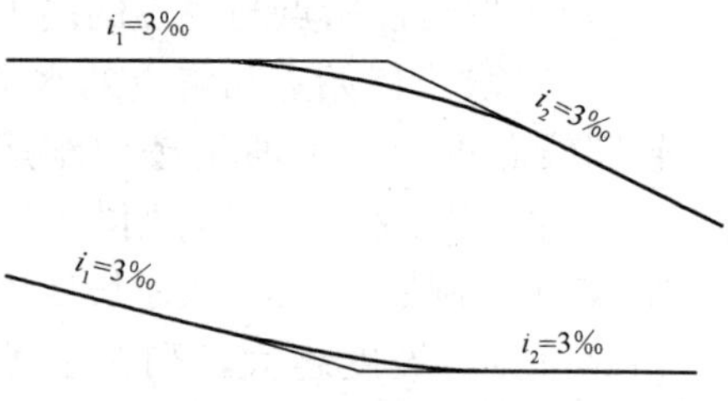

图 2-9　竖曲线示意图

为保证列车的运行平稳和安全，我国《铁路路线设计规范》(GB 50090—2006)规定，在Ⅰ、Ⅱ级线路上，相邻坡道的坡度代数差的绝对值大于3‰，Ⅲ级铁路大于 4‰时，应以竖曲线连接。竖曲线的半径：Ⅰ、Ⅱ级铁路为 10 000 m；Ⅲ级铁路为 5 000 m。

2.2.2.2　铁路线路的纵断面图

用一定的比例尺，把线路中心线(展直后)投影到垂直面上，并标明平面、纵断面的各项有关资料的图纸，叫作铁路线路纵断面图，如图 2-10 所示。

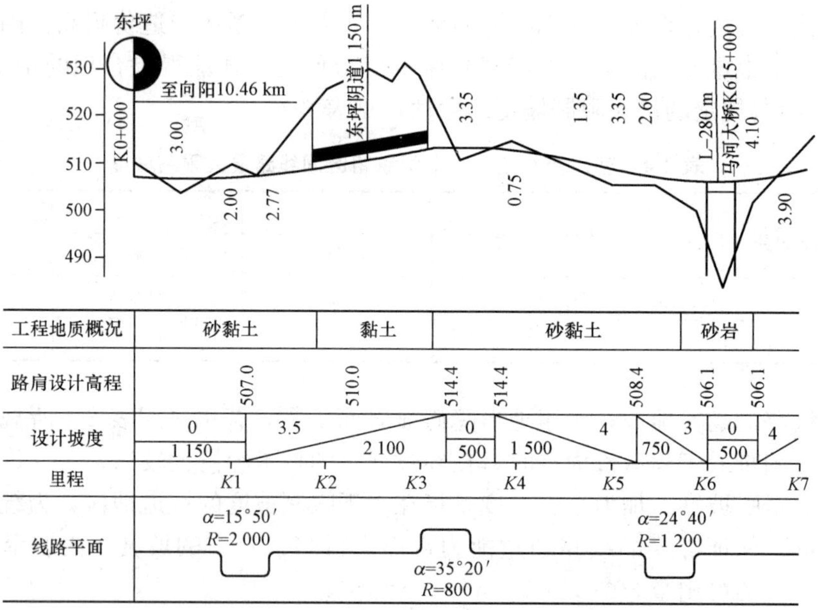

图 2-10　铁路线路纵断面图

线路纵断面图的上部是图，主要表明了线路中心线(即路肩设计高程的连线)、地面线、车站、桥隧建筑物等有关资料及其他有关情况。线路纵断面图的下部是表，主要有沿线的工程地质概况、设计坡度、地面高程、路肩设计高程及线路平面的有关资料等。

在线路纵断面图上，还附有线路平面情况，以便和线路纵断面情况相对照，看清线路平、纵断面的全貌。

2.2.3 铁路线路标志

铁路线路标志是表示铁路线路建筑物及设备的状态或位置，以及铁路各级管理机构管界范围的标志。我国铁路线路标志的形式尺寸可按统一规定的标准，用木材、石料、钢筋混凝土或钢材制造。线路标志的安设位置的规定，主要是根据便于机车司机及乘务人员瞭望，而又不妨碍列车顺利通过等因素制定的。所设线路标志均不得侵入区间及站内正线的建筑接近界限，其内侧边距钢轨头部外侧不得小于 2 m。不超过钢轨顶面的标志，可设在距钢轨头部外侧不小于 1.35 m 处。

常见的铁路线路标志有以下几种：

(1)公里标、半公里标(图 2-11)。公里标、半公里标用来表明铁路线路的计算里程。公里标安设在整公里的地方，半公里标安设在半公里的地方，均埋设在计算里程方向线路的左侧，距轨头外侧不小于 2 m 处，双线区段埋设在列车运行方向的左侧。站内一般车站可设在最外线路的外侧，区段站及其以上的车站可设在正线与到发线之间，有站台时可设在站房一侧，并在钢轨上的明显处标示，桥梁和隧道内不设公里标和半公里标。

图 2-11　公里标、半公里标

(2)曲线标(图 2-12)。曲线标设在曲线的中部，上面标明圆曲线、缓和曲线以及曲线半径的长度，外轨超高和轨距加宽度。

图 2-12　曲线标

(3)圆曲线和缓和曲线始终点标(图 2-13)。圆曲线和缓和曲线始终点标在标志上分别写明缓圆、圆缓或直缓、缓直字样，表明其对应的方向是直线、缓和曲线或圆曲线。车站内的安设要求同公里标；在桥梁上用木板或铁板写好挂在人行道栏杆上；在隧道内用油漆写于隧道边墙上。

(4)坡度标(图 2-14)。坡度标安设在变坡点处，其正面和背面分别标明两边的坡度和坡段长度值。箭头表示上坡或下坡，箭尾处数字表示坡度，下面数字表示坡段长度，侧面标明变坡点的里程。

图 2-13 圆曲线和缓和曲线始终点标

图 2-14 坡度标

(5)桥梁标(图 2-15)。桥梁标标明桥梁编号及桥梁中心里程，安设在计算里程方向线路的左侧桥头前。

(6)管界标。管界标表示铁路局、工务段、领工区、养路工区、工电段和水电段的管界划分处。管界标设于线路计算里程方向左侧距轨头外侧不小于 2 m 处。

图 2-15 桥梁标

除了以上常见线路标志外，还有线路标桩、水准点标和地界标等。

2.3 铁路轨道的组成

轨道作为铁路线路的重要组成部分，是一个整体性的工程结构，它由钢轨、木枕、联结零件、道床、螺栓等主要部件组成，如图 2-16 所示。轨道主要起引导列车和机车车辆运行；直接承受车轮传来的巨大压力，并把它传给路基及桥隧建筑物的作用。因此，应使轨道的各部分均有足够的强度和稳定性，以保证列车按规定的速度安全、平稳、不间断地运行，适应旅客列车高速及货物列车重载的发展需要。

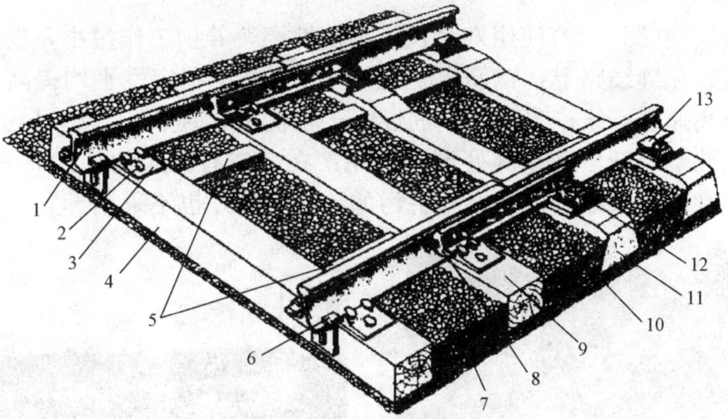

图 2-16　轨道的基本组成

1—钢轨；2—背通道钉；3—垫板；4，9—木枕；5—防爬撑；6—防爬器；7—道床；8—双头夹板；10—螺栓；11—钢筋混凝土轨枕；12—扣板式中间联结零件；13—弹片式中间联结零件

注：图中扣件是为示例之用，并非现场线路中的实际使用情况。

2.3.1 钢轨

钢轨是铁路轨道的主要组成部件。它的功用在于引导机车车辆的车轮前进，承受车轮的巨大压力，并传递到轨枕上。钢轨必须为车轮提供连续、平顺和阻力最小的滚动表面。钢轨必须具备足够的强度、稳定性和耐磨性。钢轨的断面形状采用具有最佳抗弯性能的工字形断面，由轨头、轨腰以及轨底三部分组成，如图 2-17 所示。为使钢轨更好地承受来自各方面的力，保证必要的强度条件，钢轨应有足够的高度，其头部和底部应有足够的面积和高度，腰部和底部不宜太薄。

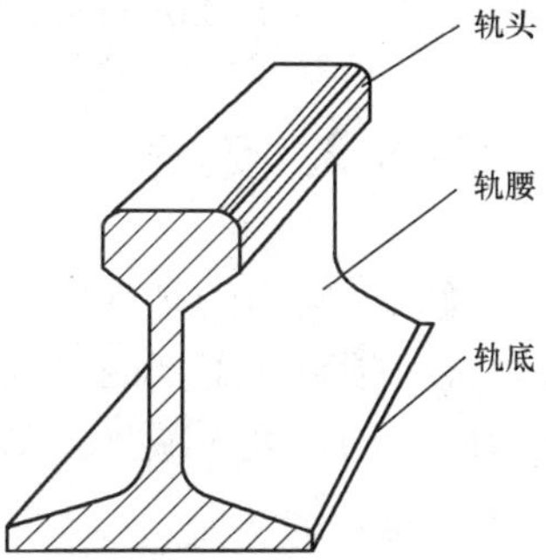

图 2-17　钢轨断面

钢轨的类型是以每米长的钢轨质量千克数表示的。我国铁路上使用的钢轨有 75 kg/m、60 kg/m、50 kg/m 及 43 kg/m。

我国钢轨的标准长度有 12.5 m 和 25.0 m 两种。

2.3.2 轨枕

轨枕的作用是既要支撑钢轨，又要保持钢轨的位置，还要把钢轨传递来的巨大压力再传递给道床。轨枕必须具备一定的柔韧性和弹性，当列车经过时，它可以适当变形以缓冲压力，但在列车过后还要尽可能恢复原状。

轨枕早期阶段采用木材制造，又叫作木枕(图 2-18)。木材的弹性和绝缘性较好，受周围介质的温度变化影响小，质量轻，加工和在线路上更换简便，并且有足够的位移阻力。经过防腐处理的木枕，使用寿命也大大延长，一般为 15 年左右。随着森林资源的减少和人们环保意识的增强，同时也因为科学技术的发展，20 世纪初，许多国家开始普遍生产钢筋混凝土轨枕。

钢筋混凝土轨枕(图 2-19)使用寿命长，稳定性高，养护工作量小，损伤率和报废率比木枕要低得多。在无缝线路上，钢筋混凝土轨枕比木枕的稳定性平均提高 15%～20%，因此，尤其适用于高速客运线。当然，钢筋混凝土轨枕也有缺点，其质量比木枕大得多。所以，在不稳固的路基及新填路基等处不宜采用；在冬季有冻胀的地段，一般不允许采用；在大量运输煤炭和矿石及线路道床严重脏污的地段，最好也不采用。

图 2-18　木枕

图 2-19　钢筋混凝土轨枕

在我国，普通轨枕长度为 2.5 m，道岔用的岔枕和钢桥上用的桥枕，长度有 2.6～4.85 m 多种。每公里线路上铺设轨枕的数量是根据铁路运量和行车速度等运营条件来确定的，通常为 1 520～1 840 根。轨枕数量越多，轨道强度越大。

2.3.3 道床

道床通常指的是铁路轨枕下面、路基面上铺设的石砟(道砟)垫层。它的主要作用是支撑轨枕，把轨枕上部的巨大压力均匀地传递给路基面，并固定轨枕的位置，阻止轨枕纵向或横向移动，大大减少路基变形的同时还缓和了机车车轮对钢轨的冲击，便于排水。

1. 道床的类型

道床分为普通有砟道床、沥青道床和整体道床。

(1)有砟道床。有砟道床通常由具有一定粒径、级配和强度的硬质碎石堆积而成，在次要线路上，也可以使用级配卵石或粗砂。

(2)沥青道床。沥青道床是为了改善普通石砟道床的散体特性而加入乳化沥青或沥青砂浆的结构形式。整体道床常为现浇钢筋混凝土结构，常用于不易变形的隧道内或桥梁上。

(3)整体道床。整体道床是由混凝土整体灌筑而成的道床，道床内可预埋木枕、混凝土枕或混凝土短枕，也可在混凝土整体道床上直接安装扣件、弹性垫层和钢轨，又称为整体轨道。

2. 道床断面

道床断面包括道床厚度、顶面宽度及边坡坡度三个主要特征，如图 2-20 所示。

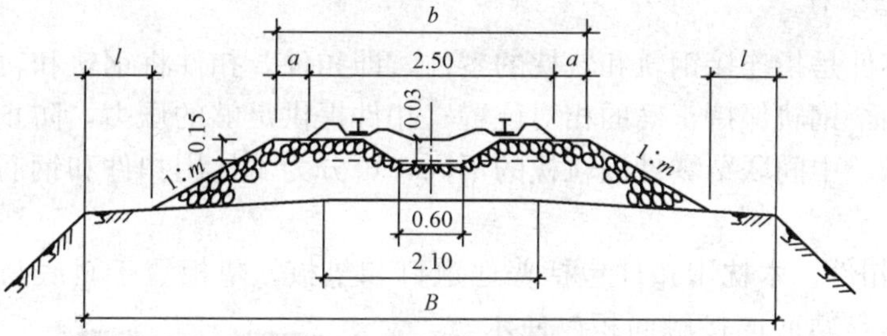

图 2-20　道床断面(单位：m)

(1)道床厚度。道床厚度是指直线上钢轨或曲线上内轨中轴线下轨枕底面至路基顶面的距离。道床厚度与道床弹性、道床脏污增长率、垫碴层的承载能力、路基面的承载能力等因素有关。

(2)道床弹性。道床弹性是由相互接触的道砟颗粒之间的弹性变形所引起的，通常情况下道床弹性与道床厚度成正比，并随道砟颗粒粒径的增大、道床空隙比的增加而增加。但是松散状态下的道床，在荷载作用下所产生的变形主要是结构变形，卸载后结构变形不能恢复。

(3)道床顶面宽度。道床顶面宽度与轨枕长度和道床肩宽有关。轨枕长度基本上是固定的，因此，道床顶面宽度主要决定于道床肩宽。理论计算及实践结果表明，道砟材料的内摩擦角越大，黏聚力越高，边坡稳定性就越大。同样地，增大肩宽可以允许采用较陡的边坡，而减小肩宽则必须采用较缓的边坡。

2.3.4　联结零件

联结零件包括接头联结零件和中间联结零件两类。

1. 接头联结零件

接头联结零件是指连接两根钢轨端部的零件，它包括双头夹板、螺栓、螺帽和弹簧垫圈等(图 2-21)。接头联结零件使车轮能顺利滚过钢轨接头，并保持前后两个钢轨协调工作。接头联结零件是用来连接钢轨与轨枕间的接头的，钢轨接头处必须保持一定的缝隙，这一缝隙叫作轨缝。当气温发生变化时，轨缝可满足钢轨的自由伸缩。

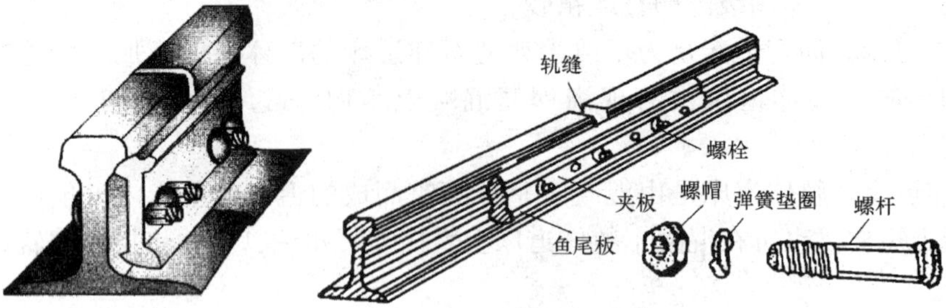

图 2-21　接头联结零件示意图

2. 中间联结零件

中间联结零件是指连接钢轨和轨枕的零件，即扣件。扣件将钢轨和轨枕连为一体构成轨道框架，使两个钢轨保持正确的相对位置；扣件提供足够的压力，防止钢轨倾覆，阻止钢轨的纵向移动。中间联结零件因轨枕的不同，可分为木枕用扣件和钢筋混凝土枕用扣件两类。

(1)木枕用扣件。木枕用扣件包括普通道钉和垫板。垫板置于轨底与木枕之间，其目的在于增加木枕与轨底的接触面积，使木枕经久耐用。同时，由于它的顶面做成1∶40的斜度，所以线路上的钢轨具有适当的内倾度(叫作轨底坡)，这有利于防止和减轻轮对的蛇行运动。

(2)钢筋混凝土枕用扣件。钢筋混凝土枕用扣件主要有扣板式、拱形弹片式和ω形弹条式(图 2-22)三种。由于ω形弹条式扣件不仅比前两种使用的零件少，结构简单，而且弹性好，扣压力最大，因此，在主要干线上大量采用。

图 2-22　ω形弹条式扣件

2.3.5　防爬设备

列车运行时，常常产生作用在钢轨上的纵向力，使钢轨作纵向移动，有时甚至带动轨枕一起移动。这种纵向移动，叫作爬行。爬行一般发生在复线铁路的区间正线、单线铁路的重车方向、长大下坡道上和进站时的制动范围内。

线路爬行往往引起轨缝不匀、轨枕歪斜等现象，对线路的破坏性很大，甚至造成小涨轨跑道，危及行车安全。因此，必须采取有效措施来防止爬行，通常采用防爬器和防爬撑来防止线路爬行。

穿销式防爬器(图 2-23)是由带挡板的轨卡的穿销组成的。安装时，轨卡的一边卡紧轨底，另一边楔进穿销，使整个防爬器牢固地卡住轨底。这样，钢轨在受到纵向阻力时，由于轨卡的挡板紧贴着轨枕，于是轨枕和道钉就阻止钢轨爬行。为了充分发挥防爬器的作用，通常在轨枕之间安装防爬撑(图 2-24)，把 3～5 根轨枕联系起来，共同抵抗钢轨爬行。

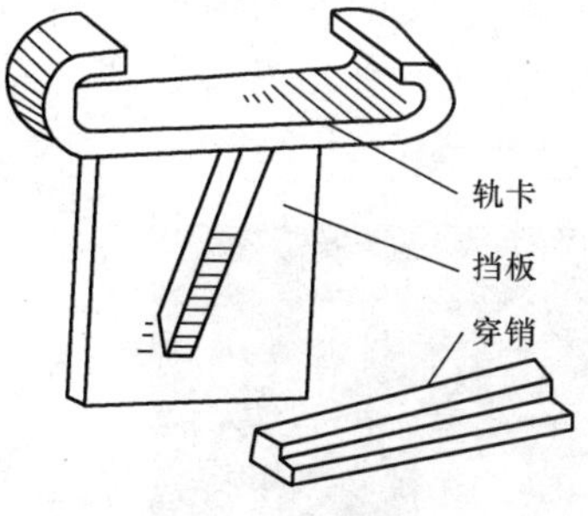

图 2-23　穿销式防爬器

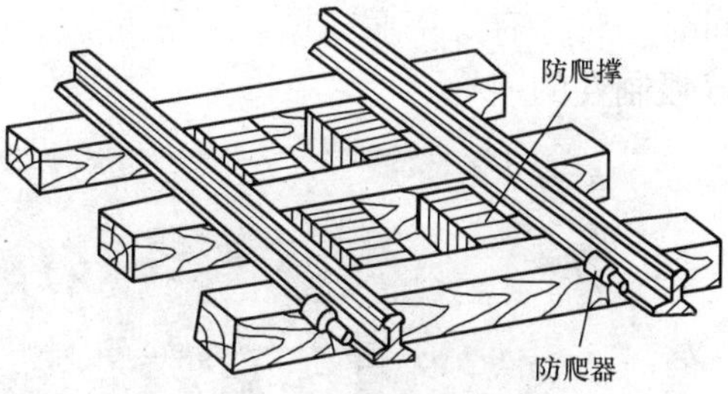

图 2-24　防爬撑

2.3.6　道岔

道岔是一种使机车车辆从一股道转入另一股道的线路连接设备，通常在车站、编组站大量铺设。由于道岔具有数量多、构造复杂、使用寿命短、限制列车速度、行车安全性低、养护维修投入大等特点，所以它与曲线、接头并称为轨道的三大薄弱环节。

道岔的基本形式有三种，即线路的连接、交叉、连接与交叉的组合。常用的线路连接有各种类型的单式道岔和复式道岔；交叉有垂直交叉和菱形交叉；连接与交叉的组合有交分道岔和交叉渡线等。

1. 道岔的组成

普通单开道岔是最简单、最常见的一种类型，它由转辙器、连接部分、辙叉及护轨三个单元组成，如图 2-25 所示。

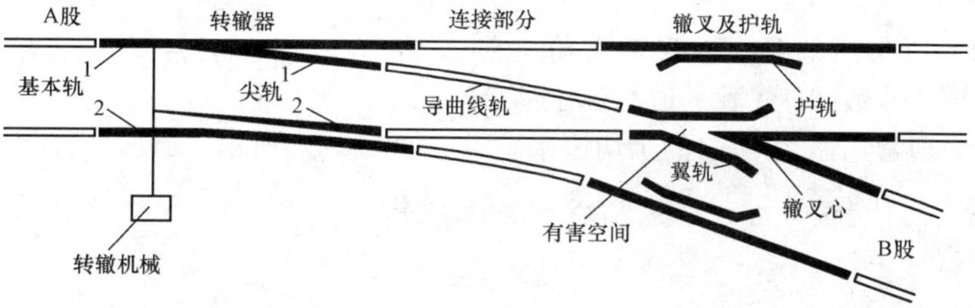

图 2-25　普通单开道岔的组成

(1)转辙器。转辙器包括两根尖轨、基本轨和转辙机械。两根尖轨是整个道岔中可以活动的部分，用连杆相连，处于两根基本轨的内侧，并且总是一根尖轨同一根基本轨密贴，而另一根尖轨与另一根基本轨分离。机车车辆通过直线线路时，就要求上边的尖轨在离开基本轨的同时，下边的尖轨和基本轨密贴，以便使机车车辆轮缘顺利地通过该部位。

(2)连接部分。连接部分是连接转辙器和辙叉及护轨的部分，使之成为一组完整的道岔。包括两根直轨和两根导曲线轨。在导曲线上一般不设缓和曲线和超高，所以，列车在侧向过岔时，速度要受到限制。

(3)辙叉及护轨。辙叉及护轨包括辙叉心、翼轨及护轨，如图 2-26 所示。从两翼轨最窄处到辙叉心实际尖端之间，存在一段中断的空隙，叫作辙叉的有害空间，当列车通过辙叉有害空间时，轮缘有走错辙叉槽而引起脱轨的可能，因此，必须设置护轨，对车轮的运行方向实行强制性的引导。

图 2-26　辙叉及护轨部分实物图

道岔上的有害空间是限制列车过岔速度的一个重要因素。为了消灭有害空间，减轻车轮对翼轨和心轨的冲击，适应列车高速运行的要求，可采用各种可动心轨道岔，如图 2-27 所示。可动心轨道岔消除了有害空间，不仅避免了车轮对心轨和翼轨的冲击，而且提高了列车直向过岔速度，广泛用于高速行车的线路上。

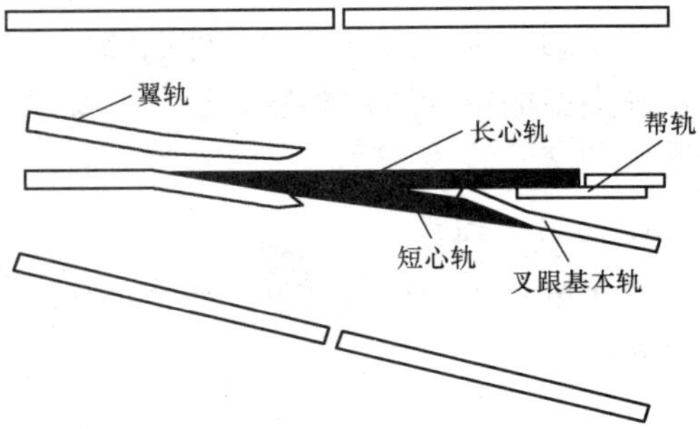

图 2-27　可动心轨道岔

2. 道岔号数

道岔岔心所形成的角，称为辙叉角，它有大有小。道岔号数(N)代表了道岔各个部分的主要尺寸，通常用辙叉角(α)的余切值来表示，如图 2-28 所示。道岔号数用公式表示为

$$N=\cot\alpha=\frac{FE}{AE}$$

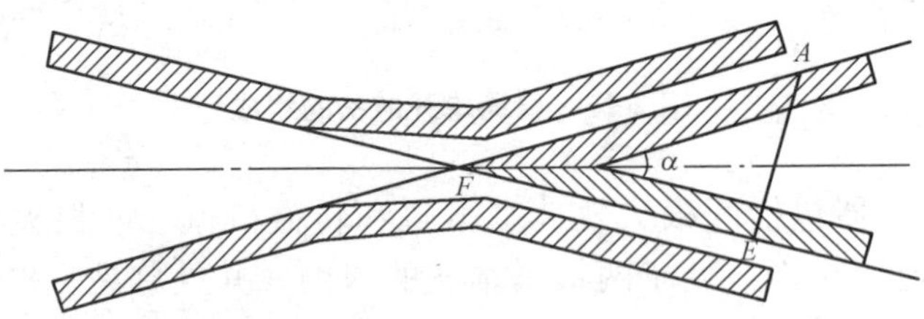

图 2-28　道岔号数计算图

由此可见，辙叉角 α 越小，N 值就越大，导曲线半径也越大，列车侧线通过道岔时就越平稳，允许的过岔速度也就越高。所以，采用大号道岔对于列车运行是有利的。但是，道岔号数越大，道岔越长，造价自然就高，占地也要多得多。因此，采用什么号数的道岔

要因地制宜，因线而异，不可一概而论。

道岔按号数分类有 6 号、7 号、8 号、9 号、12 号、18 号以及大号码(如 30 号、38 号、42 号道岔)等，主要运营铁路干线常用的单开道岔有 9 号、12 号、18 号，大号码道岔主要用于要求侧线通过速度较高的联络线。客运专线以 18 号道岔为主。6 号、7 号和 8 号等道岔主要用于工矿企业专用线或货运站场。

3. 其他类型道岔

除了单开道岔外，还有双开道岔、三开道岔、多开道岔(复式交分道岔)、菱形交叉和交叉渡线等。

(1)双开道岔。双开道岔的特点是整个道岔对称于主线的中线或辙叉角的中分线，列车通过时无直向及侧向之分，如图 2-29 所示。

(2)三开道岔。三开道岔的特点是将一个道岔纳入另一个道岔内构成(两顺向道岔)，有三个辙叉，可开通三个方向，如图 2-30 所示。三开道岔可缩小用地，但尖轨寿命短，两普通辙叉部分不能设置护轨，且存在有害空间，车辆沿主线方向运行速度低。

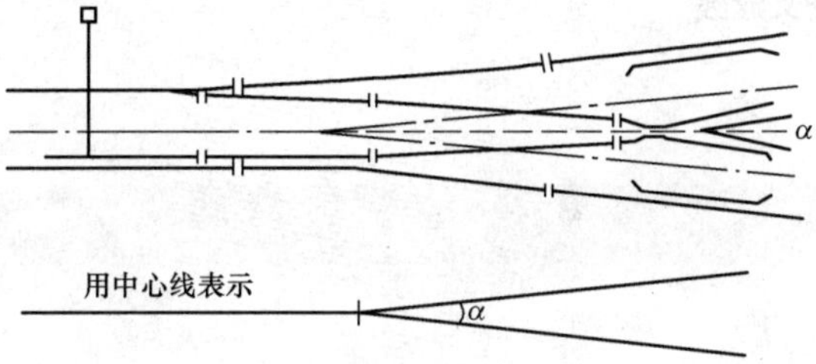

图 2-29　双开道岔

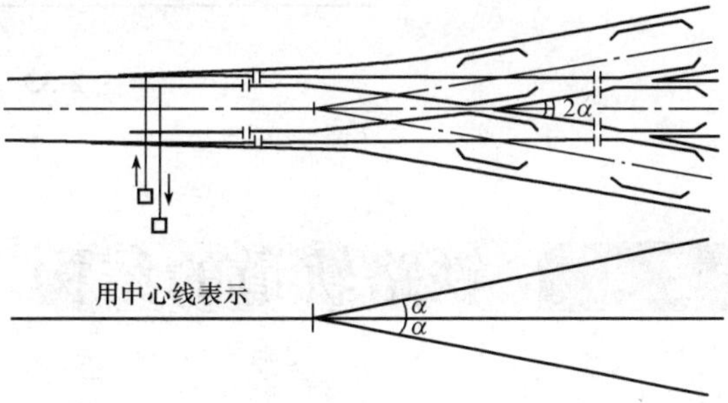

图 2-30　三开道岔

(3)复式交分道岔。复式交分道岔像 X 形，实际上相当于四组单开道岔和一副菱形交叉的组合，如图 2-31 所示。

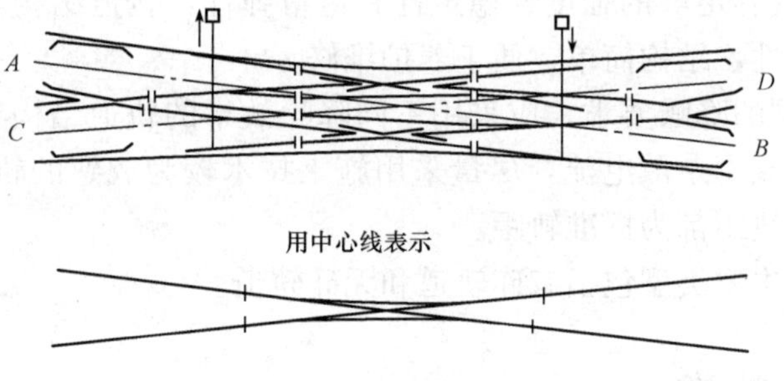

图 2-31　复式交分道岔

(4)菱形交叉。菱形交叉由两组锐角辙叉和两组钝角辙叉组成，但没有转辙器，所以，股道之间不能转线，如图 2-32 所示。

(5)交叉渡线。如果将复式交分道岔的 X 形的上面两点和下面两点分别连接起来，就是交叉渡线，如图 2-33 所示。它不仅能开通较多的方向，而且占地不多，所以，经常在车站采用。

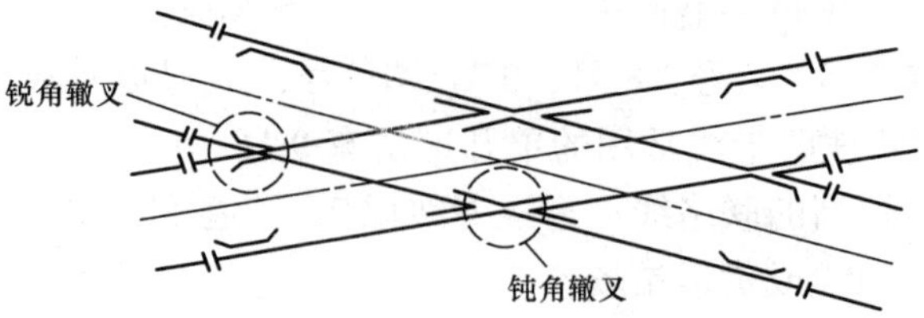

图 2-32　菱形交叉设备

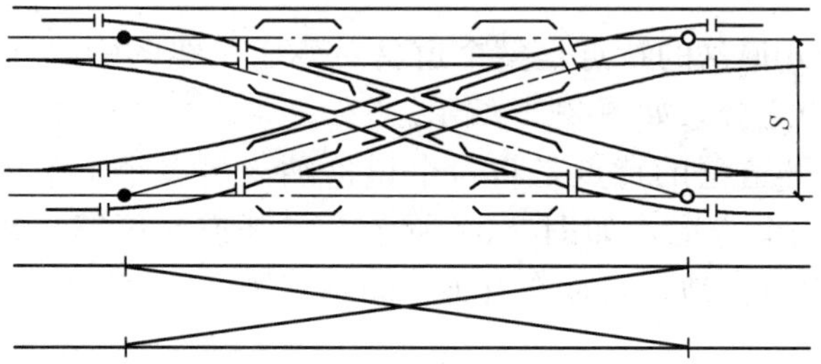

图 2-33　交叉渡线

2.4 铁路轨道的结构

2.4.1　铁路轨道结构的一般规定

城市轨道交通选择的轨道结构应符合以下规定：

(1)轨道结构应具有足够的强度、稳定性和适量弹性，轨道结构类型不宜太多，零部件应具有较强的通用性，结构简单，便于养护维修。

(2)根据地段不同的降噪要求，应采用不同降噪效果的轨道结构类型；轨道结构应具有较好的绝缘性，以减少杂散电流，尽量采用施工技术较为成熟的轨道结构形式。目前，城市轨道交通采用的轨距都为标准轨距。

铁路轨道结构的主要类型包括有砟轨道和无砟轨道。

2.4.2　有砟轨道

有砟轨道是铁路的传统结构。它具有弹性良好、价格低廉、更换与维修方便、吸噪特性好等优点。但随着行车速度的提高，其缺点也逐渐显现。首先，由于有砟轨道不均匀下沉产生的 120 Hz 以下频率范围的激振严重，轨道破损和变形加剧，所以，维修工作量显著增加，维修周期明显缩短。

2.4.3 无砟轨道

由于无砟轨道具有使用寿命长、线路状况良好、不易胀轨跑道、高速行车时不会有石碴飞溅等优点，因此，无砟轨道在国外高速铁路上获得了越来越广泛的应用，其铺设范围已从桥梁、隧道发展到上质路基和道岔区，无砟轨道结构在高速铁路上的大量铺设已成为发展趋势。

无砟轨道的结构类型繁多，技术上也各有特点。但国际上并没有统一分类法，按结构可分为整体结构式和直接支承结构式(表 2-5)。其中，枕式无砟轨道德国采用较多，主要有单枕块式和整体枕式；板式无砟轨道日本采用较多，主要有预制板式和现浇板式。

表 2-5 按结构分类无砟轨道

整体结构式		直接支承结构式
现浇混凝土式	预制板式	轨枕或支承块
雷达(Rheda)	博格板式	ATD
旭普林(Züblin)	日本板式	GETRAC
HKTTKAMP		BTD
弹性支承块式(LVT)		SATO
PACT	梯子形	WALTER

2.5 铁路限界

机车车辆运行必须有一个安全的空间，因此，铁路对机车车辆和接近线路的建筑物、设备规定了不允许超越的轮廓尺寸，也就是限界。铁路基本限界包括机车车辆限界和建筑接近限界。

2.5.1 机车车辆限界

机车车辆限界是机车车辆横断面的最大极限，如图 2-34 所示。具体来说，就是当机车车辆停留在平直铁道上，车体的纵向中心线和线路的纵向中心线重合时，其任何部分不得超出规定的极限轮廓线。所以，机车车辆并不是造得越高越宽就越好，尽管高而宽的车辆可以装更多的货物，可以载更多的旅客。

由图 2-34 可以看出：

(1)机车车辆的中心最大高度为 4 800 mm，因此，机车车辆顶部的任何装置都不得超越最大高度，以防机车车辆顶部与桥梁、隧道上部相撞。

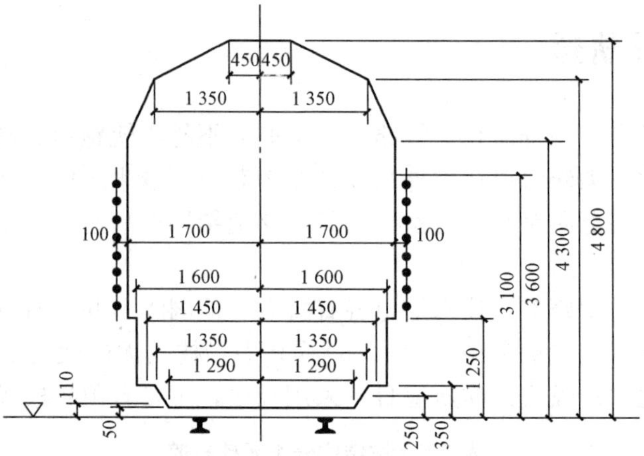

图 2-34　机车车辆限界(单位：mm)

(2)机车车辆在钢轨水平面上部 1 250～3 600 mm 范围内，其宽度为 3 400 mm；但为悬挂列车尾部的侧灯，在 2 600～3 100 mm 范围内允许两侧各加宽 100 mm。

(3)在钢轨水平面 1 250 mm 以下，机车车辆宽度逐渐缩减。

2.5.2　建筑接近限界

建筑接近限界是一个和线路中心线垂直的横断面，它规定了保证机车车辆安全通行所需要的横断面的最小尺寸，如图 2-35 所示。凡靠近铁路线路的建筑物及设备，其任何部分(和机车车辆有相互作用的除外)都不得侵入此限界之内。

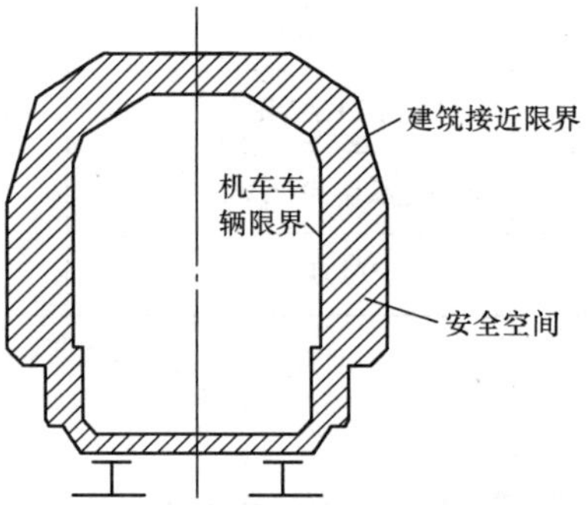

图 2-35　建筑接近限界

2.6　铁路线路的养护与维修

铁路线路在列车重力和列车运动产生的各种力的作用下，以及在自然环境的影响下，会发生各种病害。为保持铁路经常处于符合铁路技术标准所规定的良好状态，对铁路路基、轨道等需进行养护修理作业。铁路线路的养护与维修工作主要包括线路的经常维修、中修和大修。

2.6.1　铁路线路的经常维修

经常维修是预防线路发生一切不良现象，并及时消除已经发生的病害的作业。它包括以下内容：

(1)线路维修，主要是以整修轨道几何形状及个别更换和修理保养轨道构件为主。维修工作程序采取周期性综合维修、经常保养和紧急补修相结合的方式。

(2)线路巡查，包括巡道、巡山和巡河工作。巡道由专职巡道工按照批准的巡回图，有计划地巡查线路，发现和排除故障，并做好力所能及的线路补修工作；在路基条件复杂的地段，设专职巡山工、巡河工，进行登山、沿河检查，观测路基及其防护加固设备状况和病害发展情况。

(3)线路建筑物看守，即在有必要的道口设道口看守工，维护道口交通秩序，保证道口安全，并保证道口的完好和整洁；在有危及行车安全的路基病害处所，设固定的或临时的坍方落石看守工进行监视。

2.6.2 铁路线路的中修和大修

中修是消除线路上积累起来的，同时又是经常维修所不能消灭的病害的作业。其主要内容是：清筛并补充道砟；恢复道床的弹性和良好的排水性能；同时更换失效轨枕和伤损钢轨及联结零件，整修线路，使线路质量基本恢复到或接近原来的标准。线路中修按规定的工作范围和技术条件进行设计或编制工作量表，并按设计或工作量表进行施工。

大修是消除线路上积累起来的一切病害，使线路质量全面恢复到原有标准或达到更高标准的作业。线路大修有两种做法：一是全面更新；二是部分更新。中国线路大修的主要作业是：全面更换新钢轨及联结零件；更换失效轨枕，或全部更换为预应力混凝土轨枕；彻底清筛道床，补充道砟；校正、改善线路纵断面和平面；整修路基、排水和防护加固设备；更换道岔等。线路大修要经过勘测，编制设计，并按设计施工。

2.6.3 铁路线路作业的机械化

铁路线路养护与维修作业在过去是一项既费时费工，又极为繁重的体力劳动，它需要占用大量的人力、物力和财力。为了改变人工作业的落后面貌，提高维修质量和作业效率，节约劳动力和维修费用，世界各国都在努力研制各种线路养护机械。铁路线路养护机械一般是在线路大修、维修、改建或新建铺轨中配套采用。

由于实现维修作业机械化，线路质量和作业效率大为提高，维修费用和人力也得到大量节省。为了便于线路机械化作业，在各路局成立了工务机械段，对路局管内的线路进行线路大、中修作业；在工务机械段普遍设立了机械化工队和养路工区，配备了以单项、小型为主的养路机械，如电动捣固机、扒砟机、边坡回填机、液压起道机等，从而减轻了劳动强度，提高了作业效率。

学习评价

本章主要介绍铁路的等级、主要技术标准，铁路线路的平面及纵断面，铁路轨道的组成、结构，铁路限界，铁路线路的养护与维修。铁路等级是铁路的基本标准。铁路主要技术标准是铁路建筑物和设备的类型、能力和规模的基本标准。线路平面图及纵断面图是铁路设计文件的重要组成部分。铁路轨道主要起引导列车和机车车辆运行；直接承受车轮传来的巨大压力，并将它传递给路基及桥隧建筑物的作用。铁路对机车车辆和接近线路的建筑物、设备规定了不允许超越的轮廓尺寸。为保持铁路经常处于符合铁路技术标准所规定的良好状态，对铁路路基、轨道等进行养护修理作业。

思考与练习

一、填空题

1. 我国铁路共划分为四个等级，即：________、________、________、________。

2. 铁路主要技术标准包括：________、________、________、________、________、________、________、________和________等。

3. 铁路线路平面由________、________以及连接直线与圆曲线的________组成。

4. 铁路线路纵断面由________、________及设于变坡点处的________组成。

5. 轨道由________、________、________、________、________和________等主要部件组成。

6. 铁路轨道结构主要类型有________和________。

7. 铁路基本限界包括________和________。

8. 铁路线路的养护与维修工作主要包括线路的________、________和________。

二、判断题

1. 在路网中起联络、辅助作用的铁路属于Ⅰ级铁路。（　）

2. 铁路线路平面，表明线路的直、曲变化状态。（　）

3. 线路纵断面，表明线路的坡度变化。（　）

4. 所设线路标志均不得侵入区间及站内正线的建筑接近界限，其内侧边距钢轨头部外侧不得小于3 m。（　）

5. 钢轨必须具备足够的强度、稳定性和耐磨性。（　）

6. 机车车辆造得越高、越宽越好。（　）

7. 大修是消除线路上积累起来的，同时又是经常维修所不能消灭的病害的作业。（　）

三、简答题

1. 什么是铁路线路的平面图？铁路线路平面图通常需标明哪些内容？

2. 什么是铁路线路的纵断面图？铁路线路纵断面图通常需标明哪些内容？

3. 钢筋混凝土轨枕有哪些优点及缺点？

4. 道床可分为哪几种类型？

5. 铁路轨道结构应符合哪些规定？

6. 道岔有哪些特点？它的基本形式有哪几种？

7. 铁路线路的经常维修作业包括哪些内容？

8. 如何实现铁路线路作业的机械化？

项目3

铁路路基、桥梁和隧道

学习目标

1. 熟悉铁路路基的基本形式；掌握铁路路基的基本组成。
2. 掌握铁路桥梁的组成及分类。
3. 掌握铁路隧道的组成及分类。

3.1 铁路路基

铁路路基是承受并传递轨道重力及列车动态作用的结构，是轨道的基础，是保证列车运行的重要建筑物。路基是一种土石结构，处于各种地形、地貌、地质、水文和气候环境中，有时还遭受各种灾害，如洪水、泥石流、崩塌、地震等。因此，路基的好坏直接关系到线路的质量并影响行车速度及行车安全。

3.1.1 铁路路基的基本形式

在铁路线路工程中，路基常见的两种基本形式是路堤和路堑。

1. 路堤

当路肩设计标高高于天然地面时，路基以填筑方式构成，这种路基称为路堤，如图3-1所示。

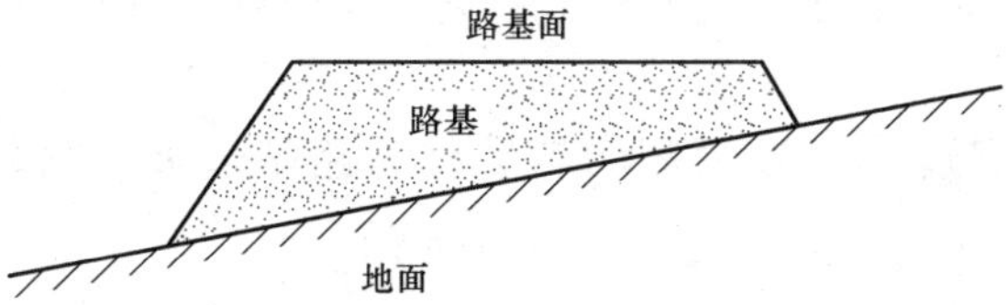

图3-1 路堤示意图

2. 路堑

当路肩设计标高低于天然地面时，路基以开挖方式构成，这种路基称为路堑，如图 3-2 所示。

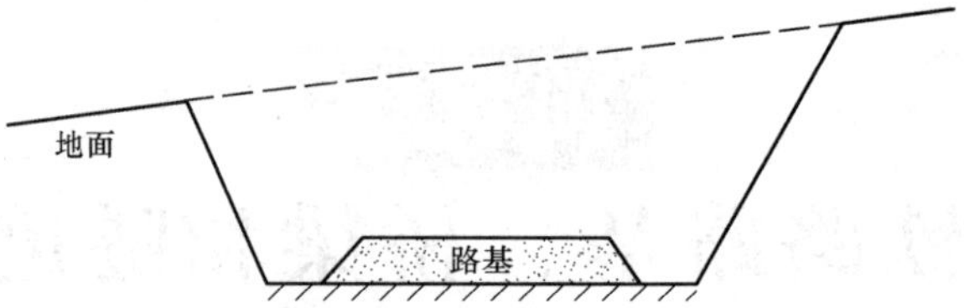

图 3-2　路堑示意图

3.1.2　铁路路基的基本组成

铁路路基主要由路基本体、路基防护和加固建筑物、路基排水设施三部分组成。

1. 路基本体

路基本体由路基顶面、路肩、路基边坡和天然地面组成。路堤的路基本体组成和路堑的路基本体组成分别如图 3-3 和图 3-4 所示。

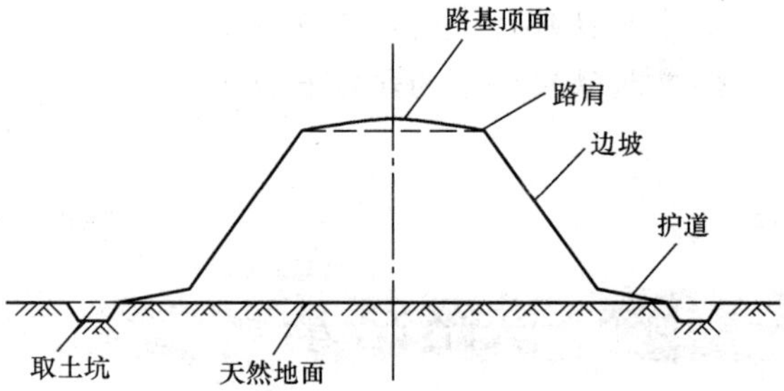

图 3-3　路堤的路基本体组成

(1)路基顶面。路基顶面是指铺设轨道的工作面，其宽度为两侧路肩边缘之间的距离。路基顶面形状应设计成三角形路拱，由路基中心线向两侧设 4%的人字排水坡。

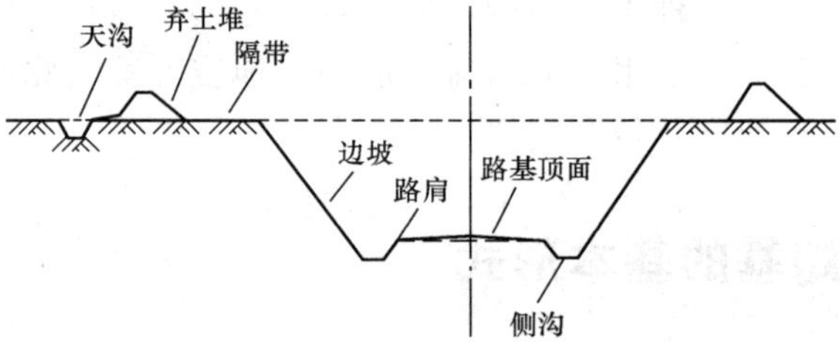

图 3-4　路堑的路基本体组成

(2)路肩。路肩是指路基顶面无道砟覆盖的部分。路肩的作用是防止道砟散落到路基下，保持道床的完整；供铁路工作人员行走、避车和存放线路上部材料、机具，便于进行养路作业；设置必要的线路标志和信号标志；防止土体在荷载作用下向两侧挤动并加强路基的稳固性。

(3)路基边坡。路肩边缘以外两侧的斜坡称为路基边坡，它起到增强路基稳定性的作用。

2. 路基防护和加固建筑物

路基坡面的地表水流沿山坡呈片状流动，它与边坡坡度及坡面状态等有关。缓坡、粗糙或有草木生长时流速小，反之就大些。路基坡面地表水流对坡面有洗蚀破坏作用，长时间洗蚀还会把坡面冲成纹沟、鸡爪沟，进而破坏路基边坡的稳定性。因此，对路基坡面地表水流的洗蚀应及时进行坡面防护，并修筑排水设备，保证排水通畅。常用的坡面防护措施有：种草、铺草皮、植树、抹面、灌浆和砌石护坡等。此外，还可以设置挡土墙或其他拦挡建筑物。

3. 路基排水设施

为保持路基经常处于干燥、坚固和稳定状态，路基上应设有一套完整的排水设备。如纵向排水沟、侧沟和截水沟，它们是为了排除地面水而设置的。除地面水以外，地下水也是破坏路基坚实、稳固的一个重要因素。为了拦截地下水，降低地下水水位，常采用渗沟和渗管等地下排水设备。地下水渗入渗沟后，可通过渗管纵向排出路堑。

(1)地面排水。在路堤天然护道外，可设置单侧或双侧排水沟，也可用取土坑排水；路堑应在路肩两侧设置侧沟；堑顶外可设置单侧或双侧天沟。天沟不应向路堑侧沟排水，路堑侧沟的水不得流经隧道流出，地面排水系统如图 3-5 所示。

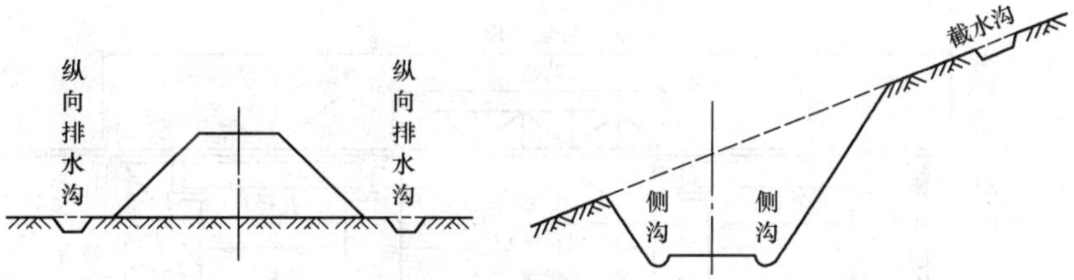

图 3-5　地面排水系统

(2)地下排水。为了拦截地下水、降低地下水水位来保持路基的干燥，通常采用深水沟、深水槽、排水坑道、排水水平孔、渗沟、渗管等地下排水设备来排泄地下水。在地下水流量较小且排水流程短的地方，一般只设无渗管的渗沟来排泄地下水。在地下水流量较大且排水流程较长的地方，则需要设置有渗管的渗沟来排泄地下水，以便地下水渗入渗沟后再通过渗水管将其纵向排出，如图 3-6 所示。

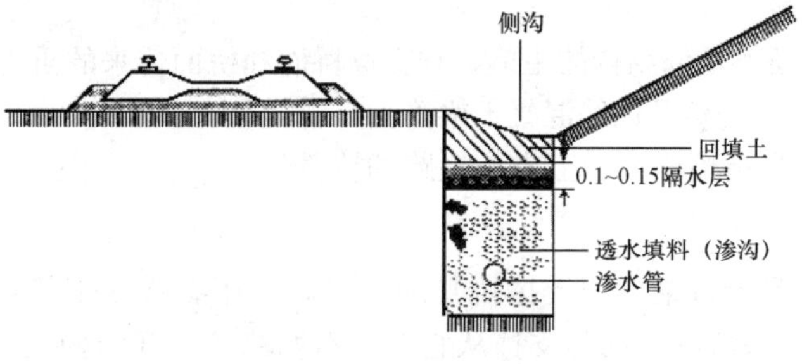

图 3-6　地下排水系统

3.2 铁路桥梁

在修建一条铁路时，常常会碰到江河、山谷、公路或者与另外一条铁路交叉，为了使铁路跨越这些地形上的障碍，就需要修建各种各样的铁路桥梁。铁路桥梁荷载大，冲击力大，行车密度大，要求能抵抗自然灾害的标准高，特别是某结构要求有一定的竖向、横向刚度和动力性能。

3.2.1 铁路桥梁的组成

铁路桥梁主要由上部结构和下部结构两大部分组成，如图 3-7 所示。上部结构(又称为桥跨结构)一般包括桥面构造(行车道、人行道、栏杆等)、桥梁跨越部分的承载结构和桥梁支座。下部结构是指桥梁结构中设置在地基上用以支承桥跨的结构，将其荷载传递至地基的结构部分，一般包括桥墩、桥台及墩台基础。

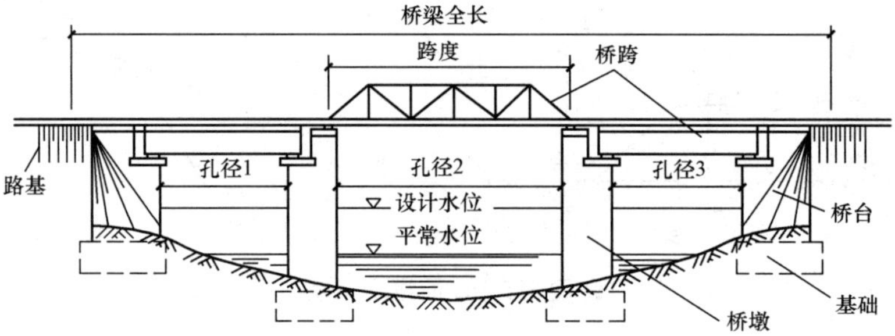

图 3-7　桥梁的组成

1. 上部结构

(1)桥面。桥面是指桥上的路面，即铺设轨道和供人行走的部分，通常有有砟桥面和无砟桥面两种。有砟桥面的钢轨是铺在轨枕与道砟上的，而无砟桥面的钢轨和轨枕直接铺在钢梁或木梁上。

(2)梁。梁是指桥梁上部结构的主体，它支撑桥面和桥面传来的重力，应有足够的强度；其式样包括钢桥梁、钢桁梁及钢筋混凝土梁等。

(3)支座。支座是指桥梁墩台上支承桥跨的构件。

2. 下部结构

(1)桥墩。桥墩是指桥梁下面支撑桥身的墩子，多用石头或钢筋混凝土做成。它主要由顶帽、墩身组成。桥墩的作用是支撑从它左、右两跨的上部结构通过支座传来的竖向力和水平力。由于桥墩建筑在江河之中，因此，它还要承受流水压力、水面以上的风力和可能出现的冰压力、船只的撞击力等。所以，桥墩在结构上必须有足够的强度和稳定性，在布设上要考虑桥墩与河流的相互影响。

(2)桥台。桥台位于桥梁两端，是支撑桥梁上部结构并和路堤相衔接的建筑物。其功能除传递桥梁上部结构的荷载到基础外，还具有抵挡台后的填土压力、稳定桥头路基、使桥头线路和桥上线路可靠而平稳地连接的作用。桥台一般是石砌或素混凝土结构，轻型桥台则采用钢筋混凝土结构。桥台是在岸边或桥孔尽端介于桥梁与路堤连接处的支撑结构物。它起着支撑上部结构、连接两岸道路及挡住桥台背后填土的作用。

(3)墩台基础。桥墩与墩台的底部为墩台基础。两端桥台挡渣墙之间的距离为桥梁全长。每个桥跨两支点间的距离叫作跨度。每个桥孔在设计水位处的距离叫作孔径；从设计通航水位(或设计洪水位)至桥跨结构最下缘的垂直高度叫作桥下净空高度。桥梁的孔径和桥下净空应能满足排泄洪水、泥石流、流水或船舶通航的要求。

3.2.2 铁路桥梁的分类

桥梁的形式多样，分类方法也有很多。常用的分类方法有按材料分类、按桥长度分类和按桥梁构造外形分类以及按桥梁跨越障碍分类等。

1. 按材料分类

按桥跨结构的建筑材料可分为钢桥、钢筋混凝土桥和石桥等。

(1)钢桥。钢桥强度大，质量轻，跨越能力大，故多用于大跨度桥梁。

(2)钢筋混凝土桥。钢筋混凝土桥经济实用，易于养护，较大跨度或中、小跨度桥梁常采用钢筋混凝土桥。

(3)石桥。石桥是以石料筑成的桥，铁路石桥的结构形式多为拱桥。石桥坚固耐久，养护工作量小，且可就地取材，能节省大量钢材和水泥。

2. 按桥长分类

按桥梁长度(L)可分为小桥($L<20$ m)、中桥(20 m$\leqslant L<100$ m)、大桥(100 m$\leqslant L<500$ m)和特大桥($L\geqslant 500$ m)等。

3. 按桥梁构造外形分类

按桥梁构造外形可分为梁式桥、拱式桥、斜拉桥等。

(1)梁式桥。铁路桥梁采用最多的是梁式桥。它是一种使用最广泛的桥梁形式，可细分为简支梁桥、连续梁桥和悬臂梁桥。简支梁桥是指梁的两端分别为铰支(固定)端与活动端的单跨梁式桥。连续梁桥是指桥跨结构连续跨越两个以上桥孔的梁式桥(图 3-8)。在桥墩上连续，在桥孔内中断，线路在桥孔内过渡到另一根梁上的称为悬臂梁，采用这种梁的桥称为悬臂梁桥(图 3-9)。

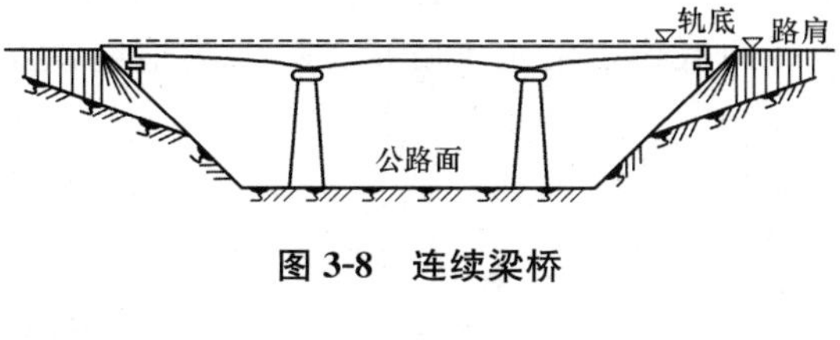

图 3-8 连续梁桥

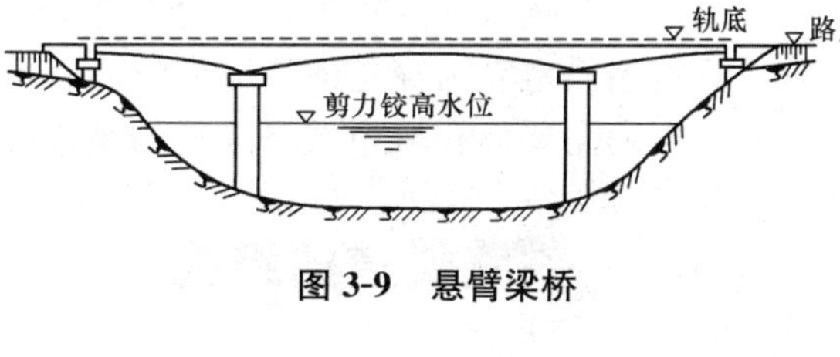

图 3-9 悬臂梁桥

(2)拱式桥。拱式桥由拱上建筑、拱圈和墩台组成，如图 3-10 所示。在竖直荷载作用下，作为承重结构的拱肋主要承受压力，拱桥的支座既要承受竖向力，又要承受水平力。因此，拱式桥对基础与地基的要求比梁式桥要高。

(3)斜拉桥。斜拉桥是将梁用若干根斜拉索拉在塔柱上的桥。它由梁、斜拉索和塔柱三部分组成，如图 3-11 所示。斜拉桥是一种自锚式体系，斜拉索的水平力由梁承受。梁除支撑在墩台上外，还支撑在由塔柱引出的斜拉索上。

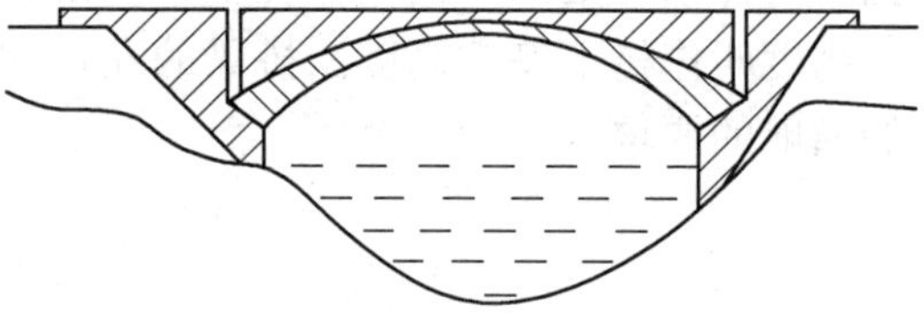

图 3-10　拱式桥

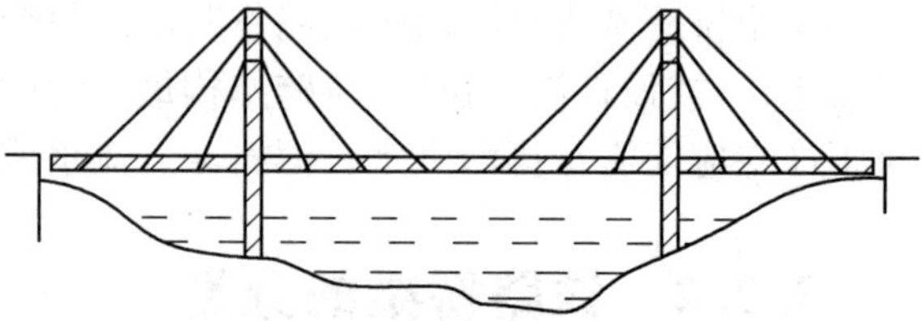

图 3-11　斜拉桥

4. 按桥梁跨越障碍分类

按桥梁跨越的障碍可分为跨河桥、跨线桥和高架桥。

(1)跨河桥。跨河桥跨越江河、湖泊。

(2)跨线桥。跨线桥又称为立交桥，如铁路、公路相互交叉时所建的桥梁，如图 3-12 所示。

(3)高架桥。高架桥又称为栈桥或旱桥，其跨越宽谷、深沟，如图 3-13 所示。

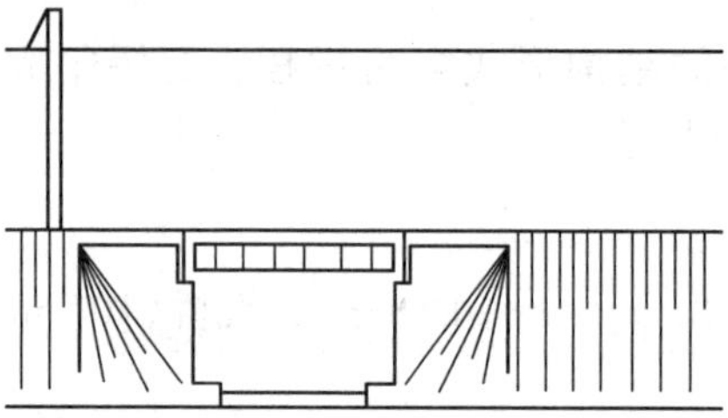

图 3-12　跨线桥

图 3-13　高架桥

3.3 铁路隧道

隧道是修建在地下或水下，并铺设铁路供机车车辆通行的建筑物。隧道大多建筑在山中，用以避免开挖很深的路堑；或修筑很长的迂回线，以改善线路条件、提高运输效率、节省运营费用；也有为穿越河流或海峡而从河下或海底通过的水下隧道，以及为适应铁路通过大城市的需要而在城市地下穿越的城市隧道。

3.3.1 铁路隧道的组成

铁路隧道结构由主体建筑物和附属建筑物组成。

1. 主体建筑物

主体建筑物是为了保持隧道的稳定，保证隧道正常使用而修建的，其主要由洞身衬砌和洞门组成，必要时也可在洞口上加筑明洞。

(1)洞身衬砌。衬砌是沿隧道开挖的周边，用混凝土、钢筋混凝土、石料等修筑的永久性支护结构物，包括顶部的拱圈、两侧的边墙和底部的仰拱或底板。衬砌的主要作用是支护围岩，防止围岩变形与坍塌，保持隧道的稳定。衬砌截面形式有直墙式和曲墙式两种，如图 3-14 所示。

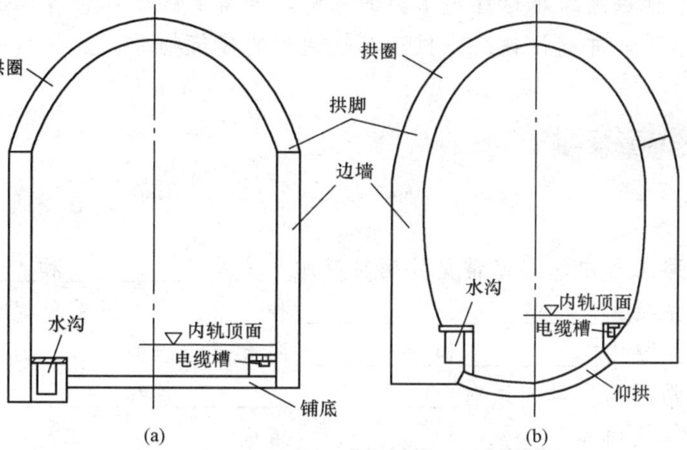

图 3-14 隧道洞身衬砌示意图

(a)直墙式；(b)曲墙式

(2)洞门。洞门是隧道的门面，传统的洞门是在隧道洞口用混凝土、石料修筑而成。它用来联系衬砌和洞口外的路堑，是隧道结构的主要组成部分，也是隧道出口的标志，如图 3-15 所示。

图 3-15 隧道洞门

2. 附属建筑物

附属建筑物是为了保证隧道正常使用，方便养护、维修作业，以及满足供电、通信等各方面需要的各种辅助设施，如隧道防排水设施、避车洞、电缆槽、运营通风设施、下锚段衬砌及洞口缓冲结构等。

3.3.2 铁路隧道的分类

铁路隧道根据其所在的位置可分为三大类：为缩短距离和避免大坡道而从山岭或丘陵下穿越的隧道称为山岭隧道；为穿越河流或海峡而从河下或海底通过的隧道称为水下隧道；为适应铁路通过大城市的需要而在城市地下穿越的隧道称为城市隧道。这三类隧道中修建最多的是山岭隧道。

学习评价

本章主要介绍铁路路基的基本形式与组成、铁路桥梁的组成与分类、铁路隧道的组成与分类。铁路路基是承受并传递轨道重力及列车动态作用的结构，是轨道的基础，是保证列车运行的重要建筑物。在修建一条铁路时，常常会碰到江河、山谷、公路或者与另外一条铁路交叉，为了让铁路跨越这些地形上的障碍，就需要修建各种各样的铁路桥梁。隧道是修建在地下或水下，并铺设铁路供机车车辆通行的建筑物。

思考与练习

一、填空题

1. 在铁路线路工程中，路基常见的两种基本形式是__________和__________。

2. 铁路路基主要由__________、__________和__________三部分建筑物组成。

3. 铁路桥梁主要由__________和__________两大部分组成。

4. 铁路桥梁常用的分类方法有__________、__________和__________等。

5. 铁路隧道结构由__________和__________组成。

6. 铁路隧道根据其所在位置可分为__________、__________和__________三大类。

二、判断题

1. 当路肩设计标高高于天然地面时，路基以填筑方式构成，这种路基称为路堤。 （　）

2. 对路基坡面地表水流的洗蚀应及时进行坡面防护，并修筑排水设备，保证排水通畅。 （　）

3. 桥台的作用是支撑从它左、右两跨的上部结构通过支座传来的竖向力和水平力。 （　）

4. 铁路大桥的长度标准为：$100\ m \leqslant L < 500\ m$。 （　）

5. 主体建筑是为了保持隧道的稳定，保证隧道正常使用而修建的。 （　）

6. 附属建筑物是为了保证隧道正常使用，方便养护、维修作业，以及满足供电、通信等各方面需要的各种辅助设施。 （　）

三、简答题

1. 路基本体由哪几部分组成？各部分的作用是什么？

2. 铁路桥梁的上部结构由哪几部分组成？它们的作用是什么？

3. 铁路桥梁的下部结构由哪几部分组成？它们的作用是什么？

4. 铁路桥梁按桥梁构造外形可分为哪些类型？它们各有什么特点？

5. 铁路隧道主体建筑物由哪几部分组成？它们的作用是什么？

项目 4
铁路车站

学习目标

1. 熟悉铁路车站的分类；掌握铁路车站线路的种类与线间距；掌握股道和道岔编号方法；掌握线路有效长的确定方法。

2. 熟悉中间站的分类；掌握中间站的作业、设备及图形。

3. 熟悉区段站的设置与任务；掌握区段站的作业、设备及图形。

4. 熟悉编组站的分类；掌握编组站的作业、设备及图形。

5. 掌握驼峰的组成及分类；掌握驼峰调速工具及自动化。

6. 掌握铁路枢纽的设备及类型。

4.1 铁路车站概述

铁路车站简称铁路站，是供铁路列车停靠的地方，用以搬运货物或让乘客乘车。大部分的铁路车站都是在铁路的旁边，或者是路线的终点。部分铁路车站除供乘客上下及货物搬运外，还有供机车及车辆维修或添加燃料的设施。

4.1.1 铁路车站的分类

1. 按车站作业性质分

铁路车站按作业性质可分为客运站、货运站、客货功能兼备的客货运站等。

(1)客运站。客运站的功能主要是从事客运业务和客车行车与整备作业。根据需要设置若干到发线和站台以及客运站房。在大型客运站还配备有检修和清洗列车等作业的整备场。

(2)货运站。货运站的功能主要是从事货运业务，包括货物承运、装卸作业和货物列车的到发作业。根据需要设置若干到发线、编组线和货物库场、库房等设施。

(3)客货运站。客货运站是同时从事客运与货运的车站。

2. 按列车作业的性质分

根据列车作业的性质可分为中间站、区段站和编组站等。

(1)中间站。中间站主要从事单线铁路列车的会让和双线铁路的越行作业，配备有到发线、货物线和牵出线等主要设施。铁路车站的发展趋势是作业集中化，设备、设施现代化和操作自动化。

(2)区段站。区段站是设于牵引区段分界处的车站，主要从事列车技术检查、机车的换挂、区段沿零摘挂列车和小运转列车的改编等作业，配备有机车段、车辆段、到发线、调车线和牵出线等设施。

(3)编组站。编组站专门从事列车的编组和解体，以及车辆与列车的其他技术性作业，配备有机务段和车辆段、到发线、调车线、牵出线和驼峰等设施。

3. 按业务量地理条件分

为衡量车站客货运量和技术作业量大小，以及在政治上、经济上和铁路网上的地位所划分的不同等级，称为车站等级。车站按业务量、地理条件划分为特等、一等、二等、三等、四等、五等站。

4.1.2 铁路车站线路的种类与线间距

1. 车站线路的种类

铁路线路分为正线、站线、段管线、岔线及特别用途线，如图 4-1 所示。

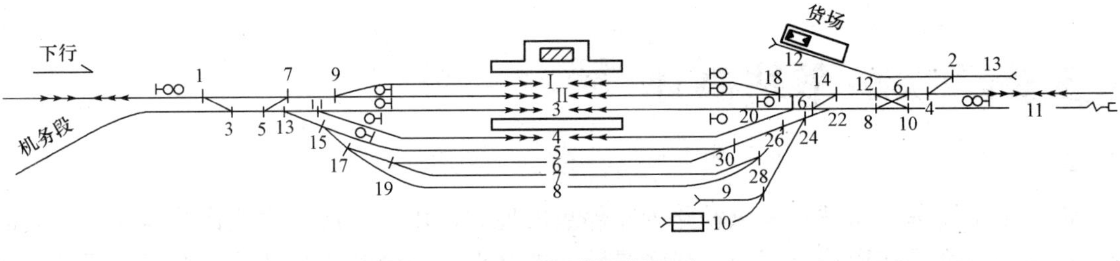

图 4-1 车站线路图

Ⅱ—正线；1、3、4—到发线；5、6、7、8—调车线；9、10—站修线；

11、13—牵出线；12—货物线

(1)正线。正线是指连接车站并贯穿或直股伸入车站的线路(或者说，直接与区间连通的线路)。正线可以分为区间正线和站内正线，连接车站的部分为区间正线，贯穿或直股伸入车站的部分为站内正线(一般供列车通过之用)。

(2)站线。站线分为到发线、调车线和牵出线、货物线及其他线。

1)到发线是指供旅客列车和货物列车到发的线。

2)调车线和牵出线是指专为车列的解体、编组使用的线路。

3)货物线是指货物装卸所使用的线路。

4)其他线是指办理其他各种作业的线路，如机走线、机待线、迂回线、禁溜线、加冰线、整备线等。

(3)段管线。段管线是指由机务段、电务段、车辆段、工务段等专用并管辖的线路。

(4)岔线。岔线是指在区间或站内与铁路接轨，通往路内外单位(厂矿企业、砂石场、港湾、码头、货物仓库)的专用线路。岔线直接为厂矿企业服务。有的岔线连接大的厂矿，为了取送车的方便，也设了车站，车站间还需要办理闭塞。但这些车站不办理铁路营业业务，仅为取送车服务。

(5)特殊用途线。特殊用途线是指为保证行车安全而设置的安全线、避难线。

2. 线间距

两条轨道的间隔一般称为线间距。线间距是限制列车运行速度的原因之一。《铁路技术管理规程》规定，区间及站内两相邻线路中心线间的标准线间距应符合以下要求：

(1)直线部分。直线部分常用线间距见表 4-1 和表 4-2。

表 4-1　客货共线铁路线间距

<table>
<tr><th>顺序</th><th colspan="4">名　称</th><th>线间最小距离/mm</th></tr>
<tr><td rowspan="3">1</td><td rowspan="3">区间双线</td><td colspan="3">$v \leqslant 120$ km/h</td><td>4 000</td></tr>
<tr><td colspan="3">120 km/h $< v \leqslant$ 160 km/h</td><td>4 200</td></tr>
<tr><td colspan="3">160 km/h $< v \leqslant$ 200 km/h</td><td>4 400</td></tr>
<tr><td>2</td><td colspan="4">三线及四线区间的第二线与第三线</td><td>5 300</td></tr>
<tr><td>3</td><td colspan="4">站内正线</td><td>5 000</td></tr>
<tr><td rowspan="7">4</td><td rowspan="7">站内正线与相邻到发线</td><td colspan="3">无列检作业</td><td>5 000</td></tr>
<tr><td rowspan="6">有列检作业或上水作业</td><td rowspan="2">$v \leqslant 120$ km/h</td><td>一般</td><td>5 500</td></tr>
<tr><td>改建特别困难</td><td>5 000</td></tr>
<tr><td rowspan="2">120 km/h $<$ $v \leqslant 160$ km/h</td><td>一般</td><td>6 000</td></tr>
<tr><td>改建特别困难</td><td>5 500</td></tr>
<tr><td rowspan="2">160 km/h $<$ $v \leqslant 200$ km/h</td><td>一般</td><td>6 500</td></tr>
<tr><td>改建特别困难</td><td>5 500</td></tr>
<tr><td>5</td><td colspan="4">到发线与相邻到发线</td><td>5 000</td></tr>
<tr><td>6</td><td colspan="4">站内相邻两线均需通行超限货物列车</td><td>5 300</td></tr>
<tr><td>7</td><td colspan="4">站内相邻两线只有一条通行超限货物列车</td><td>5 000</td></tr>
<tr><td>8</td><td colspan="4">铺设列检小车轨道的两到发线</td><td>5 500</td></tr>
<tr><td>9</td><td colspan="4">换装线</td><td>3 600</td></tr>
<tr><td>10</td><td colspan="4">编组站、区段站的站修线与相邻一条线</td><td>8 000</td></tr>
<tr><td rowspan="2">11</td><td colspan="2" rowspan="2">牵出线与其相邻线</td><td colspan="2">调车作业繁忙车站</td><td>6 500</td></tr>
<tr><td colspan="2">改建困难或办理摘挂取送作业</td><td>5 000</td></tr>
<tr><td>12</td><td colspan="4">站内中间设有接触网支柱的相邻线</td><td>6 500</td></tr>
<tr><td>13</td><td colspan="4">线间设有融雪设备的线</td><td>5 800</td></tr>
<tr><td>14</td><td colspan="4">安全线与其他线路</td><td>5 000</td></tr>
<tr><td>15</td><td colspan="4">其他站线</td><td>4 600</td></tr>
</table>

表 4-2　客运专线铁路线间距

顺序	名称		线间设施	线间最小距离/m
1	区间正线、站内正线	200 km/h		4 400
		200 km/h<v≤250 km/h		4 600
		250 km/h<v≤300 km/h		4 800
		300 km/h<v≤350 km/h		5 000
2	正线与相邻到发线		无	5 000
			声屏障	5 940+结构宽
			接触网支柱	5 200+结构宽
			雨篷柱	4 590+结构宽
			有站台	3 530+站台宽
3	到发线间或到发线与其他线		无	5 000
			接触网支柱	5 000+结构宽
			雨篷柱	4 300+结构宽
			有站台	3 500+站台宽
4	正线与其他线		无	5 000

站内正线须保证能通过超限货物列车。此外，在编组站、区段站及区段内选定的三至五个中间站上，单线铁路应另有一条线路，双线铁路上、下行各另有一条线路，须能通行超限货物列车。

(2)曲线部分。区间及站内线路曲线部分中心线间的水平距离，线路中心线至建筑限界的水平距离，均按曲线半径大小，根据计算适当加宽。

4.1.3　股道编号和道岔编号

为了作业和维修管理上的方便，站内线路和道岔应有统一的编号。

1. 股道编号方法

站内正线规定用罗马数字编号(Ⅰ，Ⅱ，Ⅲ…)，站线用阿拉伯数字编号(1，2，3…)。

(1)在单线铁路上应当从站房一侧开始顺序编号，如图 4-2 所示。

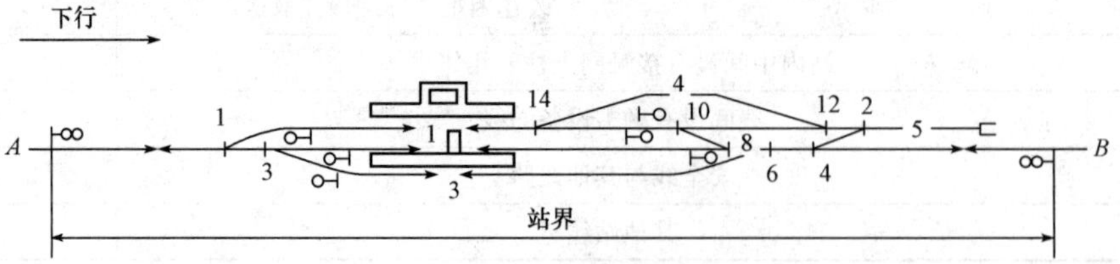

图 4-2　单线铁路中间站布置图

(2)在双线铁路上，下行正线一侧用单数，上行正线一侧用双数，从正线向外顺序编号，如图 4-3 所示。

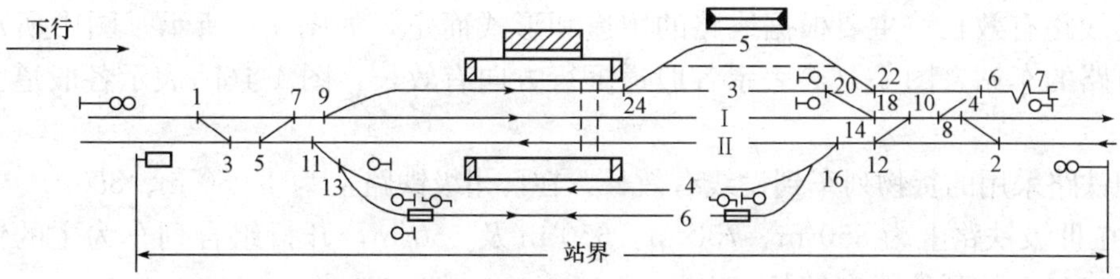

图 4-3　双线铁路中间站布置图

(3)尽端式车站，站房位于线路一侧时，从靠近站房的线路起顺序编号。站房位于线路终端时，应面向终点方向由左侧线路起顺序编号。

(4)大站上股道较多，应分别按车场各自编号。

2. 道岔编号方法

(1)用阿拉伯数字从车站两端由外向里依次编号，上行列车到达一端用双数，下行列车到达一端用单数，如图 4-2 和图 4-3 所示。

(2)每一道岔均应编为单独的号码，对于渡线、交分道岔等处的联动道岔，则应编为连续的单数或双数。

(3)站内道岔，一般以车站站房中心线作为划分单数号与双数号的分界线。

(4)当车站有几个车场时，每一车场的道岔必须单独编号，此时道岔号码应使用三位数字，百位数字表示车场号码，个位和十位数字表示道岔号码，避免在同一车站内有相同的道岔号码。

4.1.4　线路有效长

线路有效长是指股道上可以停放列车或机车车辆而不妨碍邻线列车及调车车列安全运行的最大长度。

1. 线路有效长的确定因素

线路有效长的起止点由警冲标、道岔的尖轨尖端、出站信号机、轨道绝缘节和车挡等分别确定。

(1)警冲标。警冲标是信号标志的一种，用来指示机车车辆的停留位置(机车车辆须停留在警冲标内方而不影响邻线的列车或机车车辆的安全通过)，防止机车车辆的侧面冲突，设在两会合线路间距为 4 m 的中间。

(2)道岔的尖轨尖端(无轨道电路时)或道岔基本轨接头处的钢轨绝缘(有轨道电路时)。

(3)出站信号机(或调车信号机)。出站信号机是用来指示列车是否能进入区间的信号装置。牵引列车的机车应停留于出站信号机的内方，保证不影响信号的显示和司机确认信号。对顺向道岔，出站信号机应设于警冲标内方适当位置；对逆向道岔，出站信号机可设于道岔尖轨尖端或道岔基本轨接头的钢轨绝缘处或稍后位置。

(4)车挡。车挡的位置表明为线路的尽头。

2. 线路有效长的确定方法

确定线路有效长，主要根据线路的用途和形式而定，如图 4-4 所示。图中所示为设置了轨道电路的车站，图 4-4(a)表示各股道下行方向有效长，图 4-4(b)表示各股道上行方向有效长。

我国铁路采用的货物列车到发线有效长，在Ⅰ、Ⅱ级铁路上为 1 050 m、850 m、750 m 及 650 m，在Ⅲ级铁路上为 850 m、750 m、650 m 及 550 m，开行组合列车为主的铁路可采用大于 1 050 m 的到发线有效长。

采用何种有效长，应根据输送能力的要求、机车类型及所牵引列车的长度，结合地形条件并与相邻各铁路到发线有效长的配合等因素确定。

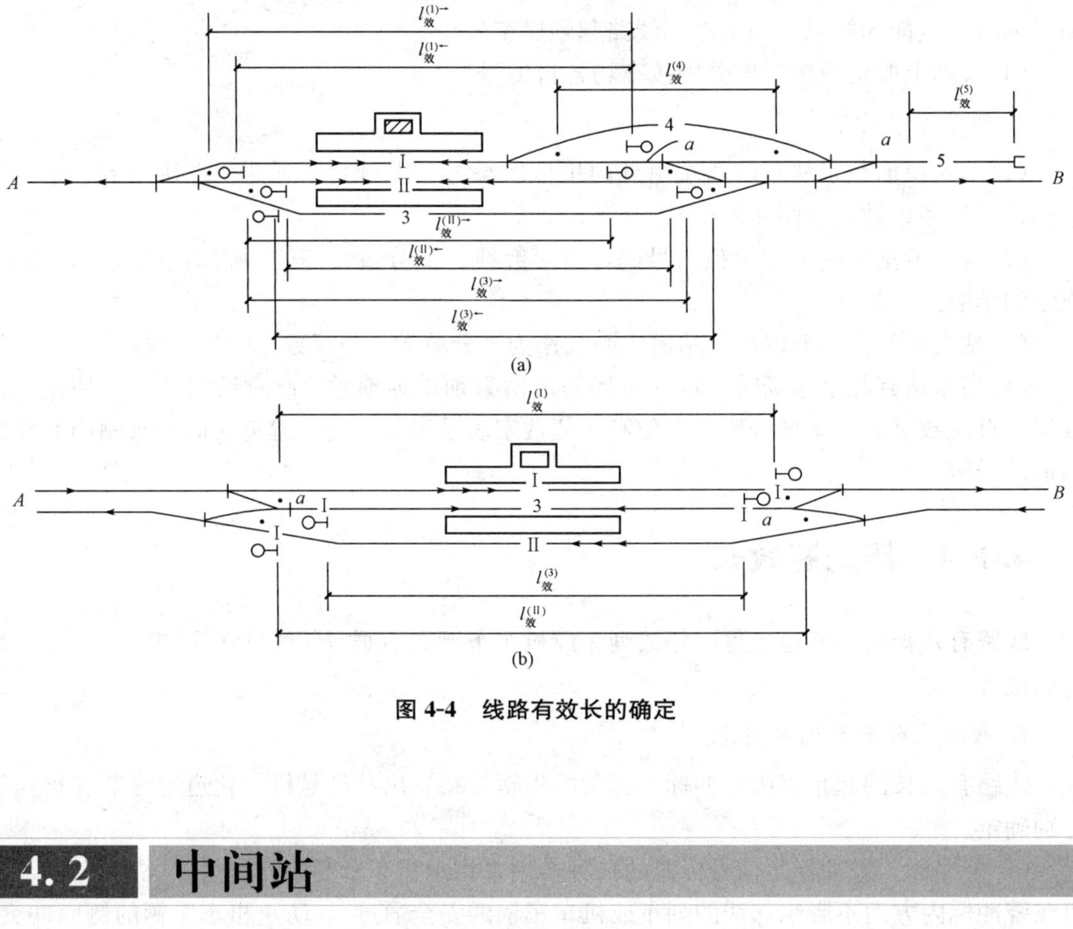

图 4-4　线路有效长的确定

4.2 中间站

中间站是指为沿线城乡人民及工农业生产服务，提高铁路区段通过能力，保证行车安全而设的车站。中间站用来办理一些列车的通过、会让和越行，旅客的乘降和行李、包裹的承运、交付和保管，货物的承运、交付、装卸和保管等工作。中间站设备规模虽然较小，但是数量很多，它遍布在全国的铁路沿线、小城镇和农村中，在发展地方工农业生产、沟通城乡物资交流中起着很重要的作用。

4.2.1 中间站的分类

中间站按办理货物作业量的大小，可分为无货场的中间站和有货场的中间站。

(1)无货场的中间站，一般只办理列车的通过、会让和越行以及少量的客货运作业，不设货场，不办理摘挂列车、甩挂车组的作业。

(2)有货场的中间站，除办理与无货场的中间站同样的作业外，另设有货场，办理摘挂列车、甩挂车组的作业。

4.2.2 中间站的作业和设备

1. 中间站办理的作业

中间站办理的作业主要包括：

(1)列车的通过、会让和越行。在双线铁路上还办理调整反方向运行列车的转线作业。

(2)旅客乘降和行包的收发与保管。

(3)货物的承运、装卸、保管与交付。

(4)摘挂列车向货场甩挂车辆的调车作业。

中间站如有专用线接轨或者是加力牵引起终点以及机车折返站时，还需办理专用线取送车、补机的摘挂、待班和机车整备、转向等作业。在客货运量较大的个别中间站，还有始发、终到旅客列车及编组始发货物列车的作业。

2. 中间站的主要设备

为了完成以上作业，中间站应根据作业性质和工作量大小而设置以下设备：

(1)列车到发线和货物装卸线，必要时还应设有调车用的牵出线和安全线。

(2)为旅客服务的站房、站台、站台间的跨越设备(天桥、地道或平过道)和雨篷等。

(3)为货运服务的货物堆放场、货物站台、仓库、雨篷、装卸设备及货运办公房屋等。

(4)信号及通信设备。

(5)个别车站为机车整备、转向、给水作业而设置的有关设备等。

(6)必要时还设有存车线和调车线。

4.2.3 会让站和越行站

用来提高线路通过能力而设置的车站，称为会让站或越行站。根据《铁路技术管理规程》规定，会让站和越行站均包括在中间站之内。

1. 会让站

会让站设在单线铁路上，主要办理列车的到发和会让，也办理少量的客货运业务。因此，会让站应铺设到发线、旅客乘降设备，并设置信号及通信设备、技术办公用房，但没有专门的货运设备。在会让站上，既可以实现会车，也可以实现越行。先到的列车在本站停车，等待反方向的列车到达本站。两个列车互相交会，叫作会车；先到的列车在本站停车，等待后一个同方向的列车通过本站或到达本站停车后先开，叫作越行。

2. 越行站

越行站设在复线铁路上，主要办理同方向列车的越行业务。因此，越行站应有到发线、旅客乘降设备、信号及通信设备、技术办公房屋等。

4.2.4 中间站图形

中间站的布置图形按到发线的相互位置，主要分为横列式和纵列式两种。

1. 横列式中间站

横列式中间站的布置特点是到发线沿正线横向排列。设一条到发线时，到发线一般应设在站房对侧；设两条到发线时，两条到发线应分设在正线两侧。图 4-5 和图 4-6 分别为单线铁路横列式中间站布置图和双线铁路横列式中间站布置图。

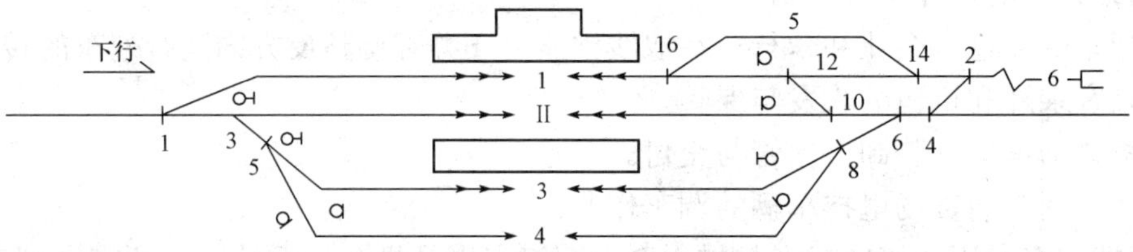

图 4-5 单线铁路横列式中间站布置图

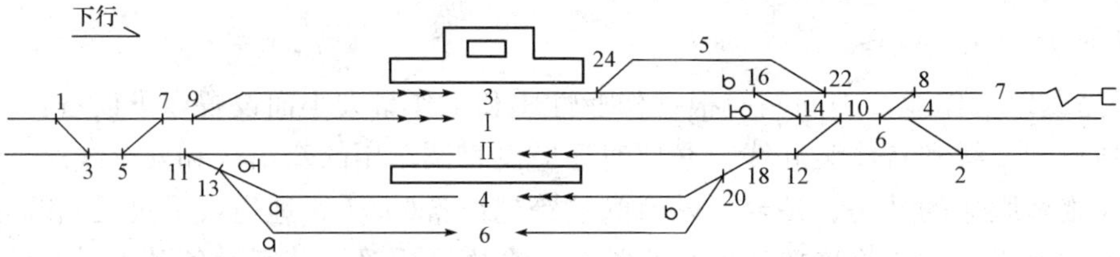

图 4-6 双线铁路横列式中间站布置图

横列式中间站布置图形具有站坪长度短、工程费用小、在地形紧张地段可缩短线路的优点，而且车站值班员对两端咽喉有较好的瞭望条件，便于管理，到发线使用灵活，站场布置紧凑。一般情况下，中间站应采用横列式布置。

2. 纵列式中间站布置图

纵列式中间站布置图的特点是到发线沿正线纵向排列，通常逆运转方向错移一个货物列车到发线的有效长度。如图 4-7 所示。

纵列式中间站布置图的优点是：有利于组织列车不停车会车，提高区间通过能力；适应重载列车到发的需要；便于车站值班员与司机交接行车凭证。但其缺点是：站坪长度长、工程投资大，且增加了中间咽喉；车站定员多，管理不方便；车站值班员瞭望信号确认进路不方便，车长与值班员联系工作行走距离长。因此，这种布置一般只在山区因地势陡窄或需组织不停车会让时才采用。

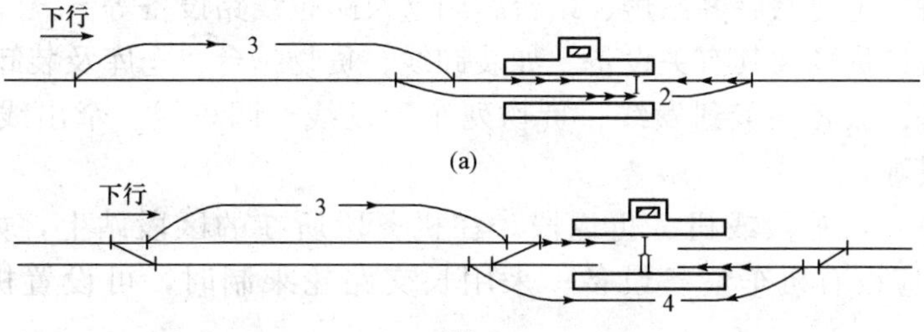

图 4-7　纵列式中间站布置图

4.3 区段站

4.3.1 区段站的设置和任务

区段站多设在中等城市和铁路网上牵引区段(机车交路)的起点或终点，是指解体与编组区段和沿零摘挂区段站的待编列车的车站，它是根据机车牵引区段的长度和路网的布局和规划设置的。区段站的主要任务是改编区段到发的车流，为邻接的铁路区段供应机车，或更换货运机车及乘务员，为无改编中转列车办理规定的技术作业，办理一定数量的列车编解作业和客货运业务。

4.3.2 区段站的作业和设备

区段站的作业和设备尽管在数量和规模上都不是最大的，但是作业和设备的种类却是比较齐全的。

1. 区段站的作业

根据区段站所担负的任务，它要办理的作业可以归纳如下：

(1)客运业务：与中间站办理的客运业务基本相同，只是数量较大。

(2)货运业务：与中间站办理的货运业务大致一样，但作业量要大。

(3)运转作业：与旅客列车有关的运转作业。

(4)机车业务：主要是换挂机车和乘务组，对机车进行整备、修理和检查等。

(5)车辆业务：列车的技术检查和车辆的检修业务。在少数设有车辆段的区段站上，还办理车辆的段修业务。

区段站所办理的作业，无论从数量上或种类上，都远比中间站多。而在所办理的解、编及中转列车中，又以无改编中转列车所占的比重为大。

2. 区段站的主要设备

区段站除有中间站的全部设备外，还应设有以下主要设备：

(1)客运设备：主要有旅客站房、站台、雨篷及跨越线路设备等。

(2)货运设备：货场及其有关设备。如装卸线、货物站台、仓库及装卸机械等。

(3)运转设备：旅客列车到发线、货物列车到发线、调车线、牵出线(有时设简易驼峰)、机车走行线等。

(4)机务设备：机务段或机务折返段。在机务段所在的区段站上，如采用循环运转制时，在到发场应设有机车整备设备；采用长交路轮乘制时，可设置机车运用段或换乘点。

(5)车辆设备：包括车辆段、列车检修所和站修所等。

除上述设备外，还有信号、通信、照明、办公房屋等设备。

4.3.3 区段站图形

区段站的客运、货运、运转、机务、车辆五项设备的合理布置，可从区段站的布置图上看出。由于地形、城市规划、运量及运输性质、正线数目等因素的影响，可以形成多种多样的布置图形。区段站常见的布置图有横列式、纵列式及客货纵列式三类。

1. 横列式区段站布置图

当上、下行到发线(场)平行布置在正线一侧，调车场在到发场的一侧时，称为横列式区段站布置图，如图 4-8 所示。图中Ⅱ道是正线。1、Ⅱ、3 道是旅客列车到发线，在必要时也可以接发货物列车。4、6、7 道是货物列车到发线，车站到发线的布置，可以保证从上、下行两个方向同时接发列车。5 道是机车走行线，下行出发和到达的货物列车机车可经由 5 道出入段。8～11 道是调车线。调车场两端均有牵出线，并设有一个简易驼峰，以保证解体、编组和取送车辆等调车作业的顺利进行。

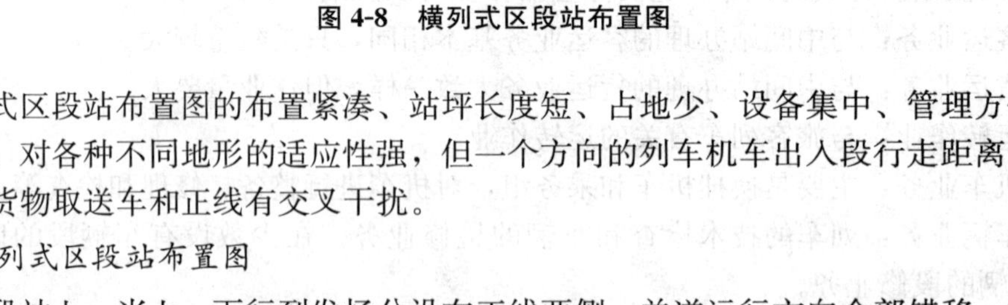

图 4-8 横列式区段站布置图

横列式区段站布置图的布置紧凑、站坪长度短、占地少、设备集中、管理方便、作业灵活性大、对各种不同地形的适应性强，但一个方向的列车机车出入段行走距离长，对站房同侧的货物取送车和正线有交叉干扰。

2. 纵列式区段站布置图

在区段站上，当上、下行到发场分设在正线两侧，并逆运行方向全部错移，在其中一个到发场一侧，设一个双方向共用的调车场时，称为纵列式区段站布置图，如图 4-9 所示。在双线铁路上，当运量较大时，为了减少站内两端咽喉区上、下行客和货列车进路的交叉干扰，区段站可采用纵列式布置图。

纵列式区段站的优点是：作业上的交叉干扰较横列式少；机车出入段走行距离短；当

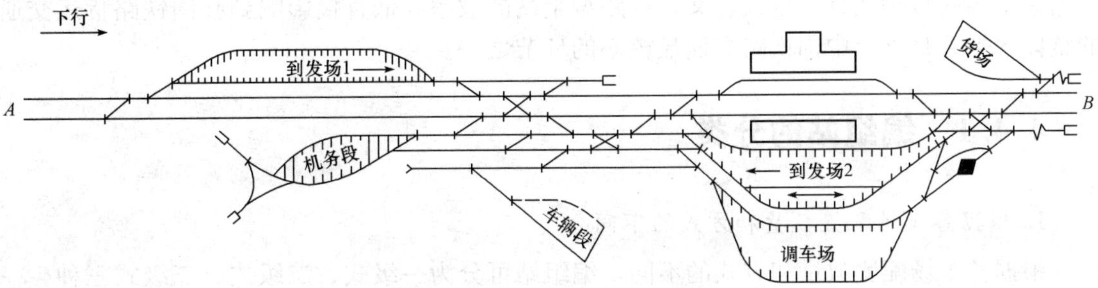

图 4-9　纵列式区段站布置图

机车采用循环运转制时，到发线上的整备设备比较集中；对站舍同侧的支线或工业企业线的接轨也比较方便。但其缺点是：站坪长度长、占地多、设备分散、投资大、定员较多、管理不便，一个方向货物列车的机车出入段要横切正线。因此，一般只有在采用循环交路时，才采用这种图形，以便充分发挥其优越性。

3. 客货纵列式区段站布置图

客货纵列式区段站的特点是客运运转设备(主要指旅客列车到发场)与货运运转设备(主要指货物列车到发场)纵向配列，如图 4-10 所示。

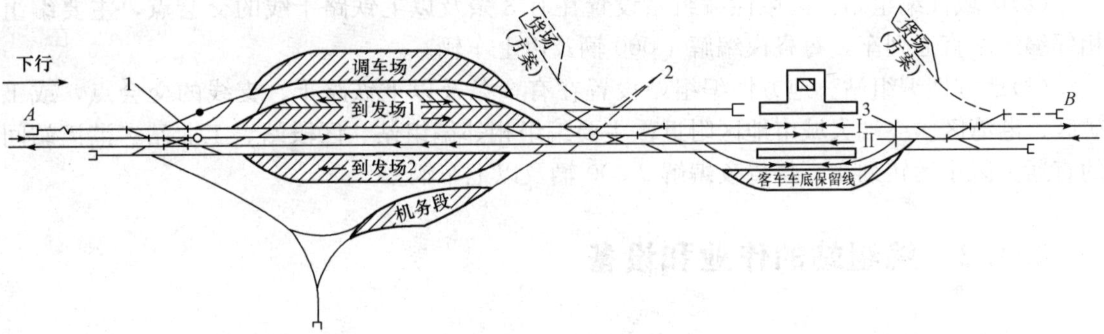

图 4-10　客货纵列式区段站布置图

由于这种图形往往是在改建时逐步形成的，故客、货运转设备和机务设备相互位置的配置形式有很多。其优缺点与纵列式图形大致相同。为了充分利用既有设备，在横向发展受到限制时，常采用这类布置图。

4.4 编组站

编组站是铁路网上集中办理大量货物列车到达、解体、编组出发、直通和其他列车作业，并为此设有比较完善的调车作业的车站。编组站一般设有专用的到达、发车和调车场，以及驼峰调车设备、机车整备和车辆检修设备。编组站是铁路枢纽的核心，是车流集散和列车解编的基地，常有“列车工厂”之称。加速编组站的现代化建设，对提高作业效率和缩短车辆周转时间具有重大意义。铁路编组站的效率高低直接影响到我国铁路货运交通的整体水平，是整个中国铁路方面最核心的环节之一。

4.4.1 编组站的分类

1. 根据各车场配置数量和方式的不同分

根据各车场配置数量和方式的不同，编组站可分为一级式、二级式、三级式三种。一级式有一级二场、一级三场等；二级式有二级三场、二级四场等；三级式有三级三场、三级四场和三级六场等。

各车场横列配置称为横列式编组站；纵列配置称为纵列式编组站；既有纵列又有横列的配置称为混合式编组站。上、下行列车到发按一个方向设置的编组站，称为单向编组站；按两个方向设置时，称为双向编组站。

2. 按其性质和作用分

编组站按其性质和作用，可分为以下三种：

(1)路网性编组站。路网性编组站设置在有 3 条及以上主要铁路干线的交会点，编组2 个及以上远程技术直达列车(通过 1 个以上编组站的列车)，每昼夜编解 6 000 辆及以上车辆。

(2)区域性编组站。区域性编组站设置在有 3 条及以上铁路干线的交会点，主要编组相邻编组站直通列车，每昼夜编解 4 000 辆及以上车辆。

(3)地方性编组站。地方性编组站设置在有 3 条及以上铁路干、支线的交会点，或工矿区、港湾区、终端大城市地区附近，主要编组相邻编组站、区段站、工业站、港湾站间的直通、区小运转列车，每昼夜编解 2 000 辆及以上车辆。

4.4.2 编组站的作业和设备

1. 编组站的作业

编组站的主要作业是大量办理列车的解体和编组，而且其中多数是直达列车和直通列车。

(1)改编货物列车作业。改编货物列车作业是编组站最主要的作业，包括解体列车的到达作业、解体作业、编组作业及出发作业。

(2)无调中转列车作业。无调中转列车作业比较简单，其主要作业是换挂机车和列车的技术检查，时间短，办理地点只限于到发场。

(3)货物作业车作业。货物作业车是指到达本站及工业企业线或段管线内进行货物装卸或倒装的车辆，其作业过程比改编中转列车增加了送车、装卸及取车三项作业。

(4)机车整备和检修作业。机车整备和检修作业与区段站相同。

(5)车辆检修作业。编组站上的车辆检修作业包括在到发线上进行的车列技术检查及不摘车维修；在列检或调车过程中发现车辆损坏，需摘车倒装后送往车辆段或站修所进行修理；根据任务扣车送段维修。

(6)其他少量作业。根据具体情况，有时还需办理客运作业、货运作业和军用列车供应作业。

2. 编组站的主要设备

编组站主要设备是调车场和调车设备。调车作业的效率与安全，除了与调车人员的技术水平和熟练程度有关外，主要取决于车站所采用的调车设备和技术设施。

(1)调车设备。调车设备是编组站的核心设备，包括调车驼峰、调车场(线)牵出线、调车机车等几部分。

(2)行车设备。行车设备即接发货物列车的到发线。

4.4.3 编组站图形

调车设备的数量与规模及各车场的相互位置，构成了编组站不同形式的布置图。凡驼峰朝一个方向改编车流的称为单向布置图；而主要驼峰朝相对方向改编车流的称为双向布置图。

我国编组站布置图的基本类型共有六种，即：单向横列式、单向纵列式、单向混合式、双向横列式、双向纵列式、双向混合式。其他类型是在这些基础上派生的，并且数量很少。

图 4-11 所示为单向三级三场纵列式的编组站布置图，这种布置图形的优点是：为各方面到达改编的车流创造了良好的作业条件，列车的到达、解体、编组、出发都是顺序进行的，形成“流水式”作业，因此，改编能力较大。另外，全站只有一套调车系统，使车站作业自动化方案大为简化，有利于实现编组站现代化。

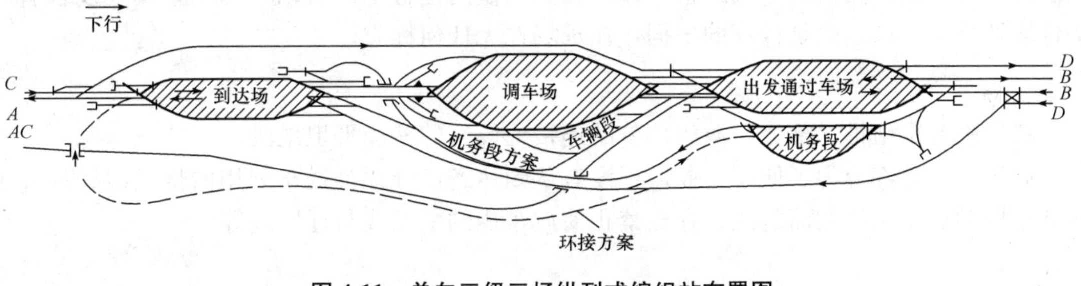

图 4-11 单向三级三场纵列式编组站布置图

4.5 调车设备

4.5.1 驼峰的组成

驼峰调车线路设备，是铁路编组站供解体和编组货物列车用的调车线路设备。由于它的纵断面形状似骆驼的峰背而得名。驼峰的线路平面和纵断面，由推送部分、溜放部分、峰顶平台三部分组成，如图 4-12 所示。

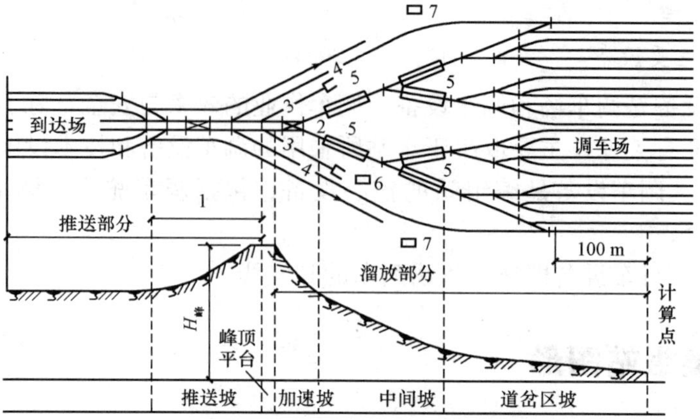

图 4-12　驼峰平面和纵断面图

1—推送线；2—溜放线；3—禁溜线；4—迂回线；5—缓行线；6、7—信号楼

1. 推送部分

推送部分是指经驼峰解体的车列的第一钩车位于峰顶时车列全长所在的线路范围。设置这一部分的目的是使车辆得到必要的位能，并使车钩压紧，便于摘钩。

2. 溜放部分

溜放部分是由峰顶至编组场头部各股道警冲标后 100 m(机械化驼峰)或 50 m(非机械化驼峰或简易驼峰)处的线路范围。这个长度叫作驼峰计算长度，计算长度的末端叫作驼峰的计算停车点。因为调车线的警冲标不在同一横向位置上，所以，每一条调车线各有一个计算停车点。该点只是计算的根据，在现场并无任何标志。

3. 峰顶平台

峰顶平台是指推送部分与溜放部分的连接处设有的一段平坦地段。

此外，驼峰部分为了便于作业，还设有从到达场往峰顶推送车列用的推送线、从峰顶往调车场溜放车组用的溜放线、存放禁止溜放车辆的禁溜线与迂回线等。

4.5.2　驼峰的分类

1. 按货车溜放时所使用的调速工具及其控制方式分

按货车溜放时所使用的调速工具及其控制方式，驼峰主要分为以下三种：

(1)非机械化驼峰。驼峰溜放部分利用线路坡度进行调速；调车场部分由人工使用铁鞋或手闸进行调速。简易驼峰属于比较简陋的非机械化驼峰。

(2)机械化驼峰。驼峰溜放部分由人工操纵的车辆减速器进行调速；调车场部分由人工或借助机械操纵的铁鞋进行调速。

(3)自动化驼峰。驼峰溜放部分和调车场部分的车辆溜放速度，均由电子计算机自动控制的调速工具进行调速。

此外，还有半自动化驼峰，它属于自动化驼峰的初级阶段，主要特征是由驼峰作业员根据车辆的走行性能和走行距离判断确定车辆通过减速器的出口速度，通过半自动控制机操纵车辆减速器来调速。

2. 按作业能力分

按作业能力驼峰主要分为以下三种：

(1)大能力驼峰。大能力驼峰日均解体车数在 4 000 辆以上，调车线不少于 30 条，设 2 条溜放线，应设有推峰机车遥控、钩车溜放速度和溜放进路自动控制系统，建在路网性和区域性编组站上。

(2)中能力驼峰。中能力驼峰日均解体车数为 2 000～4 000 辆，调车线在 16 条以上，设 1～2 条溜放线，且设有推峰机车遥控、钩车溜放速度和溜放进路自动控制系统，建在区域性或路网性编组站上。

(3)小能力驼峰。小能力驼峰日均解体车数在 2 000 辆以下，调车线为 5～16 条，且设置溜放进路自动控制系统、推峰机车信号，有条件时可采用推峰机车遥控系统、钩车溜放速度自动或半自动控制系统。

4.5.3 驼峰调速工具

列车在驼峰编组站进行解体作业时，为了保证安全和作业的要求，必须在一定地点设置调速工具，根据需要对车辆的溜行速度实行调节，使之符合运营要求。

我国铁路上常用的调速工具有车辆减速器、减速顶、手闸、制动铁鞋等。在机械化驼峰上，除调车场内使用铁鞋制动外，在驼峰溜放部分均采用由驼峰值班员操纵的车辆减速器。而在自动化驼峰上，根据车辆的走行性能、质量，预定的停车地点以及溜放速度等条件，车辆拥有由自动化装置控制减速器的制动能力。

1. 减速器

我国铁路采用的减速器主要有压力式钳形减速器和重力式减速器两种。

(1)压力式钳形减速器。压力式钳形减速器利用空气作为动力，由钢轨两侧的制动夹板挤压车轮进行制动。图 4-13 所示为压力式钳形减速器的构造简图，当需要对车辆进行制动时，操纵制动按钮，使压缩空气进入气缸，活塞杆 5 和杠杆 4 的末端即被压向下方，而缸体 6 连同杠杆 3 的末端则上升。这样，由于两杠杆末端分开，使夹板 1 合拢而挤压车轮进行制动。

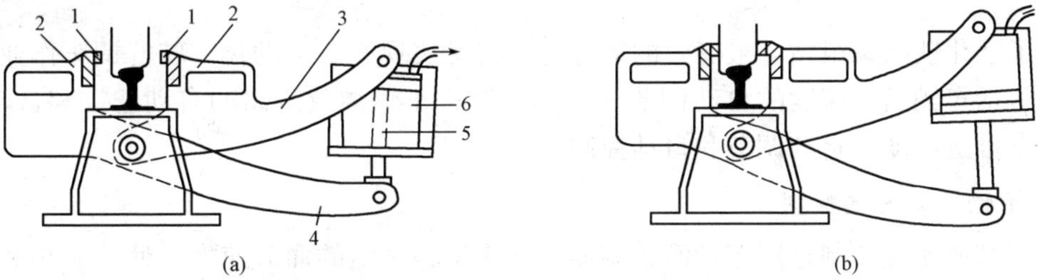

图 4-13 压力式钳形减速器外形图

(a)缓解传；(b)制动传

1—夹板；2—制动梁；3、4—杠杆；5—活塞杆；6—缸体

(2)重力式减速器。重力式减速器主要借助于车辆本身的质量使制动夹板产生对车轮的压力而进行制动。这种减速器的类型有很多，我国通常使用双轨条油压重力式减速器。

重力式减速器与压力式减速器相比，其优点是制动力的大小可根据被制动车辆的自重大小而自动调节，不需再设置测重设备，也不需要空压和储风设备，成本较低。

2. 减速顶

减速顶是一种不需要外部能源，可以自动控制车辆溜放速度的调速工具。其优点是灵敏度高，性能良好，维修简便，是一种较好的调速工具。减速顶由吸能帽、速度阀板、油孔、弹簧、安全阀、外壳等部分组成，如图 4-14 所示。当车轮经过减速顶时，吸能帽斜对轮缘部分。减速顶可以安装在线路的钢轨内侧，也可以安装在钢轨外侧。

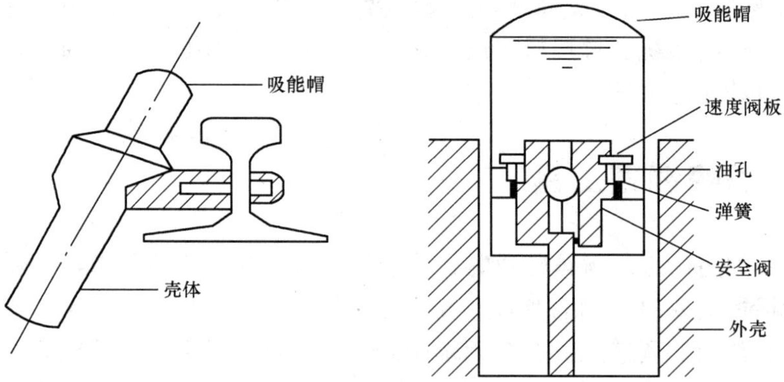

图 4-14　减速顶

3. 制动铁鞋

制动铁鞋是在一根或两根钢轨上放置铁鞋，在向前滚动的车轮压上铁鞋后便沿钢轨滑行，轮轨之间由滚动摩擦变为滑动摩擦，阻止掣轮前进，起制动作用。

制动铁鞋是利用变滚动摩擦为滑动摩擦的原理，增大摩擦力，使溜行车组尽快减速以至于停车，从而达到制动目的。

4.5.4　驼峰自动化

为了强化铁路编组站，最有效的措施之一就是实现驼峰自动化。驼峰调车作业的自动化主要包括车辆溜放速度的自动调节和自动控制；车辆溜放进路的自动选排和自动控制；驼峰机车推送速度的自动调节和自动控制等。

1. 车辆溜放速度控制

车辆溜放速度控制是用车辆溜放调速设备来调整车组的溜放速度，使前后相邻车组间有规定间隔，并在溜入编组线后同已有车组安全连挂。货车溜放速度控制有人工控制和自动控制两种方式。机械化驼峰一般采用人工控制，即在峰顶到编组线入口的道岔区上装设一个或两个制动位，操作人员在制动位近旁的信号楼内操纵制动位上的车辆减速器，调整车组的溜放速度。

2. 车辆溜放进路控制

车辆溜放进路控制是利用快动型动力转辙机控制分路道岔，使车组由峰顶溜向指定的编组线。第二次世界大战后，各国开始装设溜放进路程序控制设备，它包括进路命令的存储器和进路命令传达电路、快动转辙机和快动转辙机控制电路，以及驼峰专用的高分流灵敏度速动型轨道电路。近年来，由于微型计算机的迅速发展，一些国家已采用微型计算机控制溜放进路。

3. 机车推送速度控制

根据车组长短，前、后车组溜放阻力的大小，以及分路地点间隔和预定停车地点的远近等，就可以利用地面驼峰信号或车内信号，指示推峰机车推送车列的速度或从峰顶后退。推峰机车也可在峰顶使用无线电遥控。

4.6 铁路枢纽

铁路枢纽是铁路网的一个组成部分，在铁路网的交汇点或终端地区，由各种铁路线路、专业车站以及其他为运输服务的有关设备组成的总体，如图 4-15 所示。铁路枢纽的功能是使各向铁路线相互沟通，与其他运输方式顺畅衔接。其主要作业内容是组织各向列车的到发和通过、客货的集散和中转、车辆改编以及货物承运与换装等项。铁路枢纽通常设有编组站、客运和货运站，有时也可由一个站办理各种作业。

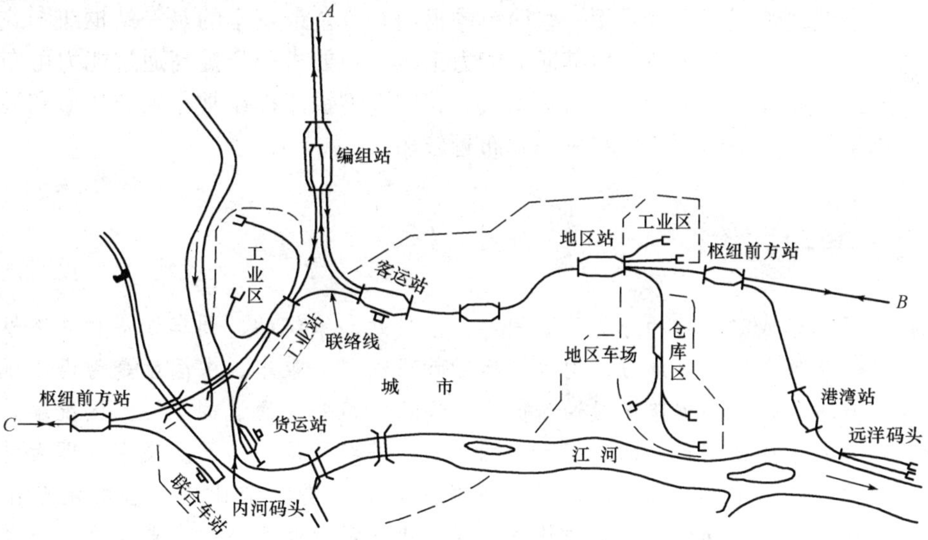

图 4-15　铁路枢纽示意图

铁路枢纽是由铁路新线建设和城市及工业发展等原因逐步形成和发展起来的。因此，铁路枢纽所在地区的政治与经济特征、在地理上和路网中的位置、城市和工业建设的要求等对它所承担的运输生产任务有着密切的关系。

4.6.1 铁路枢纽设备

为了完成以上复杂而繁重的任务，枢纽内需要配备下列成套的技术设备：

(1)铁路线路：引入线路、联络线、环线、工业企业专用线等。

(2)车站：客运站、货运站、编组站、工业站、港湾站等。

(3)疏解设备：铁路线路与铁路线路的平面和立交疏解、铁路线路与城市道路的立交桥和道口以及线路所等。

(4)其他设备：机务段、车辆段、客车整备所等。

上述部分或全部技术设备，应在分析枢纽内车流的基础上，结合既有铁路现状和地理、工程条件等因素，密切配合城市规划和工农业建设进行全面规划，分期发展。

4.6.2 铁路枢纽类型

铁路枢纽按其在路网上的地位和作用可分为路网性铁路枢纽、区域性铁路枢纽和地方性铁路枢纽。

常采用的较复杂的铁路枢纽的布置图式有环形图式、半环形图式和混合式图式。环形、半环形枢纽图式是由各个方向引入铁路线，通过环线或半环线把各个方向铁路连接沟通，而各种车站布置在引入线上或环线上均可，而连接工矿企业和市区可通过尽头线实现。混合式枢纽图式是由较简单的枢纽组合布置而成的。

在中、小型铁路枢纽中常采用一些简单的枢纽布置。最基本的是一站枢纽图式，各个铁路方向均引入一个联合车站，但其通过能力很小；想要进一步提高通过能力可布置成三角形、顺列式、并列式、十字形等布置图式。我国大型铁路枢纽常布置成环形和混合式图式，中、小型枢纽则采用顺列式和一站式布置较多。

学习评价

本章主要介绍铁路车站的分类、中间站、区段站、编组站、调车设备和铁路枢纽。铁路车站是供铁路列车停靠的地方，用以搬运货物或让乘客乘车。中间站是为沿线城乡人民及工农业生产服务，提高铁路区段通过能力，保证行车安全而设的车站。区段站是指解体与编组区段和沿零摘挂区段站的待编列车的车站。编组站是铁路网上集中办理大量货物列车到达、解体、编组出发、直通和其他列车作业，并为此设有比较完善的调车作业的车站。铁路枢纽是在铁路网的交会点或终端地区，由各种铁路线路、专业车站以及其他为运输服务的有关设备组成的总体。

思考与练习

一、填空题

1. 铁路车站根据列车作业的性质可分为__________、__________、__________。

2. 铁路线路分为__________、__________、__________、__________及__________。

3. __________是指股道上可以停放列车或机车车辆而不妨碍邻线列车及调车车列安全运行的最大长度。

4. 中间站按办理货物作业量的大小，可分为__________和__________。

5. 编组站按其性质和作用，可分为__________、__________和__________三种。

6. 驼峰的线路平面和纵断面，由__________、__________、__________三部分组成。

7. 铁路枢纽按其在路网上的地位和作用可分为__________、__________和__________。

二、判断题

1. 我国铁路采用的货物列车到发线有效长，开行组合列车为主的铁路可采用大于950 m的到发线有效长。（　）

2. 会让站应铺设到发线、旅客乘降设备，并设置信号及通信设备、技术办公用房，但没有专门的货运设备。（　）

3. 区段站所办理的作业，无论从数量上或种类上，都远比中间站少。（　）

4. 区域性编组站设置在有3条及以上铁路干线的交会点，主要编组相邻编组站直通列车，每昼夜编解5 000辆及以上车辆。（　）

5. 大能力驼峰日均解体车数在5 000辆以上，调车线不少于30条。（　）

6. 铁路枢纽的主要作业内容是组织各向列车的到发和通过、客货的集散和中转、车辆改编以及货物承运与换装等事项。（　）

三、简答题

1. 如何进行股道编号？

2. 如何进行道岔编号？

3. 中间站办理的作业包括哪些内容？

4. 中间站图形有哪几种形式？它们各有什么特点？

5. 区段站的作业包括哪些内容？

6. 区段站布置图形有哪几种形式？它们各有什么特点？

7. 编组站的作业主要包括哪些内容？

8. 驼峰自动化主要有哪些措施？

9. 铁路枢纽应配置哪些设备？

项目 5
铁路车辆

学习目标

1. 了解铁路车辆的分类、标记及主要技术参数。
2. 掌握铁路车辆的基本构造。
3. 熟悉铁路车辆的检修与运用。

5.1 铁路车辆概述

5.1.1 铁路车辆的分类

铁路车辆是运送旅客和货物的工具。铁路车辆按照用途分为铁路客车、铁路货车两大类。

5.1.1.1 铁路客车

铁路客车是指载运旅客的车辆、为旅客提供服务的车辆以及挂运在旅客列车中的其他用途的车辆。即按用途铁路客车分旅客运送、旅客服务和特殊用途三种车辆。

1. 旅客运送车辆

运送旅客用的车辆主要包括：

(1)硬座车(YZ)。硬座车供旅客乘坐用。车内主要设备是座椅，座椅采用半软坐垫和靠背。车厢内一般设有两人座椅和三人座椅各一列；两侧墙上装有行李架、衣帽钩等设备。

(2)软座车(RZ)。软座车作用与硬座车相同，但坐垫和靠背均设有弹簧装置，车厢内设两人座椅两列或两人座椅各一列，比较宽敞舒适。

(3)硬卧车(YW)。硬卧车是为长途旅客提供半软垫的卧铺。车内一般分成若干个敞开式的间隔，每个间隔内设六个铺位(上、中、下铺各两列)，靠走廊一侧装有活动座椅，通道上部设有行李架。此外，在车辆的端部都有厕所和盥洗设施等。

(4)软卧车(RW)。软卧车是为旅馆提供较高级卧铺的车辆。全车有 8～9 个包间，一般每个包间内设有双层软垫铺位四个。包间外侧有活动座机，两端分别设置乘务员室、茶炉、厕所和洗脸室。

2. 旅客服务车辆

为旅客服务的车辆包括：

(1)餐车(CA)。餐车是供旅客在旅行中用餐的车辆，主要由餐厅、厨房和储藏室三部分组成。

(2)行李车(XL)。行李车是供旅客装运行李、包裹及快件货物之用。

3. 特殊用途车辆

特种用途的车辆主要包括：

(1)邮政车(UZ)。邮政车是专为运送邮件的车辆。车内设有邮政人员办公室，由邮政部门掌握使用。

(2)公务车(GW)。公务车是供国家机关人员到沿线检查工作时办公用的专用车辆。

(3)试验车(SY)。试验车是专为铁路科研单位进行科学研究和试验的用车。内部按试验要求的不同装有不同的仪器设备。

(4)卫生车(WS)。卫生车是专供运送伤、病员使用的车辆，车内设有简单的医疗设备。

(5)医疗车(YL)。医疗车是到铁路沿线为铁路职工及家属进行巡回医疗使用的车辆，车内设有医疗设备。

(6)文教车(WJ)。文教车是为沿线铁路职工进行文艺演出、文化教育和技术教育使用的车辆。车内设有必要的文娱和教育器具及设备。

此外，还有轨道检查车、轨道探伤车、隧道摄影车、限界检查车等特殊用途的车辆。

5.1.1.2 铁路货车

铁路货车类型较多，随所装货物种类的不同而具有不同的车体，又可分为通用货车和专用货车。铁路货车可运送煤炭、谷物、液体、家畜、武器弹药、水泥、各种大型货物、各种物资等。

1. 通用货车

通用货车是装运普通货物的车辆，货物类型多不固定，也无特殊要求。铁路货车中这类货车占的比重较大，有敞车、平车、棚车、保温车和罐车等几种。

(1)敞车(C)。敞车是指具有端、侧壁而无车顶的货车，主要供运送煤炭、矿石、矿建物资、木材、钢材等大宗货物用，也可用来运送质量不大的机械设备。敞车具有很大的通用性，在货车组成中数量最多。

(2)棚车(P)。棚车是指有侧壁、端壁、地板和车顶，在侧壁上有门和窗的货车，用于运送怕日晒、雨淋、雪侵的货物，包括各种粮谷、日用工业品及贵重仪器设备等。一部分棚车还可以运送人员和马匹。

(3)平车(N)。平车是指用于装运原木、钢材、建筑材料等长形货物和集装箱、机械设备等的货车，只有地板而没有侧墙、端墙和车顶。有些平车装有高为 0.5～0.8 m 可以放倒的侧板和端板，需要时可以将其立起，以便装运一些通常由敞车运输的货物。

2. 专用货车

专用货车一般指只运送一种或很少几种货物的车辆。专用货车一般有罐车(G)、保温车(B)、矿石车(K)、水泥车(U)、活鱼车(H)、特种车(T)、长大货物车(D)等。

(1)罐车(G)。罐车是车体呈罐形的车辆，用来装运各种液体、液化气体和粉末状货物等。

(2)保温车(B)。保温车又称冷藏车，用于运送易腐货物。其外形似棚车，周身遍装隔热材料，侧墙上有可密闭的外开式车门。车内有降温装置，可使车内保持需要的低温；有的车还有加温装置，在寒冷季节可使车内保持高于车外的温度。

(3)长大货物车(D)。长大货物车用于装载超长、超重和超限的货物，如大功率变压器、发电机定子和转子、大型机床、轧钢机牌坊、合成反应塔等。

5.1.2 铁路车辆的标记

铁路车辆的标记是标志在铁路机车和车辆的一定位置上，用以表示产权、型别、车号、基本性能、配属及使用中的注意事项等的符号。铁路车辆的标记主要有产权标记、制造标记、检修标记和运用标记四大类。

1. 产权标记

产权标记包括路徽和配属标记两种。

(1)路徽。路徽是铁路企业的标志，涂画在机车车辆上时表示其产权所属。各国铁路不论其为国有企业还是私营企业，都有自己的路徽。拥有机车车辆的非铁路企业也各有自己的标记。我国的铁路路徽上部的是人字，表示人民，下面是钢轨截面图形，代表铁路。整个图形既具有机车的形象，又表达了人民铁路的含义。我国用于国际联运的客车在车体两侧中部挂国徽。

(2)配属标记。配属标记是表示机车车辆配属关系的标记。我国铁路规定，所有机车、客车和部分货车分别配属给各铁路局及其所属机务段或车辆段负责管理、使用和维修，并在车上涂刷所配属的铁路局段的简称，如“京局京段”表示北京铁路局北京机务段(或北京车辆段)。部属车以部字表示。

2. 制造标记

制造标记是表示机车车辆的制造工厂名称和制造年月的标记，又称为工厂铭牌，一般安装在机车车辆的指定位置上。

3. 检修标记

检修标记是表示车辆进行定期检修的单位和年月，以及下次检修年月的标记。我国铁路的检修标记如图 5-1 所示，在图 5-1(a)中，线下为厂修标记，线上为段修标记，左侧为下次厂、段修年月。图 5-1(b)和(c)分别是辅修标记和轴检标记，右侧为本次厂、

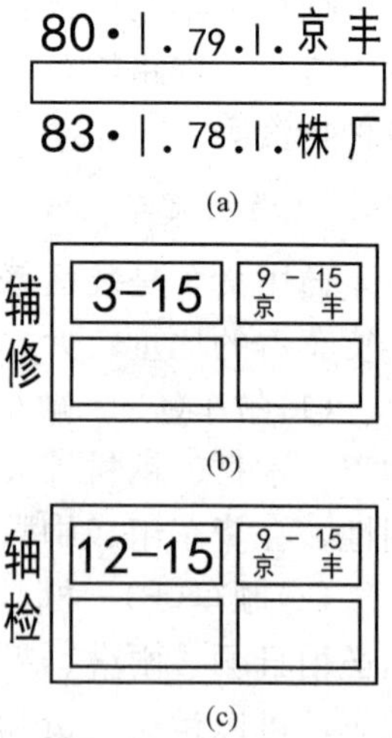

图 5-1 检修标记

段修年月，右上格为本次检修月日以及承担该次检修的车辆段和列检所的简称，左上格为预定下次检修的月日，下面两格留待下次检修时填写。

4. 运用标记

运用标记包括车种标记、车号、基本数据标记等。

(1)车种标记。车种标记是表明客车、特种用途车车辆种类的标记，以汉字方式表示，标在车体两侧板端部。机车和货车上没有单独的车种标记。

(2)车号。车号由机车车辆型号及其出厂号码组成，通常标在机车车辆两侧明显处。车号包括基本型号、辅助型号和车辆制造顺序号码，表示机车车辆的类型。

1)基本型号。我国铁路国产机车的基本型号用汉字表示，如“前进”“东风”“韶山”等；进口机车和客货车辆的基本型号用汉语拼音方式表示，如 ND 表示电力传动柴油机车。部分客货车辆的种类代号见表 5-1。

表 5-1　车辆种类代号表

客车			货车		
序号	车种	代号	序号	车种	代号
1	软座车	RZ	1	棚车	P
2	硬座车	YZ	2	敞车	C
3	软卧车	RW	3	平车	N
4	硬卧车	YW	4	罐车	G
5	行李车	XL	5	保温车	B
6	邮政车	UZ	6	集装箱车	X
7	餐车	CA	7	矿石车	K
8	公务车	GW	8	长大货物车	D
9	卫生车	WS	9	毒品车	W
10	空调发电车	KD	10	家畜车	J
11	医疗车	YL	11	水泥车	U
12	试验车	SY	12	粮食车	L
13	简易座车	DP	13	特种车	KF
14	维修车	EX	14	自翻车	T
15	文教车	WJ	15	活鱼车	H
16	特种车	TZ	16	通风车	F
17	代用座车	ZP			
18	代用行李车	XP			

2)辅助型号。辅助型号表示同一车种的车辆在构造及设备方面的不同特点，用一位或者两位数字及汉语拼音字母表示，并标在基本型号的右下角。例如，C62B 表示敞车的质量系数和 B 类材质；YZ25G 表示硬座车的车长系列和与同类车的结构区别。例子中的 62B 和 25G 为辅助型号。

3)车辆制造顺序号码。车辆制造顺序号码是表示按预先规定的规则而编排的某一车种的顺序号码。它用以区分同一类型的不同车辆，用阿拉伯数字表示，记载在基本型号和辅助型号的右侧。

(3)基本数据标记。基本数据标记是表示客车和货车基本性能的标记。通常货车标在车体两侧，客车则标在车体两端。其主要内容有：

1)载重：车辆允许的最大装载重量。客车的载重量中除旅客及其随带行李外，还包括整备品和乘务人员的质量。

2)自重：车辆自身的质量，通过称重确定。

3)客车定员：按车内设备(座位或卧铺)可容纳的旅客人数确定。

4)容积：货车、行李车和邮政车可供装载的最大容量，以立方米计。货车通常还标明内长×内宽×内高尺寸，以 m 为单位。

5)全长和换长：客货车辆均以其两端车钩连接线(钩舌内侧面)间的距离为其全长，以 m 为单位。车辆换长是车辆的换算长度，又称为计长，是以旧型 30 t 棚车和敞车的平均长度 11 m 除车辆全长所得的商，只保留一位小数。

5.1.3 铁路车辆的主要技术参数

铁路车辆的技术参数是指车辆技术规格的某些指标，是从总体上表征车辆性能及结构的一些数字。车辆的主要技术参数一般包括性能参数和主要尺寸。

1. 性能参数

(1)自重系数。自重系数是指车辆自重与设计标记载重的比值。在保证强度、刚度和使用寿命的条件下，自重系数越小，说明机车对运送单位质量货物所做的功越少，就越经济。自重系数是衡量车辆设计合理性的一个重要指标。

(2)比容系数。比容系数是指设计容积与额定载重的比值。它可以衡量车辆装运某种货物时是否合理地利用了它的载重和容积(m^3/t)。

(3)比面积。比面积是指货车地板面积与额定载重的比值(m^2/t)。比面积表示货车平均每吨载重量所占的地板面积。

(4)轴重。轴重是指车辆总重(自重+载重)与全车轴数之比。轴重为车轴所允许担负的最大质量，其值一般不允许超过铁道线路及桥梁所允许的数值，而铁道线路允许的轴重则与钢轨型号、每公里线路上铺设的轨枕数量、线路上部结构的状态以及列车运行的速度等因素有关。我国铁道线路允许的最大轴重为 23 t，重载铁路可达到 25 t。

(5)每延米轨道载重。每延米轨道载重是指车辆总重与车辆全长之比。其值不允许超过铁道线路及桥梁所允许承载的数值。目前，我国规定每延米轨道载重不得大于 8 t。

(6)最高试验速度。最高试验速度是指车辆设计时，按安全及结构强度等条件所允许的车辆最高行驶速度。车辆实际运行速度还要考虑线路条件和天气状况，一般不超过构造速度。

2. 主要尺寸

(1)车辆全长。车辆全长是指车辆两端两个车钩均处于闭锁位置时，钩舌内侧面之间的距离。

(2)车辆宽度与最大宽度。车辆宽度是指车辆两侧的最外凸出部位之间的水平距离；车辆最大宽度是指车辆侧面的最外凸出部位与车体纵向中心线间的水平距离的两倍。

(3)车辆高度与最大高度。车辆高度是指空车时，车体或罐体上部外表面至轨面的垂直距离；车辆最大高度是指空车时车辆上部最高部位至轨面的垂直距离。

(4)车体内部主要尺寸：

1)车体内长：车体两端墙板内表面间的水平距离。

2)车体内宽：车体两侧墙板内表面间的水平距离。

3)车体内侧面高：由地板上平面至侧墙上侧梁的上平面间的垂直距离。

4)车体内中心高：由地板上平面至车顶中央部内表面间的垂直距离。

(5)全轴距：任何车辆最前位和最后位车轴中心线间的距离。

(6)车辆定距：车辆定距是指底架两端支承处，即两转向架心盘中心之间的距离，也称为车辆销距。

(7)地板高度：空车时，底架地板(或木地板)上表面至轨面的垂直距离(不包括木地板覆盖物，例如，地板布、地毯等的厚度)。

(8)车钩中心线高度：空车时，车钩中心线至轨面的垂直距离。这是保证各车辆之间和车辆与机车之间能够正常连挂运用的最重要的尺寸。我国客、货车辆车钩高度标准均为 880 mm。

5.2 铁路车辆的基本构造

铁路车辆的类型虽然很多，但其构造基本相同，大体均由车体、转向架、车钩缓冲装置、车辆制动装置、车辆内部设备五部分构成。

5.2.1 车体

车体是车辆上容纳旅客或货物的部分，通常是一个封闭的空间，也有上面敞开的。车辆类型不同，车体结构也不同。车辆上的许多荷载都直接作用在车体上，因此，车体必须具有必要的强度和刚度。车体一般由底架、侧墙、端墙及车顶组成。

1. 底架

底架是车体的基础，是重要的承载部件。

(1)货车底架。货车的车底架一般由中梁、侧梁、枕梁、横梁、端梁及地板横梁等组成，如图 5-2 所示。

1)中梁位于底架的中央，是整个底架的基础和主要受力杆件。中梁端部是安装车钩缓冲装置的地方，直接承受纵向作用力。

2)侧梁又称为边梁，位于底架两侧，与枕梁及各横梁连接。

3)枕梁是底架和转向架连接的地方，在枕梁下部设有上旁承和上心盘，分别和转向架摇枕上的下旁承和下心盘相对。它受力较大，负担全车的质量，并通过心盘将质量传给走行部。

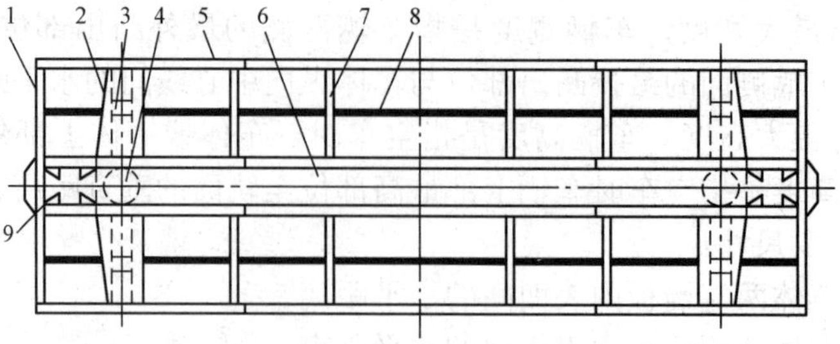

图 5-2　货车底架的组成

1—端梁；2—枕梁；3—上房承；4—上心盘；5—侧架；6—中梁；7—大横梁；8—地板横梁；9—板座

罐车的底架结构和其他货车有所不同。由于罐体本身具有很大刚度，因此，罐内液体的质量主要由罐体来承担，然后通过托架及枕梁传至转向架，故罐车底架主要承受水平的纵向牵引冲击力。罐车的中梁由两根槽钢制成，中央部分盖有上盖板，盖板上焊有罐体下鞍板；枕梁为箱形断面，上面装有罐体托架，通过蹼形板焊在枕梁上，以便支撑罐体。

(2)客车底架。客车的车底架构造和货车的车底架相似。但是，由于客车两端必须设置通过台，所以，它的小梁伸出端梁之外，和通过台端梁、侧梁组成通过台架。在通过台端梁之前，再装置缓冲梁。

2. 侧墙、端墙及车顶

侧墙为板柱式结构，由侧板、侧柱、门柱、上侧梁等组焊而成。端墙为板柱式结构，由端板、端柱、角柱、上端梁等组焊而成。车顶由车顶板、车顶弯梁、车顶侧梁、端弯梁等组焊而成。车顶弯梁为圆弧形结构，如图 5-3 所示。

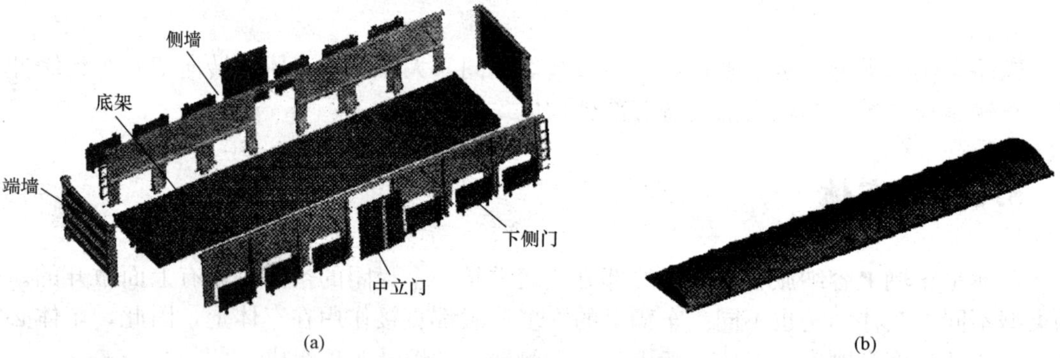

图 5-3　侧墙、端墙及车顶的组成

(a)敞车侧墙、端墙等结构；(b)棚车顶

5.2.2　转向架

转向架(也称为走行部或台车)位于车体与轨道之间，引导车辆沿钢轨行驶和承受来自车体及线路的各种荷载并缓和动作用力，是保证车辆运行品质的关键部件。按其结构形式可将转向架分为三大件式和整体钢板焊接式。转向架主要由轮对、轴箱装置、弹簧减振装置、侧架(或构架)、摇枕、基础制动装置，以及支撑车体部分组成，如图 5-4 所示。转向

架必须有足够的强度和良好的运行平稳性，以保证车辆设备和运送货物的完整。目前，一般货车的走行装置由两台二轴转向架组成。

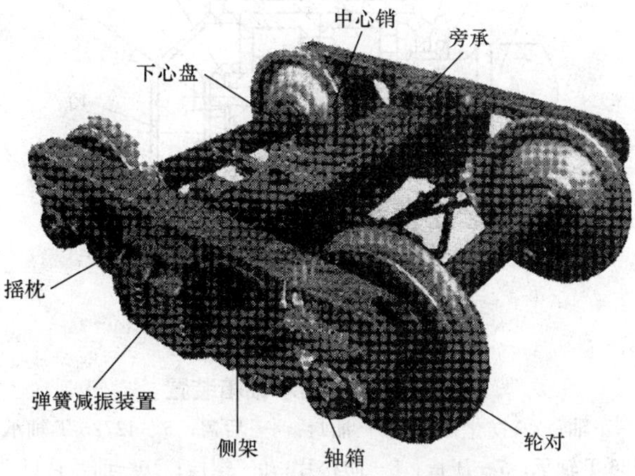

图 5-4　铸钢侧架式转向架的组成

1. 轮对

轮对是机车车辆上与钢轨相接触的部分，由左右两个车轮牢固地压装在同一根车轴上所组成，如图 5-5 所示。

轮对的作用是保证机车车辆在钢轨上的运行和转向，承受来自机车车辆的全部静、动荷载，把它传递给钢轨，并将因线路不平顺而产生的荷载传递给机车车辆的各个零部件。此外，机车车辆的驱动和制动也是通过轮对起作用的，对车轴和车轮的组装压力和压装过程有严格要求。为保证机车车辆运行平稳，降低轮轨相互作用力和运行阻力，车轴轴颈和车轮踏面的加工椭圆度和偏心度，以及轴颈锥度都不得超过规定限度。

图 5-5　轮对

2. 轴箱装置

轴箱是指套在轴颈上，联结轮对和转向架构架或二轴车车体的部件。其作用是把车体质量和荷载传递给轮对，润滑轴颈，减少摩擦，降低运行阻力。轴箱装置按所采用的轴承类型，分为滑动轴承轴箱装置和滚动轴承轴箱装置两类。早期的机车车辆采用滑动轴承轴箱装置，20 世纪初开始试用滚动轴承轴箱装置，现已逐渐取代滑动轴承轴箱装置。我国铁路的客车以及柴油机车和电力机车已全部采用滚动轴承轴箱装置，货车已部分采用。

滚动轴承轴箱装置通常由轴箱体、前后轴箱盖、滚动轴承、密封装置及其他零件组成，如图 5-6 所示。所用滚动轴承有圆柱、圆锥和球面三种，其中球面滚动轴承承受轴向荷载较好，但要求尺寸较大，不利于减轻簧下质量，且制造成本较高，检修不便，因而近年来采用较少。

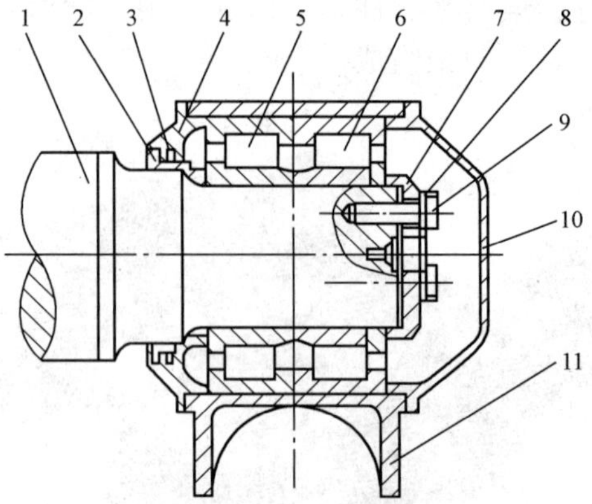

图 5-6　滚动轴承轴箱装置

1—车轴；2—防尘挡圈；3—油封：4—后盖；5—42726 T 轴承；
6—152726 T 轴承；7—压板；8—防松片；9—螺栓；10—前盖；11—轴箱体

目前，我国铁路在客车上采用圆柱式滚动轴承轴箱装置，在柴油机车和电力机车上也主要采用这种轴箱装置。在客车上，轴向力靠轴承内外圈上的挡边承受，而在机车上轴承一般不带挡边，轴向力靠装在轴端的滚珠轴承承受。在货车上除有一部分采用圆柱式滚动轴承轴箱装置外，新造货车主要采用密封式圆锥滚动轴承轴箱装置。圆锥滚动轴承两端带有密封装置，外圈上面为承载鞍，装在转向架侧架导框内，起荷载传递作用，轴承外面不再有轴箱体，因而这种结构称为“无轴箱轴承装置”。滚动轴承都采用润滑脂，不需要经常开盖加油或检查。

3. 侧架、摇枕

(1)侧架。侧架是转向架中将摇枕、轴箱组成一体的两个框架，是传递、分配车体重力的重要部件，侧架中部立柱之间安装摇枕，下部有安装摇枕弹簧的弹簧承台，侧架两端压在轴箱上，如图 5-7 所示。

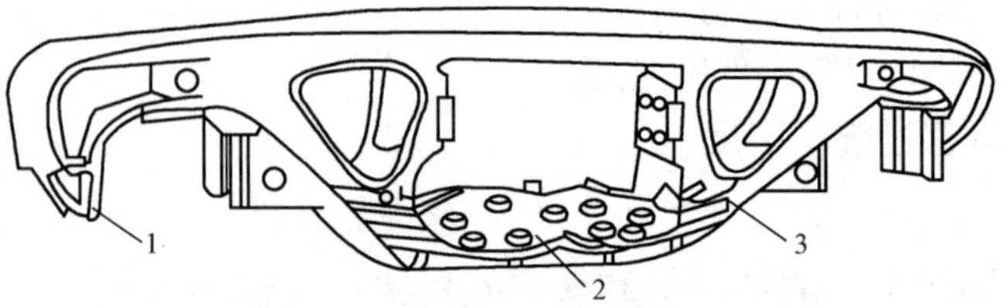

图 5-7　侧架

1—轴箱导架；2—弹簧承台；3—立柱

(2)摇枕。摇枕中间用螺栓固定下心盘，两旁铸有旁承座，车体的质量和荷载通过下心盘经摇枕传给两侧的枕弹簧及侧架。下旁承铁安装在下旁承座中。当车辆通过曲线时，向下倾斜一侧的上旁承和下旁承相接触，可以防止车体过分摇动和倾斜，如图 5-8 所示。

4. 弹簧减振装置

弹簧减振装置是缓和并减轻车辆在运行中来自垂直方向的振动和冲击力的装置，它能提高运行平稳性、乘坐的舒适性，延长车辆和线路的使用寿命。

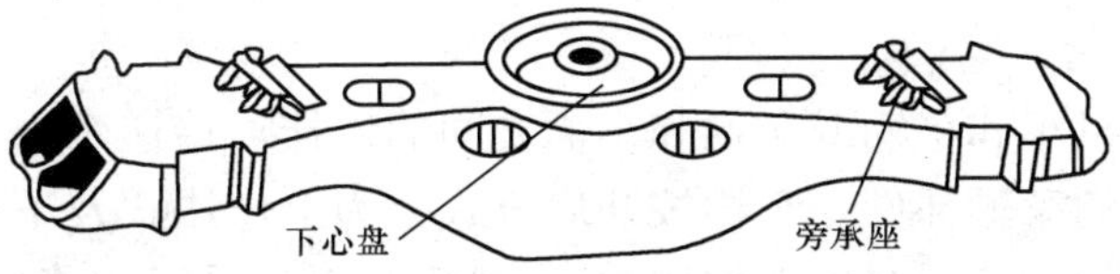

图 5-8　摇枕

弹簧减振装置因所在位置不同而有不同的名称。安装在转向架轴箱或均衡梁和构架之间的称为轴箱悬挂装置，又称为第一系悬挂装置；安装在转向架构架(或侧架)和摇枕(或构架和车体)之间的称为摇枕弹簧装置或中央弹簧装置，又称为第二系悬挂装置。仅有第一系或第二系悬挂装置的转向架，称为一系悬挂装置转向架；具有第一系和第二系悬挂装置的转向架称为两系悬挂装置转向架。货车转向架通常采用一系弹簧悬挂装置，客车转向架和柴油机车、电力机车转向架通常采用两系弹簧悬挂装置。

为了更好地减轻振动，除安装弹簧装置外，还采用其他减振设备，如我国客车转向架上采用的油压减振器，设有高度调整阀和差压阀；在高速客车、双层客车转向架上还装有空气弹簧。

5.2.3　车钩缓冲装置

车钩缓冲装置是将机车和车辆或车辆与车辆之间互相连接，承受并传递纵向力及缓和列车运行中冲击作用的部分。早期的连接装置仅仅考虑了牵引工况，由链条、销子之类组成链子钩，后在链子钩两侧装了带弹性的缓冲盘以适应推送，这种结构虽然陈旧但仍在某些国家中使用。近代车辆的连接装置多为各种形式的自动车钩。车钩后部的钩尾框中装有能储存和吸收机械能的缓冲装置，以缓和列车冲动。车钩缓冲装置由车钩、缓冲器、解钩装置及附属配件等组成(图 5-9)，安装在车体两端的牵引梁上。

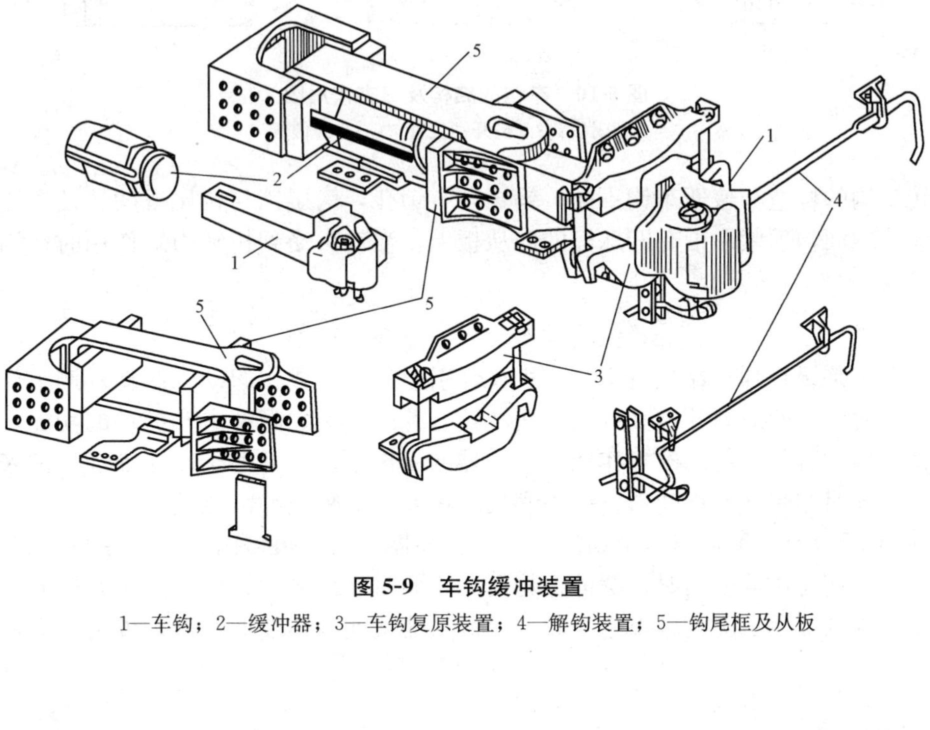

图 5-9　车钩缓冲装置

1—车钩；2—缓冲器；3—车钩复原装置；4—解钩装置；5—钩尾框及从板

1. 车钩

车钩是用来实现机车和车辆或车辆和车辆之间的连挂，传递牵引力及冲击力，并使车辆之间保持一定距离的车辆部件。车钩按开启方式分为上作用式及下作用式两种。通过车钩钩头上部的提升机构开启的叫作上作用式(一般货车大都采用此式)；借助钩头下部推顶杠杆的动作实现开启的叫作下作用式(客车采用)。车钩按其结构类型分为螺旋车钩、密接式自动车钩、自动车钩及旋转车钩等。螺旋车钩使用最早，但因其缺点较多已被淘汰。密接式自动车钩多为高速铁路车辆所用。

车钩由钩头、钩身、钩尾三个部分组成。车钩前端粗大的部分称为钩头，在钩头内装有钩舌、钩舌销，锁提销，钩舌推铁和钩锁铁。车钩后部称为钩尾，在钩尾上开有垂直扁锁孔，以便与钩尾框联结。

为了实现挂钩或摘钩，使车辆连接或分离，车钩具有以下三种位置：

(1)锁闭位置[图 5-10(a)]：即车钩的钩舌被钩锁铁挡住不能向外转开的位置。两个车辆连挂在一起时车钩就处在这种位置。

(2)开锁位置[图 5-10(b)]：即钩锁铁被提起，钩舌只要受到拉力就可以向外转开的位置。摘钩时，只要其中一个车钩处在开锁位置，就可以把两辆连挂在一起的车分开。

(3)全开位置[图 5-10(c)]：即钩舌已经完全向外转开的位置。当两车需要连挂时，只要其中一个车钩处在全开位置，与另一辆车钩碰撞后就可连挂。

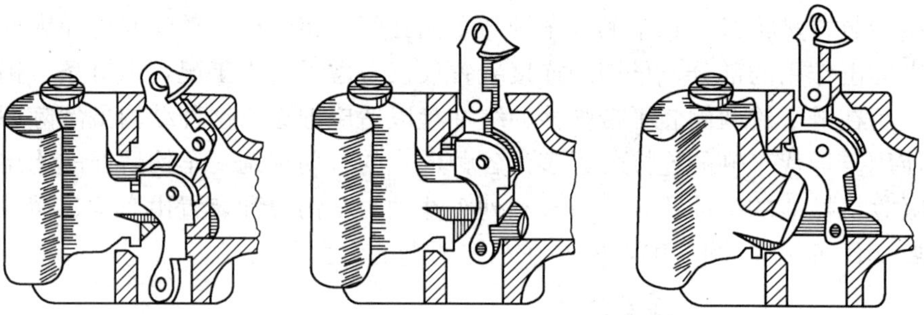

(a)　　(b)　　(c)

图 5-10　车钩的结构及三态作用图

(a)锁闭位置；(b)开锁位置；(c)全开位置

旋转车钩的构造与普通车钩不同，钩尾开有锁孔，钩尾销与钩尾框的转动套连接。钩尾端面为一球面，顶紧在带有凹球面的前从板上。当钩头受到扭转力矩作用时，钩身连同尾销以及转动套一起转动。

2. 缓冲器

缓冲器用来缓和列车在运行中由于机车牵引力的变化或在起动、制动及调车作业时车辆相互碰撞而引起的纵向冲击和振动。缓冲器有耗散车辆之间冲击和振动的功能，从而减轻对车体结构和装载货物的破坏作用。缓冲器的工作原理是借助于压缩弹性元件来缓和冲击作用力，同时在弹性元件变形过程中利用摩擦和阻尼吸收冲击能量。

图 5-11 所示为我国货车上采用的环簧式缓冲器。它由很多内、外环弹簧以 15°锥面相配合。由于车钩受拉或受压时，缓冲器均受压，此时外环胀大，内环缩小，而储存大部分冲击能量，内外环弹簧间的摩擦也吸收部分冲击能量变为热能而消散；外力消失，内外环

弹簧靠变形力自行复原。

5.2.4 车辆制动装置

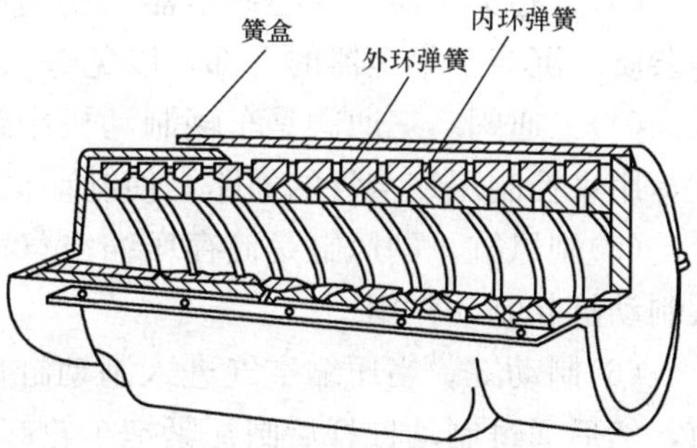

图 5-11 环簧式缓冲器

制动装置是保证列车准确停车及安全运行所必不可少的装置。由于整个列车的惯性很大，不仅要在机车上设制动装置，还必须在每辆车上也设制动装置，这样才能使运行中的车辆按需要减速或在规定的距离内停车。车辆上常见的制动装置是空气制动机，通过列车主管中空气压力的变化而使制动装置产生相应的动作。此外，车辆上还设有手制动机，货车在编组、调车作业中常要用到它，其他车辆的手制动装置作为一种辅助装置以备急需。

5.2.4.1 空气制动机

空气制动机又叫作自动制动机，是利用压缩空气产生并控制制动力的设备。车辆空气制动机所需压缩空气是由机车总风缸供给的。列车中每个车辆的制动、缓解作用由机车司机操纵制动阀来实现。

1. 空气制动机的组成

空气制动机装在车辆上的设备包括：(以 GK 型制动机为例)折角塞门、截断塞门、远心集尘器、三通阀、副风缸、制动缸、闸瓦，如图 5-12 所示。

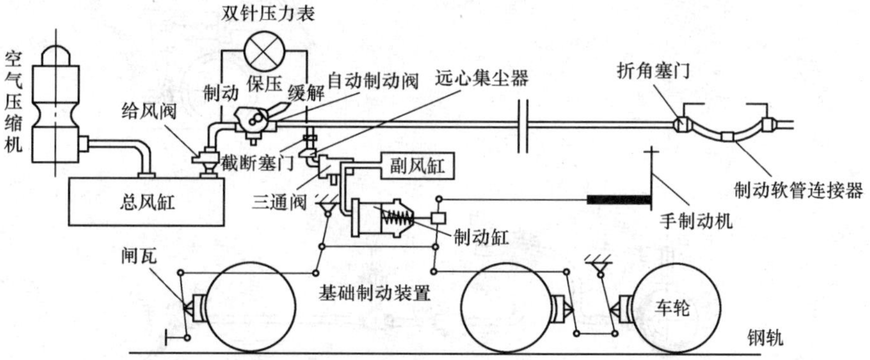

图 5-12 GK 型空气制动机的组成

(1)折角塞门。折角塞门是车辆与车辆之间的一个手柄类的东西，就是折叠的门把手。列车通过压缩空气进行制动，压缩空气由火车头的空压机提供，通过列车主管将压缩空气传送到每一节车厢。每一节车厢有一个列车主管的开关，专业术语“折角塞门”，只有将折角塞门打开，压缩空气才能传送到该节车厢，并依次传送至最后一节车厢，保证列车主管的畅通。

(2)截断塞门。截断塞门安装在制动支管上，用以开通或截断制动支管的空气通路。它平时总在开放位置。当车辆制动机发生故障或因装载货物，需要停止该车辆的制动作用时，可将它关闭，停止车辆制动机的作用。

(3)远心集尘器。远心集尘器利用离心力的作用，将压缩空气中的灰尘、水分、铁锈等杂质，沉淀于集尘器的下部，以免进入三通阀等机件。

(4)三通阀。三通阀是车辆制动机中最重要的部件。它连接制动支管、副风缸和制动缸，用来控制压缩空气的通路，使制动机起制动或缓解的作用。

(5)副风缸。副风缸是储存压缩空气的地方，制动是利用三通阀的作用将压缩空气送入制动缸起制动作用。

(6)制动缸。当压缩空气进入制动缸后，推动制动缸活塞，将空气的压力变成机械推力，然后通过制动杠杆后闸瓦紧抱车轮起制动作用。

(7)闸瓦。火车运行制动时直接摩擦车轮使火车停车的制动零件就是闸瓦。其是用铸铁或其他材料制成的瓦状制动块，在制动时抱紧车轮踏面，通过摩擦使车轮停止转动。

2. 空气制动机的工作原理

空气制动机的工作原理是利用压缩空气能，推动动件，通过相关关联部件，带动制动元件与动件结合，实现制动，如图 5-13 所示。

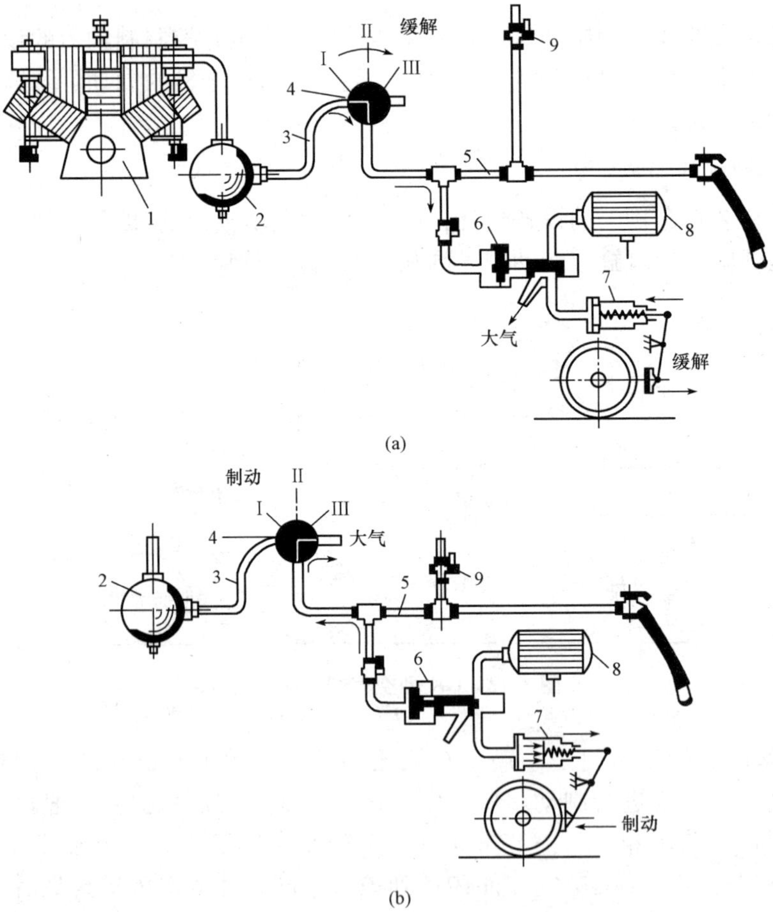

图 5-13　空气制动机的工作原理示意图

(a)缓解作用；(b)制动作用

1—空气压缩机；2—总风缸；3—总风缸管；4—制动阀；5—列车管；

6—三通阀；7—制动缸；8—副风缸；9—紧急制动阀

(1)缓解作用。当司机将制动阀放在缓解位置Ⅲ时，总风缸的压缩空气进入制动主管，经制动支管进入三通阀，推动主活塞向右移动，打开充气沟，使压缩空气经充气钩进入副风缸，直到副风缸内的空气压力和制动主管内的压力相等为止。在三通阀主活塞移动的同时，和它连在一起的滑阀也跟着向右移动，使得制动缸内的压缩空气经过滑阀下的排气口排出，于是制动缸的活塞被弹簧的弹力推回原位，使闸瓦离开车轮而缓解。

(2)制动作用。当司机将制动阀移到推动位Ⅰ时，制动主管内的压缩空气向大气排出一部分，这时副风缸内的空气压力相对地大于制动主管内的压力，因而推动三通阀的主活塞向左移动，截断充气沟的通路，使副风缸内的压缩空气不能回流。在三通阀主活塞移动的同时带动滑阀也向左移动，截断了通向大气的出口，使副风缸内的压缩空气进入制动缸，推动制动缸活塞向右移动，通过制动杆的传动，使闸瓦紧抱车轮而制动。

5.2.4.2 手制动机

手制动机是以人力进行制动的装置。它可使单个车辆或车组减速或停车，也可以在空气制动机万一失效时使用。图 5-14 所示为我国铁路货车上采用较多的链式手制动机(又叫链子闸)。

在调车作业时使用手制动机调整车速或停车，可保证工作安全；当列车或车辆停放在有坡度的线路上时，用手制动机制动，可防止列车或车辆溜走；在车站和专用线上施行人力制动作用可防止车辆意外移动。

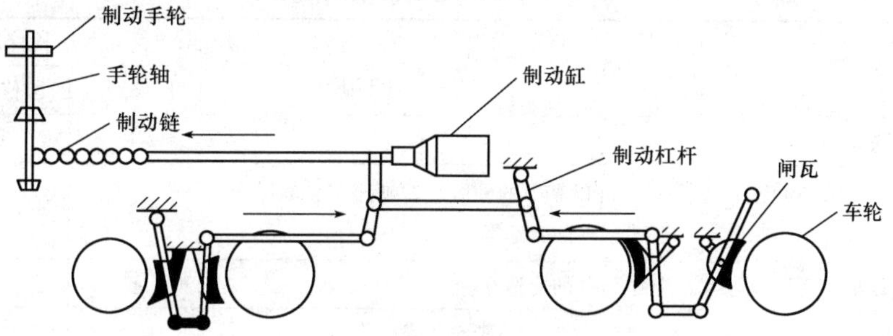

图 5-14　链式手制动机

5.2.5　车辆内部设备

车辆内部设备是指为保证运输货物和货运人员的要求所需的设备，是设于车体内的固定附属装置。如大多数棚车为了临时性的输送人员或牲畜，在车内设有床托、排便器、拴马环等设施；保温车内设有制冷降温等设备；矿石车的自卸设备；家畜车等特殊的内部设备。

5.3 车辆的检修与运用

5.3.1 车辆检修

铁路车辆在运用过程中，零部件会逐渐磨耗、腐蚀和损伤，为使车辆经常处于质量良好状态，确保行车安全并延长车辆使用寿命，必须对铁路车辆进行各种检查和修理工作。我国铁路实行车辆计划预防性修理制度，按修理内容分为定期检修和日常维修两类。

5.3.1.1 定期检修

定期检修是指对运用中的车辆，每隔一定时间，进行一次具有一定内容的检修工作。定期检修能有计划地使车辆恢复运用功能，保持良好的技术状态，并保证在到达下一个定期检修以前，不出现重大故障。

1. 定期检修修程

客车定期检修修程为厂修、段修和辅修三种。各修程周期的规定见表 5-2。

货车定期检修修程为厂修、段修、辅修、轴检四种。各修程周期的规定见表 5-3。

表 5-2　客车定期检修周期表

顺序	车种	检修周期		
		厂修/年	段修/年	辅修/月
1	国际联运车	4	1	6
2	主型车(22、33 型)，新型车，进口车中的硬卧车、硬座车、软卧车、软座车、行李车、邮政车，上述车种的合造车	6		
3	各型餐车、空调发电车，上述车种的合造车	6		
4	25 型硬座车、硬卧车、软卧车、餐车、行李车、发电车等	7.5	1.5	
5	双层硬座车、硬卧车、软座车、软卧车、餐车、合造车	7.5	1.5	
6	部属客车	10	2.5	
7	公务车、试验车、维修车、卫生车、文教车、发电车、特种车等不常用车	10	2.5	
注：为了做到平衡检修计划和调整技术质量状态，各级修程可根据客车质量情况，允许提前或延期施修。				

表 5-3　货车定期检修周期表

车种	厂修/年		段修/年	辅修/月	滑动轴承轴检/月
	普碳钢	耐修钢			
冷藏车	4	6	1	6	3
酸碱类罐车、液化石油气罐车、液氯罐车		8			

续表

车种	厂修/年		段修/年	辅修/月	滑动轴承轴检/月
	普碳钢	耐修钢			
棚车、敞车、平车、矿石车、罐车、家畜车、粮食车、水泥车、活鱼车、守车、载重 60 t 的凹型平车	5	8	1		
不常用的专用车、载重 90 t 以上的货车	8		2	6	3
C_{62A}、$C_{62A(N)}$、C_{64}、X_{6A}、P_{62}、P_{62N}、P_{63}及新型通用货车	6	9	1.5		

注：1. 专用车指救援车、机械车、线桥工程车、宿营车、发电车、检衡车、磅秤修理车、生活供应车、战略车等。

2. 毒品车不作厂修。

2. 定期检修的主要任务

厂修是对车辆进行全面检查和彻底修理，并进行必要的现代化技术改造。其目的在于恢复车辆的基本技术性能，使修理后的车辆接近新造车辆水平。主要部件的技术质量应能保证在一个段修期内正常运用。厂修一般在车辆修理工厂进行，必要时可以在有条件的车辆段进行。

段修是对车辆进行全面检查、重点分析。着重分解检查车辆的走行部、车钩缓冲装置和制动装置等部件。消除故障隐患，修复损坏、磨耗的零部件；按规定更换磨损过限的零部件，防止故障扩大。其目的是保持车辆的基本性能，延长车辆的使用寿命，保证车辆的安全运行。主要零部件的技术质量应能保证一个段修期。段修在车辆段进行。

辅修主要是对车辆的制动装置和轴箱油润装置进行检修，同时对其他部件进行辅助性修理，以保证这些部件在运用中保持良好的状态。客车的辅修一般在客车整备所车库停留时间内进行；货车的辅修在检修所(线)进行。

轴检是按辅修的要求，对车辆的轴箱油润装置和其他部分进行检修。摘车轴检在站修线进行，不摘车轴检在列车中进行。两种轴检均应保证在下次辅修到期前不发生轴箱油润装置故障。

5.3.1.2 日常维修

日常维修是保证车辆在运用中拥有良好的技术状态，防止事故发生，确保行车安全。我国铁路货车的特点是数量多、车型杂，一般不固定配属给基层，所以流动性大，运用条件参差不齐。如不及时对货车进行检查维修，必将危及行车安全。

1. 客车日常维修

客车日常维修的内容包括车底在到达终点站或在始发站出发前，在整备库内进行的技术检查、日常保养和清扫整备作业。旅客列车在沿途由旅客列检所负责进行技术检查和不摘车修理。此外，在旅客列车上还设有车辆乘务员，随车进行途中的技术保养工作。客车的日常维修工作集中在旅客列车编成站、更换机车的客运站上进行，由客车技术整备所、旅客列车检修所和车辆检车包乘组共同承担。

2. 货车日常维修

货车日常维修的内容包括技术检查和故障修理两个方面。技术检查是对货车的技术状态进行检查，发现故障应及时进行摘车修理或不摘车修理。不摘车修理是利用车辆停站时间，在不影响解体作业或正点发车的情况下，在列车到发线、调车线或货物线上进行修复作业。对一些较大的一时难以修复的故障，必须把故障车辆从列车中摘下，送到专用临修线或站修所修理，称为摘车修理。货车的日常维修由列检所和站修所等单位承担。列检所的基本任务是对到达、始发和中转列车中的车辆进行技术检查和修理，同时还负责扣修定检到期的车辆。站修所设在有列检所的车站上，它的任务是对货车进行摘车修理、轴检和辅修。

5.3.2 车辆运用管理

铁路车辆运用管理是为铁路运输提供质量良好的客货车辆所进行的车辆管理和维修工作，是铁路运营工作的重要内容之一。车辆运用管理包括：掌握车辆的购置和配属；制定车辆检修制度，编制和执行车辆检修计划；设置车辆运用管理机构，负责进行除厂修外的全部车辆定期检修及列车检修、入库检修、乘检和临修等工作。

5.3.2.1 车辆运用管理机构

铁路车辆运用管理的基层单位是车辆段。车辆段在负责管理的区段内设置客车技术整备所、列车检修所、站修所等。

1. 车辆段

车辆段按专业分工分为客车车辆段、货车车辆段、客货车混合车辆段和机械保温车车辆段。车辆段除负责客货车的段修外，还领导管界内客车技术整备所、列车检修所、站修所等进行客货车的辅修、轴检等检修工作。车辆段一般设在编组站、国境站和枢纽站、货车大量集散的地点和始发、终到客车较多的地点。车辆段内设有相应的检修车间和工段，并设有必要的修理台位及其他设备。

2. 技术整备所

技术整备所又称为库列检，是客车日常维修保养的基地，通常设在旅客列车的始发和终到站。客车整备所对进库客车利用库停技检时间对客车的通风、供水、供电等设备进行检查、试验和修理，消除在运行途中不易处理的故障，并进行属于本段的客车的辅修、库存客车的日常维修保养以及摘车临修等工作，以保证客车在运行中拥有良好的技术状态。配属客车较少的车辆段则仅设客车整备线。

3. 列车检修所

列车检修所是对通过列车进行技术检查和维修的单位，分为旅客列车检修所(简称客列检)和货物列车检修所(简称列检所)。客列检设在旅客列车经过的各主要停车站。列检所设在编组站、区段站、路矿(厂)交接站、国境站以及运输上有特殊需要的地点。列检所又可分为主要列检所、区段列检所和一般列检所。主要列检所设在作业量大的编组站或大量装卸货物的车站，对车辆进行比较全面的检查和排除危及行车安全的故障。区段列检所设在编组作业量少而中转列车较多的车站，对车站编组始发的列车和加挂的车辆进行比较全面的检查，对中转列车进行重点检查。一般列检所设在铁路支线、厂矿专用线或为保证行车安全需要设置的车站，对车辆进行重点检查和修理。

4. 站修所

站修所是对货车进行辅修、轴检和摘车临修的单位，设在有列检所的编组站、较大区段站和装卸量大的厂矿交接站。辅修是对车辆的制动装置、轴箱油润部分进行检修，对其他部分做辅助性修理，每半年进行一次。轴检是对车辆的轴箱油润部分进行检修，每三个月进行一次。摘车临修是列检所在检查列车时发现较大的车辆故障，在列车停站时间内不能处理时，将该车从列车中摘出进行修理。

5.3.2.2 车辆运用管理主要指标

标志拥有车辆数量的主要指标有运用车数和非运用车数等。运用车是指使用中的客货车辆，包括编组在列车中的车辆以及在装卸站和编组站进行作业的车辆。非运用车是指修理中和待修的车辆以及铁路自身业务使用和作其他用途的非营业车辆。标志车辆使用强度的主要指标有周转时间、日车公里、空车率、静载重和动载重等。标志车辆检修效率的主要指标有车辆检修率等。

(1)周转时间。周转时间是指货车在两次装车之间的平均时间，以日数(24 h)表示。

(2)日车公里。日车公里是指货车平均每日运行的公里数，即单位周转时间内的走行里程，以公里每日表示。

(3)空车率。空车率是指货车空车的走行里程与货车重车的走行里程之比。

(4)平均静载重。平均静载重是指平均每辆货车的装载质量(净重)。

(5)平均动载重。平均动载重是指平均每辆货车走行1公里所完成的净重吨公里货物周转量。

(6)车辆检修率。车辆因技术状态不良，按规定从运用车中扣出送工厂或车辆段修理，在每日18点进行统计时仍未修竣交验者，称为检修车，或称“残车”。检修车占全部保有车辆数的百分数称为车辆检修率。检修率按客、货车分别统计。

学习评价

本章主要介绍铁路车辆的分类、标记及主要技术参数，铁路车辆的基本构造，铁路车辆的检修与运用。铁路车辆是运送旅客和货物的工具。铁路车辆按照用途分为铁路客车、铁路货车两大类。铁路车辆的类型虽然很多，但其构造基本相同，大体均由车体、转向架、车钩缓冲装置、车辆制动装置、车辆内部设备五部分构成。铁路车辆在运行过程中，零部件会逐渐磨耗、腐蚀和损伤，为使车辆经常处于质量良好状态，确保行车安全并延长车辆使用寿命，必须对铁路车辆进行各种检查和修理工作。

思考与练习

一、填空题

1. 铁路客车分__________、__________和__________三种车辆。

2. 铁路货车类型较多，随所装货物种类的不同而具有不同的车体，可分为__________和__________。

3. 铁路车辆的标记主要有__________、__________、__________和__________四大类。

4. 车辆的主要技术参数，一般包括__________和__________。

5. 车体一般由__________、__________、__________及__________组成。

6. 我国铁路实行的车辆计划预防性修理制度，按修理内容分为__________和__________两类。

7. 车辆段在负责管理的区段内设置__________、__________、__________等。

8. 标志拥有车辆数量的主要指标有__________和__________等。

二、判断题

1. ND表示电力传动柴油机车。（　）

2. 我国客货车辆车钩高度标准均为860 mm。（　）

3. 车辆上的许多荷载都直接作用在车体上，因此，车体必须具有必要的强度和刚度。（　）

4. 车钩缓冲装置是将机车和车辆或车辆与车辆之间互相连接，承受并传递纵向力及缓和列车运行中冲击作用的部分。（　）

5. 冷藏车的段修期为2年。（　）

6. 轴检是对车辆的轴箱油润部分进行检修，每三个月进行一次。（　）

三、简答题

1. 旅客运送车辆主要包括哪些种类？

2. 铁路通用货车包括哪些种类？

3. 铁路车辆的主要性能参数有哪些？

4. 车辆轮对的作用是什么？

5. 车辆空气制动机的工作原理是什么？

6. 铁路车辆定期检修的主要任务有哪些？

7. 铁路货车日常维修工作内容有哪些？

8. 车辆运用管理的主要指标有哪些？

项目 6
铁路机车

学习目标

1. 了解铁路机车的分类及型号；掌握铁路机车的轴列式。
2. 了解内燃机车的分类及发展；掌握内燃机车的工作原理及结构组成。
3. 了解电力机车的特点及分类；掌握电力机车的工作原理及结构组成。
4. 熟悉铁路机车的维修与运用管理。

6.1 铁路机车概述

铁路机车是指铁路中专门提供动力的车辆。由于铁路车辆本身没有动力装置，无论客车还是货车，都必须把许多车辆连接在一起编成一列，由机车牵引才能沿着钢轨运行。所以，机车是铁路运输的基本动力。此外，在车站上，货物列车的编组、解体，车辆的取送等调车工作，也要靠机车来完成。机车一般只担当客运列车的牵引任务。

6.1.1 铁路机车的分类

铁路采用的机车类型很多，可有不同的分类。

(1)从运用分：可分为客运机车、货运机车、调车机车。客运机车要求速度高，货运机车需要牵引力大，而调车机车要具有机动灵活的特点。

(2)从牵引动力分：可分为蒸汽机车、内燃机车、电力机车等。

(3)按列车动力轮对分布和驱动设备的设置分：可分为动力集中型和动力分散型。

(4)按列车转向架布置和车辆连接方式分：可分为独立式转向架和铰接式转向架。

6.1.2 铁路机车的型号

铁路机车的型号用汉字或汉语拼音字母表示，在汉字或拼音字母右下角的数字，则表示该型机车在该系列中的特征符。例如，前进型(QJ)蒸汽机车、东风型(DF)内燃机车、韶山型(SS)电力机车，在汉字或拼音字母右下角的数字，则表示该型机车，如 DF_1、DF_4、SS_1、SS_4 等。

和谐型机车(HXD、HXN)是近年来引进国外技术在我国设计制造的交流传动重载货运机车，HXD、HXN 后面的数字代表该型机车的制造公司，数字不同表示制造公司不同，如 HXD_1 为南车株洲电力机车公司制造，HXN_3 为北车大连车辆公司制造。

6.1.3 铁路机车的轴列式

机车轴列式是用数字或字母表示车轴排列方式，用以表示机车走行部结构特点的一种表达方式。

1. 车架式机车轴列式表示法

用数字表示轴数，其顺序为导轴数—动轴数—从轴数。例如，前进型蒸汽机车的轴列式为 1—5—1，表示有 1 根导轴、5 根动轴、1 根从轴。人民型蒸汽机车轴列式为 2—3—1，表示有 2 根导轴、3 根动轴、1 根从轴。轴列式 0—3—0 表示无导轴和从轴，只有 3 根动轴。

2. 转向架式机车轴列式表示法

用英文字母表示动轴数，如 A 为 1 根动轴、B 为 2 根动轴、C 为 3 根动轴、D 为 4 根轴。用数字表示无动力的轴数，例如，C_0-C_0 表示机车有 2 个三轴转向架装在同一个车底架上，注脚“0”表示每个转向架内 3 根动轴各用电动机单独驱动。轴列式 $B_0-B_0-B_0$ 表示 3 个二轴转向架装在同一车底架上，每根动轴都是单独驱动。B—B 表示机车有 2 个二轴转向架，转向架内的两根轴是成组驱动的。例如，北京型液力传动内燃机车的轴列式即为 $B-B_0$。液力传动机车转向架内各轴都是成组驱动的；电力传动机车通常为单独驱动，但单电机转向架是成组驱动的。

轴列式 A1A—A1A 表示机车有 2 个三轴转向架。A1A 表示三轴转向架，其 2 根端轴用“A”表示为动轴，中间一根轴用数字“1”表示为无动力，即不装牵引电动机。B_0-2-B_0 表示两端 2 个二轴转向架为动力转向架，中间二轴转向架为无动力转向架。

6.2 内燃机车

内燃机车是以内燃机作为原动力，通过传动装置驱动车轮的机车。内燃机车一般以柴油为燃料，热效率高，机动灵活，上足一次油后能运行较长距离。但其构造复杂，制造、维修和运营费用都较高，制造大功率的车用柴油机也受到限制。

6.2.1 内燃机车的分类

1. 按工作性能不同分

(1)干线机车。干线机车主要用于铁路干线上牵引客货列车。有东风 4B、东风 4D、东风 11 等型号。

(2)调车机车。调车机车主要用于调车场进行列车编组、解体作业及站段内调车或兼作短途小运转牵引作业，此外，也可用于工矿企业内部，担任场内运输任务。调车机车有东风 2 型、东风 7 型和东方红 1 型等。

(3)内燃动车组。内燃动车组是指具有内燃动力装置的动车和客车编成的车组，适用于市郊或邻近城市间的短途客运。

2. 按传动方式不同分

按传动方式不同可分为机械传动内燃机车、电力传动内燃机车和液力传动内燃机车。机械传动内燃机车仅适用于工矿专用的小功率内燃机车上。我国铁路运用的内燃机车为电力传动和液力传动两种。

6.2.2 我国内燃机车的发展

在 19 世纪最先出现的机车是以蒸汽推动的。到第二次世界大战结束时，蒸汽机车仍是最常见的机车。蒸汽机车在 20 世纪中开始被内燃机车取代。19 世纪 60 年代末，世界上仍然使用蒸汽机车作商业运作的国家已寥寥无几。

我国从 1958 年开始制造内燃机车，先后有东风型等 3 种型号机车最早投入批量生产。1969 年后相继批量生产了东风 4 等 15 种新机型，同第一代内燃机车相比较，在功率、结构、柴油机热效率和传动装置效率上，都有显著提高；而且分别增设了电阻制动或液力制动和液力换向、机车各系统保护和故障诊断显示、微机控制的功能；采用了承载式车体、静液压驱动等一系列新技术；使机车在可靠性和使用寿命方面的性能得到很大提高。东风 11 客运机车的速度达到了 160 km/h。在生产内燃机车的同时，我国还先后从罗马尼亚、法国、美国、德国等国家进口了不同数量的内燃机车，随着铁路高速化和重载化进程的加快，正在进一步研究设计、开发与之相适应的内燃机车。

6.2.3 内燃机车的工作原理

内燃机车的工作原理为：燃料在汽缸内燃烧，所产生的高温高压气体在汽缸内膨胀，推动活塞往复运动，连杆带动曲轴旋转对外做功，使燃料的热能转化为机械功。柴油机发出的动力传输给传动装置，通过对柴油机、传动装置的控制和调节，将适应机车运行工况的输出转速和转矩送到每个车轴齿轮箱驱动动轮，动轮产生的轮周牵引力传递到车架，由车架端部的车钩变为挽钩牵引力来拖动或推送车辆。

6.2.4 内燃机车的组成

内燃机车由柴油机、传动装置、车体走行部(包括车架、车体、转向架等)、制动装置、控制设备和辅助装置等部分组成。

6.2.4.1 柴油机

柴油机是指用柴油作燃料的内燃机。柴油机属于压缩点火式发动机，吸入柴油机气缸内的空气因活塞的运动而受到较高程度的压缩，达到 500 ℃～700 ℃的高温。燃油以雾状喷入高温空气中，与空气混合形成可燃混合气，自动着火燃烧。燃烧中释放的能量作用在活塞顶面上，推动活塞并通过连杆和曲轴转换为旋转的机械功。

1. 柴油机的组成及型号

柴油机由燃烧室组件、动力传递组件、机体和主轴承、配气机构、燃油系统和调速器、润滑系统、冷却系统、起动系统构成。

各种柴油机都用一定的型号来表示，如东风 4B 型内燃机车的柴油机型号是 16V240ZJB（图 6-1），表示有 16 个气缸分两排 V 形排列，缸径为 240 mm，Z 表示设有涡轮增压器和中间冷却器，J 表示铁路牵引用柴油机，B 表示产品的一种型号。

图 6-1 16V240ZJB 型柴油机

2. 柴油机的工作原理

柴油机和汽油机一样，每个工作循环也经历进气、压缩、做功和排气四个过程。但由于柴油黏度比汽油大，不易蒸发，自燃温度却低于汽油，故柴油机可燃混合气的形成和燃烧方式与汽油机不同。柴油机在进气冲程吸入的是纯空气，在压缩冲程接近终了时，柴油经喷油泵将油压提高到 10 MPa 以上，通过喷油器以雾状喷入气缸，在很短的时间内与压缩后的高温空气混合，形成可燃混合气。因此，柴油机的可燃混合气是在气缸内部形成的。

柴油机工作有四冲程和二冲程两种方式。同等转速的四冲程机的热效率一般高于二冲程，所以，大部分采用四冲程柴油机。四冲程柴油机在一个工作循环中，只有一个行程做功，其余三个行程都是为做功行程创造条件的辅助行程，如图 6-2 所示。

四冲程柴油机工作时，一般分为进气、压缩、燃烧膨胀、排气等步骤，如图 6-2 所示。开始时，活塞从上止点下行到下止点，将新鲜空气吸入气缸，然后从下止点上行到上止点，将吸入的气体压缩，使其压力及温度升高。当接近上止点时，气体温度已超过柴油燃点，此时由喷油嘴将柴油喷入迅速燃烧，高温高压燃气推动活塞下行做功。之后，活塞再次从下止点上行，将废气排出气缸，完成一个循环。活塞往复不停地工作，带动连杆使曲轴转动，就从曲轴上把动能传输出来。

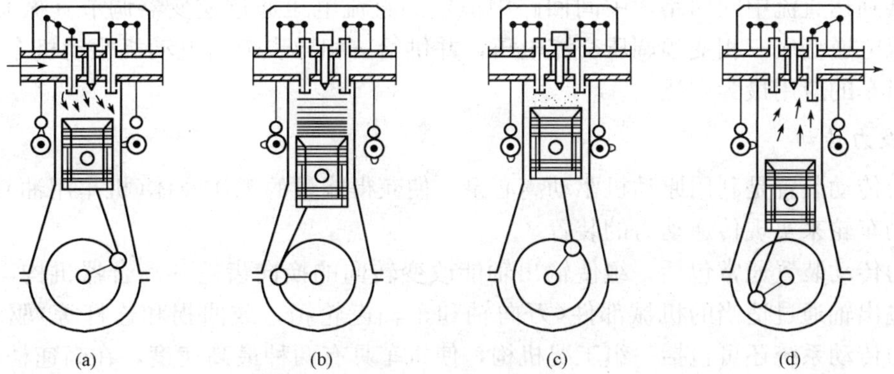

图 6-2　四冲程柴油机的工作原理

(a)进气过程；(b)压缩过程；(c)燃烧膨胀过程；(d)排气过程

6.2.4.2　传动装置

内燃机车的传动装置是为使柴油机的功率传到动轴上能符合机车牵引要求而在两者之间设置的媒介装置。柴油机扭矩、转速特性和机车牵引力、速度特性完全不同，不能用柴油机来直接驱动机车动轮：柴油机有一个最低转速，低于这个转速就不能工作，柴油机因此无法起动机车；柴油机的功率基本上与转速成正比，只有在最高转速下才能达到最大功率值，而机车运行的速度经常变化，使柴油机功率得不到充分利用；柴油机不能逆转，机车也就无法换向。所以，内燃机车必须加装传动装置来满足机车牵引要求。

内燃机车常用的传动方式有电力传动和液力传动两种类型。

1. 电力传动

电力传动装置是把机车原动机的动力变换成电能，再变换成机械能以驱动车轮而实现传递动力的装置。电力传动装置分为以下三种：

(1)直流电力传动装置。牵引发电机和电动机均为直流电机，发动机带动直流牵引发电机，将直流电直接供各牵引直流电动机驱动机车动轮。

(2)交-直流电力传动装置。发动机带动三相交流同步发电机，发出的三相交流电经过大功率半导体整流装置变为直流电，供给直流牵引电动机驱动机车动轮。其传动装置如图 6-3 所示。

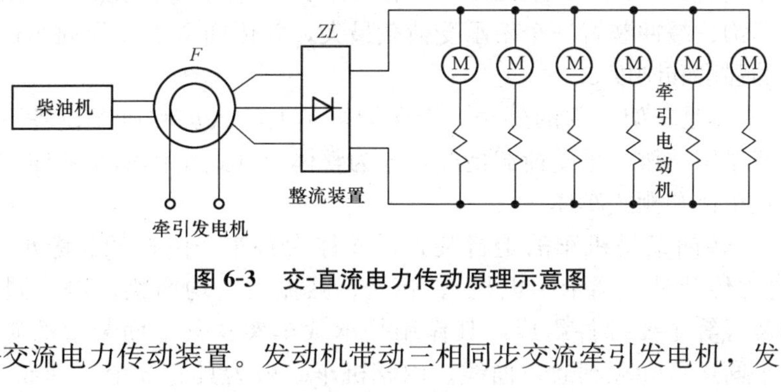

图 6-3　交-直流电力传动原理示意图

(3)变-直-交流电力传动装置。发动机带动三相同步交流牵引发电机，发出的交流电通过整流器到达直流中间回路，中间回路中恒定的直流电压通过逆变器调节其振幅和频率，再将直流电逆变成三相变频调压交流电压，并供给三相异步牵引电动机驱动机车动轮。电力传动机车的应用最为广泛。

2. *液力传动*

液力传动装置是利用原动机驱动离心泵，使获得能量的工作液体(机车用油)冲击涡轮从而驱动车轮来实现传递动力的装置。

液力传动装置通常包括一组使输出轴能改变转向的换向齿轮和离合器机构，如图 6-4 所示。输出轴通过适当的机械部件(万向轴和车轴齿轮箱，或曲拐和连杆等)驱动机车车轮。液力传动系统还可包括一组工况机构，使机车具有两种最高速度，在高速档有较高的行车速度，在低速档有较高的效率和较大的起动牵引力和加速能力。因此，同一机车既可用于客运，也可用于货运，或者既可用于调车，也可用作小运转机车。而当调车工况的最高速度定得较低时，机车在起动和低速运行时的牵引力可以超过同功率的电力传动柴油调车机车。

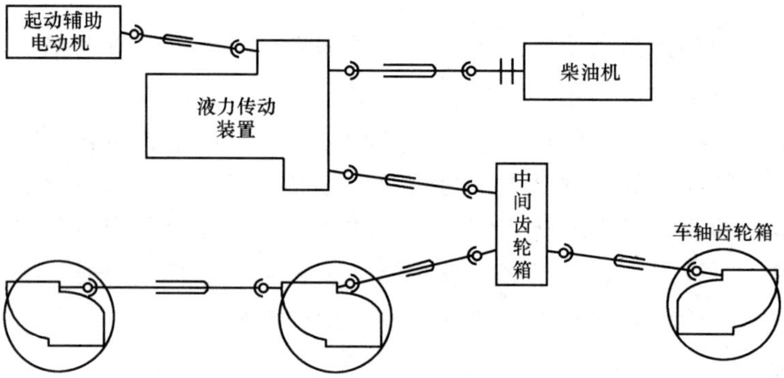

图 6-4　液力传动示意图

6.2.4.3　车体走行部

内燃机车车体走行部包括车架、车体、转向架等基础部件。

(1)车架。车架是机车的骨干，是安装动力机、车体、弹簧装置的基础。车架为一矩形钢结构，由中梁、侧梁、枕梁、横梁等主要部分组成，上面安装有柴油机、传动装置、辅助装置和车体(包括司机室)，下面由两个转向架支撑并与车架相连，车架中梁前后两端的中下部装设车钩、缓冲装置。车架承受荷载最大，并传递牵引力使列车运行，因此，车架必须有足够的强度和刚度。

(2)车体。车体是车架上部的外壳，起保护机车上的人员和机器设备不受风、沙、雨雪的侵袭和防寒作用。按其承受荷载情况，分为整体承载式车体和非整体承载式车体；按其外形分为罩式车体和棚式车体。

(3)转向架。转向架是机车的走行装置，又称为台车。由构架、旁承、轴箱、轮对、车轴齿轮箱(电力传动时包括牵引电机)、弹簧、减振器、均衡梁，以及同车架的连接装置、基础制动装置等主要部件组成。其作用是承载车架及其上面装置的质量，传递牵引力，帮助机车平衡运行和顺利通过曲线。内燃机车一般为具有 2 个二轴或三轴的转向架。

图 6-5 所示为 DF_4 型内燃机车转向架示意图。

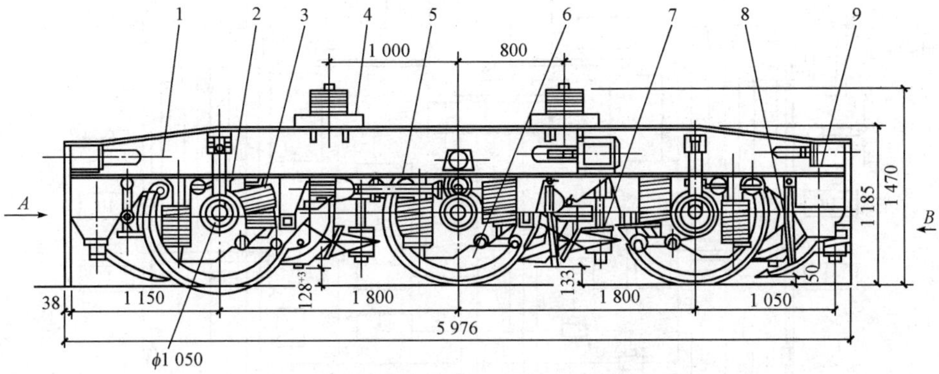

图 6-5 DF_4 型内燃机车转向架

1—构架；2—轴箱；3—弹簧装置；4—支承；5—牵引杆装置；6—轮对；7—电动机悬挂装置；8—基础制动；9—砂箱

6.2.4.4 制动装置

内燃机车都装有一套空气制动机和手制动机。此外，多数电力传动机车增设电阻制动装置，液力传动机车装有液力制动装置。

内燃机车通常采用 JZ-7 型空气制动机，可客、货兼用。JZ-7 型空气制动机主要包括风源部、控制部、中继阀及执行部，如图 6-6 所示。风源部为制动机提供高质量的并经常保持一定压力范围的压力空气以便使用，由空气压缩机、总风缸、油水分离器、调压器等组成；控制部为制动机的操纵部件，包括自动制动阀、单独制动阀及紧急制动阀；中继部为控制指令的传递部件，包括中继阀、分配阀、变向阀、作用阀；执行部为制动机制动力的形成部件，包括制动缸、闸瓦及闸瓦间隙自动调整器。另外，设有均衡风缸、过充风缸、降压风缸、工作风缸、紧急风缸、作用风缸及无动力回送装置、管道滤尘器、双针压力表、各种塞门和手制动机、撒砂装置等部件。

6.2.4.5 控制设备

控制设备是指控制机车速度、行驶方向和停车的设备。其主要由机车速度控制器、换向控制器、自动控制阀和辅助制动阀组成。操纵台上的监视表和警告信号装置有空气、水、油等压力表，主要部位温度表、电流表、电压表，主要部位超温、超压或压力不足等音响和显示警告信号。为了保证安全，便于操作，内燃机车上还装设有机车信号和自动停车装置。

6.2.4.6 辅助装置

内燃机车辅助装置的作用是指保证机车柴油机、传动装置、走行部与电气控制等设备的正常工作和可靠运行，以及乘务人员正常工作条件的各项装置。它是内燃机车必不可少的重要组或部分。其主要包括：燃油系统、冷却系统、机油管路系统、空气滤清系统、压缩空气系统、通风装置、辅助电气设备等。

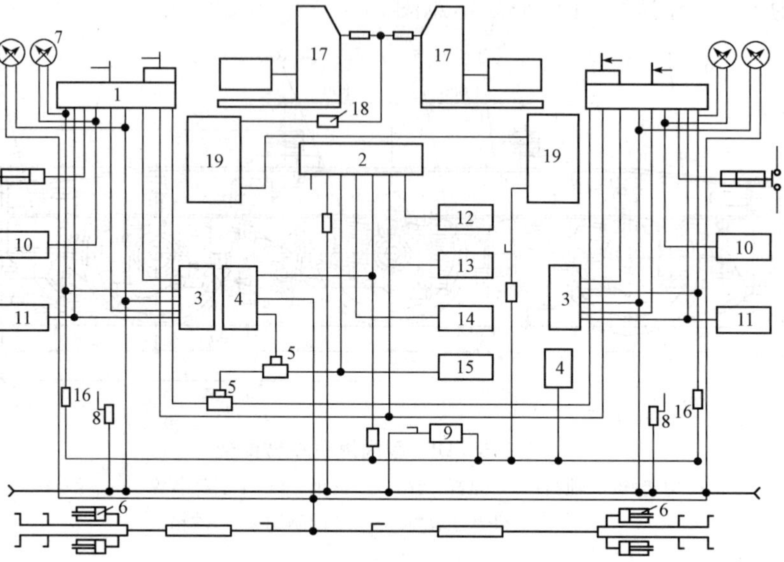

图 6-6　JZ-7 型空气制动机组成图

1—自动制动阀；2—分配阀；3—中继阀；4—作用阀；5—变向阀；6—制动缸；
7—压力表；8—紧急制动阀；9—无动力回送装置；10—均衡风缸；11—过充气风缸；
12—降压风缸；13—工作风缸；14—紧急风缸；15—作用风缸；16—管道滤尘器；
17—空气压缩机；18—油水分离器；19—总风缸

（1）燃油系统。燃油系统是指保证给柴油机供应燃油的设备及管路系统。

（2）冷却系统。冷却系统是指保证柴油机和液力传动装置能够正常工作的冷却设备和管路系统。

（3）机油管路系统。机油管路系统是指给柴油机正常润滑的设备及管路系统。

（4）空气滤清器。空气滤清器是指过滤空气中灰尘等脏物的装置。

（5）压缩空气系统。压缩空气系统是指供给列车的空气制动装置、砂箱、空气笛及其他设备压缩空气的系统。

（6）辅助电气设备。辅助电气设备包括蓄电池组、直流辅助发电机、柴油机起动电机等。

6.3 电力机车

电力机车是指由电动机驱动车轮的机车。电力机车因为所需电能由电气化铁路供电系统的接触网或第三轨供给运行中的电力机车，所以，其是一种非自带能源的机车。从世界各国铁路牵引动力的发展趋势看，电力机车是被公认为最有发展前途的一种机车。在城际旅客运输中，要大力发展动车组的运输方式。

6.3.1 电力机车的特点

电力机车本身不带能源，其构造相对比内燃机车要简单些，所用电能可由多种能源(火力、水力、风力、核能、地热、太阳能等)转换而来，而且电气设备工作稳准、安全可靠。它功率大，效率高，速度快，过载能力强，不污染空气，特别适用于坡度大、隧道多的山区铁路和运量大的干线铁路。

电力机车没有空气污染，且善于保养，牵引列车速度可达几百千米，所以，高速列车都是由电力机车牵引的。电力机车的另一个优点就是能够在短时间内完成启动和制动，这个性能比蒸汽机车和内燃机车要优秀很多。所以，在世界范围内，正大力发展电气化铁路。在绿色环保的今天，电力机车的发展更加受到重视。

电力机车的牵引力和爬坡能力比内燃机车和蒸汽机车要大得多，在载重过大或坡度较大的情况下无须采用多机牵引。电力机车最大的优点就是无限行程，只要车辆不驶离电气化段，就不会“饿倒”(故障除外)，无须像内燃机车和蒸汽机车那样需要经常补充燃料。

电力机车使用的能量，由车外经过架空电缆或第三轨提供。虽然把铁路电气化的价格定得很高，但是电力动车组和电力机车的运作成本比内燃机车低，而且电气化列车的加速性能及再生制动都比较良好，因此，十分适合在乘客密集的客运线上使用。

6.3.2 电力机车的分类

按照电气化铁路采用的电流制来分类，电力机车可分为直流电力机车和交流电力机车两类。

1. 直流电力机车

直流电力机车，又称为直-直流电动机车。直流电力机车采用直流制供电，牵引变电所内设有整流装置，它将三相交流电变成直流电后，再送到接触网上。

直流电力机车一般采用串励牵引电动机。这种电动机不仅调速方便，而且其机械特性软，使机车具有接近恒功率的理想牵引特性。此外，当机车轮对直径有差异时，各电动机之间负载分配比较均匀；当电网电压波动时，电动机中电流的冲击也较小。具有 4～8 台电动机的直流电力机车在起动过程中，为减少起动电阻中的能耗，电动机为串-并联换接。如四轴机车先由全部四台牵引电动机串联，然后改为两台电动机串联后再并联。多数直流电力机车具有电气制动性能。这时的牵引电动机变为直流发电机运行，把机车的动能转变为电能，消耗在电阻中或反馈回电网。

近代的直流电力机车，已逐步采用直流斩波器代替启动电阻调压。斩波调压可达到节能、改善牵引性能、降低启动电流和网压降落、减少维修、消除复杂的串-并联切换的目的。机车上用的直流斩波器由电力电子器件构成，串入牵引电动机的电枢电路。改变斩波器中晶闸管等电力电子器件的导通时间和关断时间的比例(导通比)，即可达到调节电动机端电压大小的目的，并使机车平滑地调速而没有启动电阻上的能量消耗。

2. 交流电力机车

交流电力机车根据变流装置和牵引电动机类型，主要有以下三种：

(1)交-直流电力机车。交-直流电力机车是当前应用最广的一种交流电力机车。在整流器电力机车上，接触网上的单相高压交流电首先通过牵引变压器降压，然后通过由硅整流元件或晶闸管组成的整流装置将单相交流电变换为直流电，供给牵引电动机。其一般采用脉流串励电动机作为牵引电动机。这种电力机车有变压器和整流装置，因此，采用改变变压器副边电压或对整流装置实行相位控制的办法均可改变整流电压，从而达到调节机车速度的目的。

(2)直接式交流电力机车。直接式交流电力机车采用单相整流子牵引电动机。接触网上的高压交流电经过变压器降低电压后，就直接供电给牵引电动机。这种机车的电气设备简单，但单相整流子电动机的换相条件随交流电频率的增高而恶化，因此，多用于单相低频交流制的电气化铁路上。

(3)交-直-交流电力机车。在这种机车上，接触网上的高压交流电首先通过牵引变压器降压、整流，使中间直流环节保持稳定的直流电压或稳定的直流电流。然后再由逆变电路将中间直流电变换为三相交流电供给三相异步牵引电动机或三相同步牵引电动机。改变逆变装置输出的三相交流电的频率和电压即可调节机车的功率和速度。

目前，我国铁路主要采用交-直流电力机车，其中，部分主要电力机车的型号及其参数见表 6-1。

表 6-1　电力机车的主要参数

机车型号	SS1	SS3	SS4	SS7	SS8	6K	6G	8K	8G
开始生产年代	1958	1978	1985	1992	1994	1987	1972	1986	1987
制造厂名、国名或地区名	株洲	株洲	株洲	大同	株洲	日本	法国	欧洲	苏联
用途	货运	货运	货运	货运	客运	货运	客货运	货运	货运
轴列式	C_0-C_0	C_0-C_0	$2(B_0-B_0)$	$B_0-B_0-B_0$	B_0-B_0	$B_0-B_0-B_0$	C_0-C_0	$2(B_0-B_0)$	$2(B_0-B_0)$
机车持续功率/kW	3 780	4 350	6 400	4 800	3 600	4 800	5 400	6 400	6 400
机车质量/t	138	138	2×92	138	88	138	138	2×92	2×92
轴重/t	23	23	23	23	21.5	23	23	23	23
设计速度/($km \cdot h^{-1}$)	90	100	100	100	170	100	112	100	100
持续速度/($km \cdot h^{-1}$)	43	48	52	48	100	48	47	48	50
持续牵引力/kN	301	318	437	364	126	355	353	471	451
启动牵引力/kN	487	470	628	485	210	485	519	628	627

6.3.3　电力机车的工作原理

电力机车是通过车顶上的集电弓(也称为受电弓)从接触网获取电能，把电能输送到牵引电动机使电动机驱动车轮运行的机车。机车先通过电弓从接触网(就是天上的电线)上受电，再经过机车上的牵引变压器、整流柜，逆变，然后传入牵引电机带动机车，最后通过车轮传入钢轨。通过受电弓将 25 kV 的电压引至车内变压器，之后，若是交直流传动的，便进行整流，驱动直流电动机，使电机通过齿轮驱动轮对；若是交-直-交流传动的，要在整流后加逆变环节，然后驱动异步电动机，驱动机车动轮转动。电力机车的速度控制，主要是由司机通过控制牵引电动机转速来实现的，如图 6-7 所示。

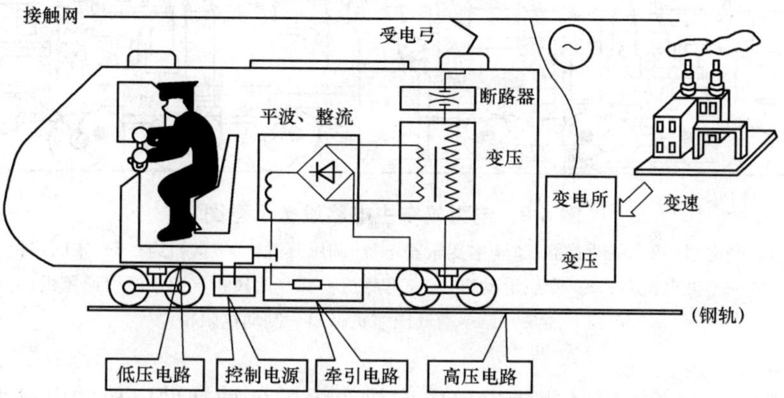

图 6-7　电力机车工作原理示意图

6.3.4　电力机车的组成

电力机车主要由机械部分、电气部分和空气管路系统三部分组成。

1. 机械部分

电力机车的机械部分包括走行部和车体。

(1)走行部。走行部是承受车辆自重和载重在钢轨上行走的部件，由二轴或三轴转向架以及安装在其上的弹簧悬挂装置、基础制动装置、轮对和轴箱、齿轮传动装置和牵引电动机悬挂装置组成。

(2)车体。车体是用来安放各种设备，同时也是乘务人员的工作场所，由底架、司机室、台架、侧墙和车顶等部分组成。司机室设在车体的两端，由走廊相通。司机室内安装控制设备，如司机控制器、制动阀、按钮开关、监测仪表和信号灯等。两司机室之间用来安装机车的全部主要设备，有时划分成小室，分别安装辅助机组、开关设备、换流装置以及牵引变压器等。部分电气设备如受电弓、主断路器和避雷器等则安装在车顶上。车钩缓冲装置安装在车体底架的两端牵引梁上。车体和设备的质量通过车体支承装置传递到转向架上，车体支承装置还起着传递牵引力与制动力的作用。

2. 电气部分

电力部分是指机车上的各种电气设备及其连接导线，包括主电路、辅助电路、控制电路以及它们的保护系统。

(1)主电路。主电路是指电力机车最重要的组成部分，如图 6-8 所示。它决定了机车的基本性能，由牵引电动机以及与之相连接的电气设备和导线共同组成。在主电路中流过全部的牵引负载电流，其电压为牵引电动机的工作电压，或者接触网的网压，所以，主电路是电力机车上的高电压大电流的动力回路。它将接触网上的电能转变成列车牵引所需的牵引动力。

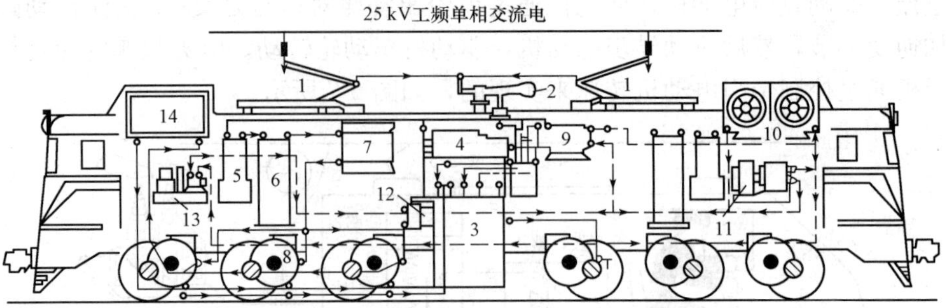

图 6-8　电力机车主电路设备示意图

1—受电弓；2—主断路器；3—主变压器；4—调压开关；5—硅机组；6—主回路柜
7—平波电抗器；8—牵引电动机；9—劈相机；10—通风机；11—牵引通风机；
12—油泵；13—空气压缩机；14—制动电阻柜

(2)辅助电路。辅助电路是指供电给电力机车上的各种辅助电机的电气回路。辅助电机驱动多种辅助机械设备，如冷却牵引电动机和制动电阻用的通风机，供给各种气动器械所需压缩空气的压缩机等。辅助电机可以是直流的，也可以是异步的。

(3)控制电路。控制电路是指由司机控制器和控制电器的传动线圈和联锁触头等组成的低压小功率电路。控制电路的作用是使机车主电路和辅助电路中的各种电器按照一定的程序动作。这样，电力机车即可按照司机的意图运行。

(4)保护系统。保护系统是指保证上述各种电路的设施。

3. 空气管路系统

空气管路系统是风压的通道，为机车受电弓上升、机车制动、机车散热提供风源。电力机车空气管路系统按功能分为以下四个部分：

(1)风源系统：风源系统主要由空气压缩机、压力调节器、总风缸及其连接管路组成，为制动机系统及全车气动器械供给稳定而洁净的压缩空气。

(2)控制气路。控制气路主要由辅助空气压缩机、辅助风缸、控制风缸、换向阀、联锁阀及其连接管路组成。它是用以供给全车气动电器的压缩空气以及用作安全保护措施。

(3)辅助气路。辅助气路主要由撒砂器、风喇叭、刮雨器及其连接附件、管路等组成，用以确保机车安全运行及改善性能。

(4)制动机。制动机主要由制动机的整套装置及其连接管路、电路等组成。制动机由司机操纵，对列车实施减速、停车。

6.4　机车的检修与运用

机车的检修和运用是铁路机务部门的基本任务，要求能够经济、合理地运用机车和质量良好地检修机车。

6.4.1 机车检修

机车经过一定时期的运用以后，各部分构件都会发生磨耗、变形或损坏。为了保证机车正常工作，延长使用期限，除机车乘务员的日常检查和保养以外，还必须进行各种定期检修。

1. 检修周期

机车两次相同修程之间的走行公里数或工作时间称为检修周期。各级修理的周期是主要零部件在两次修程间保证安全运用的最短期限。检修周期应根据机车构造特点、运行条件、实际技术状态和生产技术水平来确定。干线客货运机车多按走行公里或时间计算，调车机车一般按时间(日、月或年)计算。各国铁路机车检修制度规定的检修周期不同。

我国机车的检修制度除日常检查外，在两次定修(洗修)间有一次技术检查。段修分为定修和架修。电力机车定修周期为2.5万～3.5万km，架修周期为30万～35万km；柴油机车定修周期为1.5万～2万km，架修周期为15～24万km；蒸汽机车洗修周期根据运用区段锅炉水质等情况确定，架修周期为7万～11万km。厂修周期：电力机车为120万～140万km，柴油机车为45万～72万km，蒸汽机车为25万～30万km。

2. 检修内容

机车的定期检修除大修在机车工厂进行以外，其余的检修一般都在机务段进行。因此，机务段除了机车的整备设备，还设有机车的检修设备。

机车类型不同，它们的检修周期和检修内容也不一样。

(1)机车的大修是一种全面的恢复性修理，大修后的机车基本上要达到新车的水平。

(2)机车中修又称为架修，其主要目的是修理走行部，因此，必须把机车架起，特定行部推出进行修理。

(3)小修主要是为了对有关设备进行测试和维修。

(4)辅修是临时性的维修和养护。

3. 检修指标

机车检修工作效率指标主要有机车检修率和平均修车时间。

(1)机车检修率。机车检修率是检修机车台日占支配机车台日的百分比。一台机车因检修而停留24 h称为一个检修台日。机务段所有的机车中除备用、出助、出租的机车外一切能供使用的机车，称为机务段支配机车。在段检修率中，有时还把临修机车台日占支配机车台日的百分比称为临修率。

(2)平均修车时间。平均修车时间是各种定期修理的机车因检修而停留的平均时间，按同一修程如定修、架修、大修分别计算。

6.4.2 机车运用管理

机车只要离开机务段，就必须受车站有关行车人员的调度和指挥。机车运用管理包括确定机车牵引交路和机车运转制；选用乘务制度和乘务员换班方式；设置基层管理机构；

按照运输需要配置机车，编制机车周转图和机车运用计划，力求达到机车各项运用指标；组织机车整备作业，以供应质量良好的机车；严格按列车运行图行车，安全正点地完成列车牵引作业和调车作业。

6.4.2.1 机车交路和机车运转方式

1. 机车交路

机车交路又称机车牵引区段，是指机车担当运输任务的固定周转区段，即机车从机务段所在站到折返段所在站之间往返运行的线路区段。机车交路是组织机车运用工作，确定机务段的设施和配置、机车类型分配、机车运用指标等的重要依据。

机车交路由于交路类型、运转方式和乘务制度不同，而有多种形式，其交路距离也各不相同。其主要有肩回式短交路、肩回式长交路、循环式短交路、半循环式短交路、两处驻班制超长交路、中途驻班制超长交路、随乘制超长交路等。机车交路应与交路类型、机车运转方式和乘务制度一起选定。

2. 机车运转方式

机车运转方式也称为机车运转制或机车周转方式，是指机车在交路上担当任务，往返行驶于机务段与折返(机务)段之间的运行方式。机车运转方式主要有以下几种：

(1)肩回运转制交路。机车担当与基本段相邻区段的列车牵引任务。除需进行折返段整备外，机车每次返回基本段所在站时，也需要入段作业，如图 6-9(a)所示。

(2)循环运转制交路。机车担当与基本段相邻两个区段的列车牵引任务。除需进折返段整备及中间技术检查需入基本段外，每次返回基本段所在站，都在站上进行整备作业，如图 6-9(b)所示。

(3)半循环运转制交路。机车担当与基本段相邻两个区段的列车牵引任务。除需进折返段整备外，机车第一次返回基本段所在站时不入段，继续牵引列车向前方区段运行，到第二次返回基本段所在站时，才入段进行整备作业。

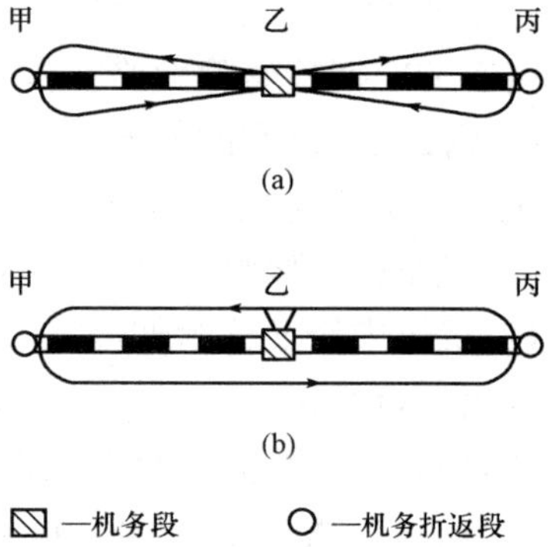

图 6-9 肩回运转制和循环运转制

(a)肩回运转制；(b)循环运转制

(4)环形运转制交路。机车在一个区段或枢纽内担当两个及以上往返的列车牵引任务之后，才入段进行整备作业，机车不需要转向。

目前，我国铁路机车的运用主要有肩回运转制和循环运转制两种。

6.4.2.2 乘务制度和乘务员换班方式

1. 乘务制度

现行的乘务制度有包乘制和轮乘制两种。

(1)包乘制。机车由固定的乘务组驾驶称为包乘制。蒸汽机车多采用这种乘务制度，原则上是三班包乘(随乘制要四班包乘)，若乘务组全月工作时间超过规定，则用三班半制调节。

(2)轮乘制。机车不固定包乘组，由不同乘务组分段轮流驾驶，相应采用超长交路，适用于电力和内燃牵引。采用超长交路和轮乘制，可以缩短机车在区段站非生产停留时间，加速机车车辆周转，机车日车公里客运可提高40%以上，货运可提高8%以上，运用机车也可减少，运输成本也有所降低。目前，我国正积极推行这种乘务制度。

2. 乘务员换班方式

机车乘务员担当牵引列车作业的换班制式称为乘务员换班方式或乘务方式。乘务员换班方式分为立即折返、调休折返、外段换班(驻班)、中途站换班、定时换班和随乘制等形式。

(1)立即折返。在行车密度较大的短交路区段上，机车由机务段到折返地点后，乘务员不换班连续担当相反方向开行的列车返回机务段，这种方式称为立即折返。采用这种换班方式的优点是：乘务员在家中休息时间较长，有利于参加段内活动和学习，便于机务段对乘务员的组织管理工作。

(2)调休折返。机车在较长的交路区段工作，如乘务员在外段立即折返超过一次乘务连续工作最大时间限额时，乘务员需在外段休息一定时间后，再使用原机车牵引回程列车返回机务段，这种方式称为调休折返。外段调休折返方式适用于行车密度小的较长交路上。采用这种换班方式的缺点是：乘务员在外段休息的同时，机车也需停留等待，所以，机车运用效率较低。

(3)外段换班(驻班)。机车牵引列车到达外段后，交由在外段驻班的乘务员接乘返回，这种方式称为外段换班。外段换班方式适用于行车密度较大的交路，乘务员在外段休息的时间较充分，机车运用效率较高。采用这种换班方式的缺点是：机车固定担当同一交路，机车运用受到一定限制；乘务员在外段时间较长，生活、学习受到一定影响。

(4)中途站换班。机车在长交路上工作及牵引沿零摘挂列车，乘务员单程一次乘务连续作业时间超过规定的最大限额标准时，必须在适当的中间站(区段站)设立换班点，这种方式称为中途换乘。采用这种换班方式的优点是：可以节省机务段、折返段的基建投资和运营费用，提高机车运用效率，加速车辆周转，提高运输能力。其缺点是：如果采用三班包乘或采用四班包乘时，则分别有一班和两班乘务员长期驻在中途站或折返段，影响乘务员的生活或学习，也不便于对乘务员的管理。实行长交路轮乘制既能发挥上述优点又能克服其缺点。

(5)定时换班。这种换班方式适用于专调及小运转机车。一般是12 h换一次班，作业繁忙的调车机车为四班包乘，换班时间可采用8 h制或白班12 h，夜班两班每班6 h，换班地点可在段内，也可在车站进行。

(6)随乘制。随乘制是指在机车后面挂一辆宿营车，乘务组均随机车出乘，经过一定时间在适当的地点轮换上车作业，不工作的乘务员在宿营车休息。这种换班方式的优点是：机车运营效率高，机车运营灵活，机车交路可以很长。其缺点是：乘务员休息、生活、学习条件都很差。这种换班方式是不正常的，只有在战争时期或新建铁路的工程列车才允许使用。

6.4.2.3 机车运用指标

机车运用指标，根据其性质和作用的不同可分为数量指标和质量指标两大类。

1. 数量指标

机车运用数量指标表示计划指标在规定时间内(如日、旬、月、季、年)机车运用的经济活动在效率上应达到的目标，反映总的机车运用工作量，包括各种机车的走行工作量、工作时间及其完成的各种总重吨公里。

2. 质量指标

机车运用质量指标主要从机车牵引能力的利用程度和机车在时间上的利用情况来反映机车的运用效率(即运用质量)。其主要指标有机车全周转时间、机车日车公里、列车平均牵引总质量、机车日产量、技术速度以及其他有关指标。

6.4.2.4 机车整备作业

机车整备作业是指机车运行前的整备和准备工作。内燃机车、电力机车整备作业见表 6-2。

表 6-2 内燃机车、电力机车的整备作业

需要供应的物资			需要做的准备工作		
项目	内燃机	电力机车	项目	内燃机车	电力机车
燃料	√	—	机车专向	一般	—
				单向√	
水	√	—	机车擦拭	√	√
砂	√	√	检查	√	√
润滑油	√	√	给油	√	√
擦拭材料	√	√	机车乘务组交接班	√	√

1. 内燃机车整备作业工作

(1)供给机车燃油、润滑油、砂、冷却水和擦拭材料。

(2)进行机车牵引列车前的准备工作：转向、给油、检查、擦拭机车以及乘务员交接班等。

2. 电力机车整备作业工作

(1)供给机车润滑油、砂、冷却水和擦拭材料。

(2)进行机车牵引列车前的准备工作：转向、给油、检查、擦拭机车以及乘务员交接班等。

学习评价

本章主要介绍铁路机车的分类、型号及轴列式，内燃机车和电力机车，机车的检修与运用。铁路机车是铁路中专门提供动力的车辆。铁路机车的型号用汉字或汉语拼音字母表示。机车轴列式是用以表示机车走行部结构的特点的一种表达方式。内燃机车是以内燃机作为原动力，通过传动装置驱动车轮的机车。电力机车是指由电动机驱动车轮的机车。机车的检修和运用是铁路机务部门的基本任务，要求能够经济、合理地运用机车和质量良好地检修机车。

思考与练习

一、填空题

1. 铁路采用的机车类型很多，从牵引动力分可分为________、________、________等。

2. 机车轴列式是用________或________表示车轴排列方式。

3. 内燃机车按传动方式不同可分为________、________和________。

4. 内燃机车由________、________、________、________、________和________等部分组成。

5. 按照电气化铁路采用的电流制来分类，电力机车可分为________和________两类。

6. 电力机车主要由________、________和________三部分组成。

7. 机车检修工作效率指标主要有________和________。

8. 机车运用指标，根据其性质和作用的不同可分为________和________两大类。

二、判断题

1. 铁路机车的型号中，在汉字或拼音字母的右下角的数字，表示该型机车在该系列中的特征符。（　）

2. 前进型蒸汽机车的轴列式为1—5—1，表示有1根导轴、5根动轴、1根从轴。（　）

3. 内燃机车必须加装传动装置来满足机车牵引要求。（　）

4. 电力机车的牵引力和爬坡能力比内燃机车和蒸汽机车要小得多。（　）

5. 电力机车定修周期为2.5万～3.5万km，架修周期为30万～35万km。（　）

6. 包乘制乘务制度适用于电力和内燃牵引。（　）

三、简答题

1. 如何表示铁路机车的型号？

2. 如何表示转向架式机车轴列式？

3. 内燃机车的工作原理是什么？

4. 电力传动装置的作用是什么？它可分为哪几种类型？

5. 与内燃机车相比，电力机车有哪些特点？

6. 电力机车的工作原理是什么？

7. 电力机车空气管路系统的作用是什么？它按功能可分为哪几部分？

8. 机车检修内容主要有哪些？

9. 什么是机车运转方式？它主要有哪几种方式？

项目 7

铁路信号和通信

学习目标

1. 了解铁路信号的分类及作用；熟悉信号表示器及信号标志的种类。

2. 掌握铁路信号基础设备的种类及工作原理。

3. 理解联锁的概念及基本原理；掌握区间闭塞设备的种类、工作原理及组成；掌握运输调度指挥系统的设备构成和功能；掌握列车运行控制系统的设备构成及工作原理。

4. 掌握铁路通信的种类及设备组成。

5. 掌握 GSM-R 系统的设备组成及主要功能。

7.1 铁路信号基础知识

铁路信号是以标志物、灯具、仪表和音响等向铁路行车人员传送机车车辆运行条件、行车设备状态和行车有关指示的技术与设备。随着铁路信号技术的发展和铁路信号的广泛应用，铁路信号也成为提高铁路区间和车站通过能力、增加铁路运输经济效益、改善铁路员工劳动条件的一种现代化科学管理手段和技术。

7.1.1 铁路信号的分类

1. 按人的感觉分类

铁路信号按人的感觉可分为视觉信号和听觉信号两大类。

(1)视觉信号。视觉信号是以颜色、形状、位置、灯光和状态等表达的信号。如用信号机、信号旗、信号灯、信号牌、信号表示器、信号标志及火炬等显示的信号都是视觉信号。

视觉信号的基本颜色及其基本意义如下：

1)红色——停车。

2)黄色——注意或减低速度。

3)绿色——按规定速度运行。

4)月白色——表示准许调车信号或引导信号。

5)蓝色——表示禁止调车信号或容许信号。

(2)听觉信号。听觉信号是以不同器具发出音响的强度、频率和音响的长短时间等来表达的信号。如用号角、口笛、响墩发出的音响以及机车、轨道车鸣笛等发出的信号，都是听觉信号。

2. 按信号机具是否可以移动分类

铁路信号按信号机具是否可以移动可分为固定信号、移动信号和手信号。

(1)固定信号。在固定地点安装的信号设备统称为固定信号。固定信号是铁路信号设备的主要组成部分。

(2)移动信号。临时设置的信号牌、信号灯等称为移动信号。

(3)手信号。铁路信号中用手拿的信号灯、信号旗或用手势显示的信号称为手信号。

3. 固定的视觉信号分类

固定的视觉信号可按下列主要基本性质分类：

(1)信号按用途分为进站、出站、通过、进路、预告、遮断、防护、驼峰、复示、调车、容许、引导 12 种信号。进站、出站、通过、进路、防护等信号机，都能独立地显示信号，指示列车运行的条件，称为主体信号机；预告、复示信号机等，本身不能独立存在，而是附属于某种信号机的，所以称为从属信号机。对预告信号机来说，进站信号机又是它的主体信号机。

(2)按信号构造分为：色灯信号机、臂板信号机、机车自动信号和信号表示器。

(3)按发送信号的方法分为：位置信号，如臂板信号机；颜色信号，如色灯信号机和机车自动信号。

(4)按动作方式分为：

1)手动信号机——信号显示的变化是由人工通过机械握柄操纵的信号机。

2)半自动信号机——信号显示的变化，不仅需要人工操纵，还需要受列车的自动控制的信号机。

3)自动信号机——信号显示的变化，仅受列车的运行状态自动控制的信号机。

(5)按停车信号的意义分为：

1)绝对信号——当显示禁止信号时，无论在任何情况下都不准许列车越过它，所有的非自动的或半自动的信号机都属于这一类。

2)容许信号——设于通过信号机上的一种附属信号，当容许信号显示一个蓝色灯光时，准许铁路局规定停车后启动困难的货物列车。

(6)信号按显示的数目分为：

1)单显示——出站、进路的复示信号机及遮断信号机都是单显示的信号机。

2)二显示——预告信号机是二显示信号。它预告进站、通过或防护信号机的禁止和进行信号显示。

3)三显示——我国铁路自动闭塞区段的通过信号机是三显示信号。

4)四显示——适宜于铁路提速、高速区段的通过信号机是四显示信号。

7.1.2 铁路信号的作用

铁路信号的作用主要是保障铁路行车安全，具体表现为：统一调度指挥列车运行、保障行车安全、提高运输效率、改善劳动强度。

1. 保障铁路运输安全

铁路运输的基本任务是运送旅客，运送工农业生产和国防建设所需要的货物，因此，要切实保证旅客和货物平安完整地运送到目的地。铁路信号系统是为了保证运输安全而诞生和发展的，系统的第一使命是保证行车安全，也可以这样说，没有铁路信号，也就没有铁路运输的安全。

2. 提高运输效率、改善劳动条件、提高服务质量

在铁路运输中，提高铁路运输效率，是运输业追求的目标。铁路信号技术的发展对提高列车密度和运输能力具有重要的作用。铁路信号技术的发展还为行车部门提高了劳动生产率，节省了大量行车人员。另外，铁路信号技术的发展，促进了旅客服务系统、货运查询系统的发展，可以向旅客提供有关列车到、发信息服务，为货主及时掌握货物到达时间提供极大方便。

7.1.3 信号表示器及信号标志

1. 信号表示器

信号表示器是用来表示某些与行车有关设备的位置和状态，或表示信号显示的某些附加意义的铁路信号机具。与信号机不同的是，它没有防护(进路和区间等)意义。信号表示器分为道岔、脱轨、进路、发车、发车线路、调车及车挡表示器。

(1)道岔表示器。道岔表示器用在非集中联锁车站上表示该道岔的开通方向，以便车站扳道及有关行车、调车人员确认道岔开通方向是否正确。它的两种显示方式为：日间无显示[图 7-1(a)]，夜间紫色灯光——表示道岔开通直向[图 7-1(b)]；日间为带黑道黄色尾形板[图 7-1(c)]，夜间黄色灯光——表示道岔开通侧向[图 7-1(d)]。

(2)脱轨表示器。脱轨表示器设在集中联锁以外的脱轨器、脱轨道岔及引向安全线、避难线的道岔上，表示线路的开通或遮断。当线路遮断时，机车乘务员应引起注意。

(3)进路表示器。进路表示器通常安装在连接两个或三个运行方向的出站信号机上，用以区分发车进路的开通方向。进路表示器不能独立构成信号显示，只能在出站信号机开放后，才能着白色灯光。

(4)发车表示器。发车表示器一般安装在旅客站台列车出发一端的雨篷下。它经常不着灯，着灯时显示一个白色灯光，表示本次列车的运转车长已准许向区间发车。

(5)发车线路表示器。发车线路表示器是在线群出站信号机开放的情况下，补充说明允许某条线路发车所用的表示器。线群出站信号机开放，允许调车场的列车往区间发车；由于调车场有多条调车线，为防止停留在调车线上不应出发的列车抢道先行，在允许直接发车的调车线上均装设了发车线路表示器，平时不点灯。在线群出站信号机开放后，进路上道岔位置正确的条件下，当相应调车线上的发车线路表示器点亮月白色灯光时，则该股

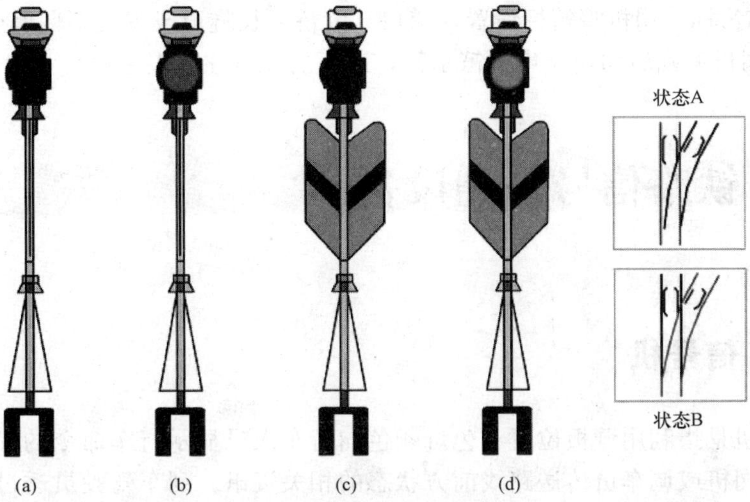

图 7-1　道岔表示器

道列车可以发车。

(6)调车表示器。调车场因地形、地物影响，调车机车司机瞭望调车指挥人的手信号有困难时，需设置调车表示器。调车表示器由调车指挥人使用，代替调车指挥人的手信号。调车表示器可向前、后两个方向单独显示，当向调车区方向显示一个白色灯光时，准许调车机车车辆由调车区向牵出线运行；当向牵出线方向显示一个白色灯光时，准许机车车辆向调车区去行；当向牵出线方向显示两个白色灯光时，准许机车车辆自牵出线向调车区溜放。

2. 信号标志

信号标志是设置在铁路沿线，用来表示所在地点的某种情况或状态，引起司机(包括有关行车人员)的注意和警觉，并采取必要的措施确保行车安全的一种信号器具。常用的信号标志有：

(1)警冲标。警冲标设置在两会合线路线间距离为 4 m 的中间，用来指示机车车辆的停留位置，防止会合线路上的机车车辆发生侧面冲突，如图 7-2 所示。

(2)预告标。预告标以三块为一组，分别设置在进站信号机外方 900 m、100 m 和 1 100 m 处，用来提醒司机列车已接近进站信号机及其距离，注意瞭望与确认信号，如图 7-3 所示。但在设有预告信号的车站及在自动闭塞区段上均不设预告标。

图 7-2　警冲标

图 7-3　预告标

(3)司机鸣笛标。司机鸣笛标设置在道口、大桥、长隧道或视线不良地点的前方500～1 000 m处。司机见到后均应长声鸣笛示警，以便引起过往行人注意。

7.2 铁路信号基础设备

7.2.1 信号机

铁路信号机是指利用臂板位置和色灯颜色向行车人员显示行车命令的固定设备，用以给列车驾驶、司机或调车员传送路线前方状态的相关资讯。列车驾驶员透过理解与诠释铁路号志给予的指令意义采取与之相对应的行动。一般来说，铁路号志会指示列车可安全行驶的速度或指示列车停止。

7.2.1.1 信号机的分类

1. 按结构分类

铁路信号机按结构可分为臂板信号机和色灯信号机。

(1)臂板信号机。臂板信号机是指在机柱上装设长方形或鱼尾形臂板显示信号的信号机，昼间以臂板的位置、形状、颜色等显示信号，夜间以灯具和有色玻璃镜给出的灯光颜色显示信号。目前，臂板信号机逐渐被色灯信号机取代。

(2)色灯信号机。色灯信号机是指白天和夜间都用不同颜色的灯光来显示信号的一种信号机。色灯信号机按结构分为透镜式色灯信号机和探照式色灯信号机。

1)透镜式色灯信号机。透镜式色灯信号机灯泡发出的光线，通过两层阶梯形透镜，经折射和着色后平行射出。这种信号机的一个灯具只能给出一种色光，所以，一架信号机要装多个灯具。

2)探照式色灯信号机。探照式色灯信号机的色灯信号结构中有一个可随电流方向变化而转动的三色玻璃框，当某一种颜色玻璃对准灯泡时，就显示那种玻璃颜色的灯光，因而，它的一组透镜可以显示红、黄、绿三种颜色灯光。

2. 按安装方式分类

铁路信号机按安装方式可分为高柱信号机和矮型信号机。

(1)高柱信号机。高柱信号机的信号结构安装在信号机柱上，一般用于显示距离要求较远的信号机。高柱信号机具有显示距离远、观察位置明确等优点。因此，为了保证安全，提高效率，进站、正线出站、接车进路、通过、预告、驼峰等信号机必须采用高柱信号机，如图7-4所示。

(2)矮型信号机。矮型信号机没有托架和梯子，设于建筑接近限界下部外侧的基础上，一般用于显示距离要求不远的线路上，如图7-5所示。

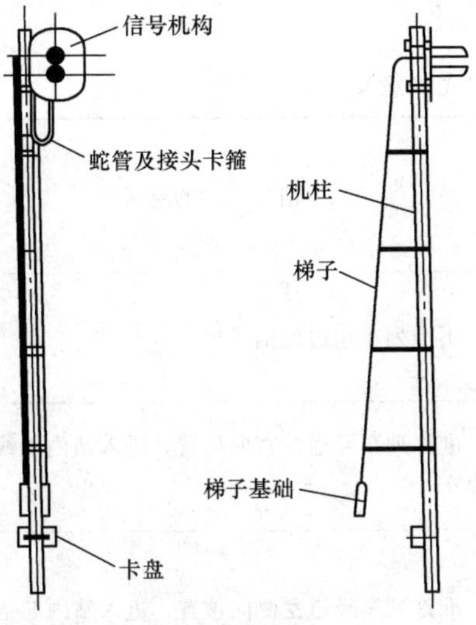

图 7-4　高柱信号机

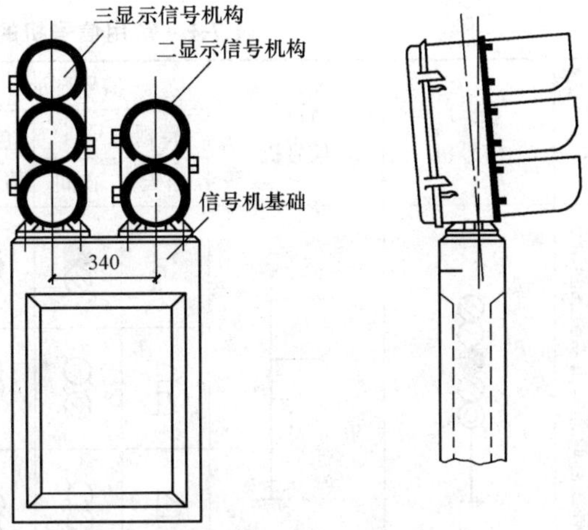

图 7-5　矮型信号机

3. 按设置场所和用途分类

铁路信号机按设置场所和用途可分为进站信号机、出站信号机、通过信号机、进路信号机、遮断信号机、防护信号机、预告信号机、驼峰信号机、复示信号机、调车信号机等。

(1)进站信号机。进站信号机是指用于防护车站和指示列车运行条件的信号机。它设于距进站道岔外侧适当的地点。

(2)出站信号机。出站信号机是指用于指示列车进入区间的信号机。它设在每一发车线的警冲标内侧适当的地点。

(3)通过信号机。通过信号机是指用于指示列车能否进入下一个闭塞分区或能否进入所向区间的信号机。它设在闭塞分区入口或所向区间的分界处。

(4)进路信号机。进路信号机是指在有几个车场的车站，为使列车由一个车场转往另一个车场时使用的信号机。其安装地点是在转入车场第一道岔前方的适当地点。

(5)遮断信号机。遮断信号机是指装在繁忙道口和有人看守的桥梁隧道建筑物处，以及可能危及行车安全的塌方落石地点的信号机。这种信号机在道口或线路发生危及行车安全情况时，能及时向列车发出停车信号。它设在其防护地点前方一定距离处。

(6)防护信号机。防护信号机是指设在区间内铁路平面交叉处的信号机。其用于防止敌对进路的列车互相发生冲突。

(7)预告信号机。预告信号机是指为预先告知主体信号机(即进站信号机、通过信号机、遮断信号机、防护信号机)的信号显示状态而设的信号机。它设在主体信号机前方不小于列车一个制动距离的地方。

(8)驼峰信号机。驼峰信号机是用于指示推峰的调车机车加速、减速、定速、停止、退回或下峰用的信号机。它设在驼峰顶。

(9)复示信号机。因受地形、地物影响，信号机达不到规定显示距离或出站、进路及驼峰信号难于确认时，设置复示信号机可以保证信号的连续显示。

(10)调车信号机。调车信号机是在装有电气集中联锁的车站内，为了保证行车和调车安全，在每个调车进路的入口处设置的信号机。

常用信号机的显示方式和意义见表 7-1。

表 7-1　常用信号机的显示方式和意义

信号名称		色灯信号机	臂板信号机	信号显示			信号显示的意义
				臂板信号机		色灯信号机	
				白天	夜间		
进站信号机	半自动闭塞及三显示自动闭塞区段						不准列车超过该信号机
							准许列车经道岔直向位置，进入站内下线准备停车
						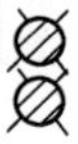	准许列车经道岔侧向位置，进入站内准备停车
进站信号机	半自动闭塞及三显示自动闭塞区段					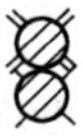	准许列车经过 18 号及以上道岔侧向位置，进入站内越过次一架已经开放的信号机，且该信号机防护的进路，经道岔的直向位置或 18 号及以上道岔的侧向位置
							准许列车按规定速度经正线通过车站，表示出站及进路信号机开放状态，进路上的道岔均开通直向位置
							准许列车经道岔直向位置进入站内越过次一架已经开放的信号机准备停车
							引导信号准许列车在该信号机前方不停车，以不超过 20 km/h 速度进站或通过接车进路，并须准备随时停车
	四显示自动闭塞区段	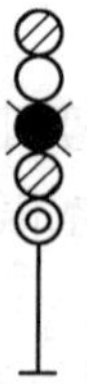					不准列车越过该信号机
							准许列车按限速要求越过该信号机，经道岔侧向位置进入站内准备停车
						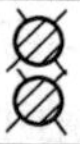	准许列车按限速要求越过该信号机，经道岔侧向位置进入站内准备停车
						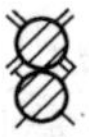	准许列车经过 18 号及以上道岔侧内位置，进入站内越过次一架已经开放的信号机，且该信号机防护的进路，经道岔的直向位置或 18 号及以上道岔的侧向位置
							准许列车按规定速度经道岔直向位置进入或通过车站，表示运行前方至少有三个闭塞分区空闲
							准许列车按规定速度越过该信号机，经道岔直向位置进入站内，表示次一架信号开放一个黄灯
							引导信号，准许列车在该信号机前方不停车，以不超过 20 km/h 速度进站或通过撞车进路，并须准备随时停车

信号名称		色灯信号机	臂板信号机	信号显示			信号显示的意义
				臂板信号机		色灯信号机	
				白天	夜间		
出站信号机	半自动闭塞区段	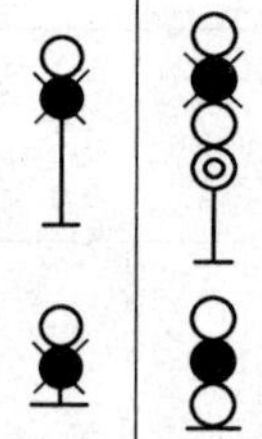	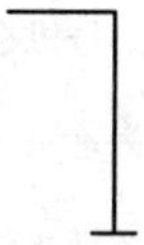				不准列车越过该信号机
							准许列车由车站出发
							准许列车由车站出发，开往次要线路
	三显示自动闭塞区段	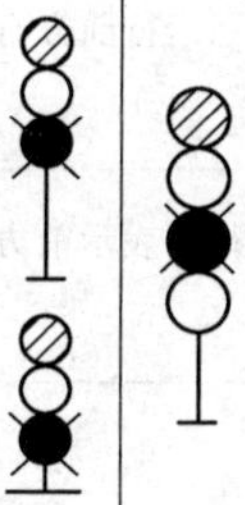					不准列车越过该信号机
							准许列车由车站出发，表示运行前方有一个闭塞分区空闲
							准许列车由车站出发，表示运行前方至少有两个闭塞分区空闲
							准许列车由车站出发，开放半自动闭塞区间
	四显示自动闭塞区段	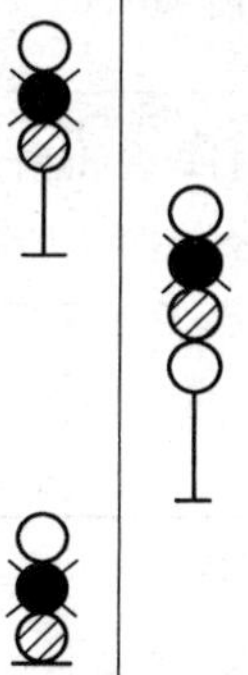					不准列车超过该信号机
							准许列车由车站出发，表示运行前方有一个闭塞分区空闲
						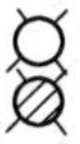	准许列车由车站出发，表示运行前方有两个闭塞分区空闲
							准许列车由车站出发，表示运行前方至少有三个闭塞分区空闲
							准许列车由车站出发，开往半自动闭塞区段

信号名称		色灯信号机	臂板信号机	信号显示：臂板信号机 白天	信号显示：臂板信号机 夜间	信号显示：色灯信号机	信号显示的意义
预告信号机							表示主体信号机在关闭状态
							表示主体信号机在开放状态
通过信号机	半自动闭塞区段		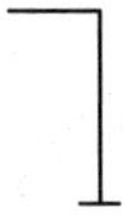				不准列车超过该信号机
							准许列车按规定速度运行
	三显示自动闭塞区段						列车应在该信号机前停车
							要求列车注意运行，表示运行前方有一个闭塞区间空闲
							准许列车按规定速度运行，表示前方至少有两个闭塞分区空闲
	四显示自动闭塞区段						列车应在该信号机前停车
							要求列车减速运行，按规定限速要求越过该信号机，表示运行前方有一个闭塞分区空闲
							准许列车按规定速度运行，要求注意准备减速，表示运行前方有两个闭塞分区空闲
							准许列车按规定速度运行，表示运行前方至少有三个闭塞分区空闲

图例：

7.2.1.2 色灯信号机的结构

色灯信号机按结构可分为透镜式、组合式和 LED 式三种。

1. 透镜式色灯信号机

透镜式色灯信号机是指以凸透镜组为集光器的色灯信号机，透镜组由无色的外透镜和有色的内透镜组成，显示的颜色取决于内透镜的颜色，多种颜色由多个灯位完成显示。其结构简单，易维修，但光通量不能充分利用，在曲线线段上不能连续显示。

透镜式的色灯信号机构包括凸透镜、电灯座及灯泡、遮檐、背板等，如图 7-6 所示。

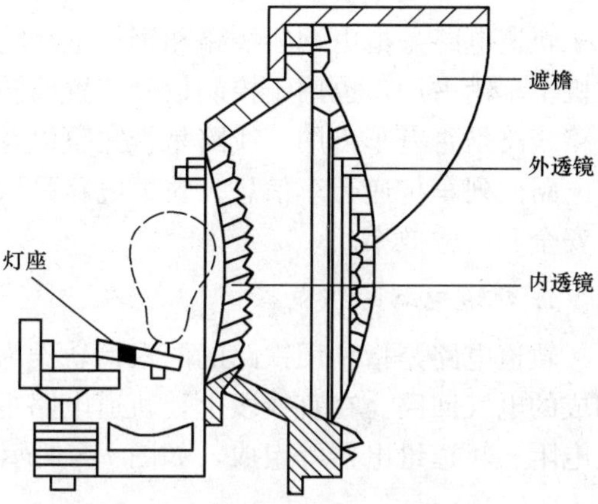

图 7-6　透镜式色灯信号机构

2. 组合式色灯信号机

组合式色灯信号机是指为提高在曲线上显示距离而研制的新型信号机。信号灯发出的光通过滤色片变成色光，经非球面透镜聚成平行光束，再由偏光镜折射偏散，能保证信号显示在曲线线段上的连续性，如图 7-7 所示。信号机构采用组合形式，一个灯位为一个独立单元，配一种颜色，使用时根据需要进行组合。

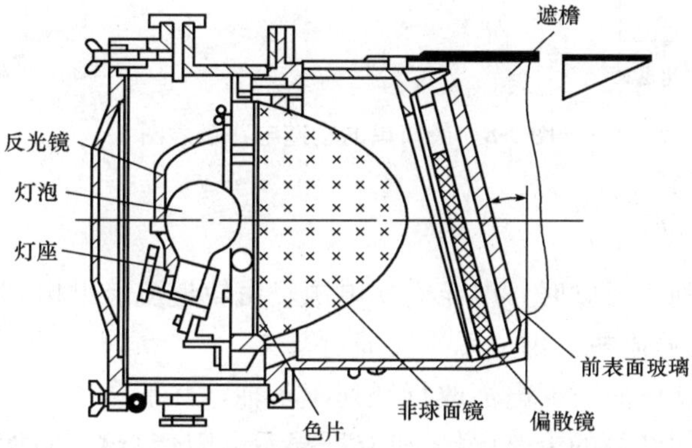

图 7-7　组合式色灯信号机示意图

组合式信号机克服了透镜式色灯信号机的缺点，光系统设计合理，光能利用率高，显示效果好，曲线折射性能强，偏散角度大，可见光分布均匀，能见度高，有利于司机瞭望。

3. LED 式色灯信号机

LED 式色灯信号机构大小同透镜式色灯信号机，机构采用铝合金材料，信号点灯单元由 LED 发光二极管构成。LED 铁路信号显示系统作为一种节能、免维护的新型光源系统已被成功运用。

LED 色灯信号机构组合灵活、安装简单，显示距离超过 1.5 km，且清晰可辨、安全可靠。通过监测控制系统的电流，可监督信号显示系统的工作状态，预警异常情况，有助于准确判断故障点，便于及时处理故障。

7.2.2 轨道电路

轨道电路是指由钢轨线路和钢轨绝缘构成的电路，用于自动、连续检测这段线路是否被机车车辆占用，也用于控制信号装置或转辙装置，以保证行车安全的设备。它用来监督铁路线路是否有车占用、线路是否完整以及将列车运行与信号显示等联系起来，即通过轨道电路向列车传递行车信息。轨道电路是铁路信号的重要基础设备，它的性能直接影响行车安全和运输效率。

1. 轨道电路的组成

轨道电路是指利用铁路的两根钢轨作为导体，两端加以绝缘，接上送电和受电设备所构成的电气回路。在直线段上，轨道电路主要由分界绝缘节、轨端接续线、轨道电源、限流电阻、轨道继电器等组成，如图 7-8 所示为最简单的轨道电路。

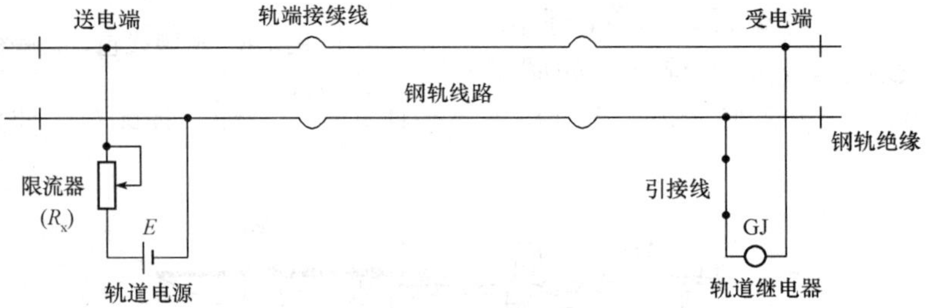

图 7-8 最简单的轨道电路示意图

2. 轨道电路的原理

当闭塞区间内无列车行驶时，电流会从电源经由轨道流经继电器，并使其激磁带动接点，接通绿灯的电路(号志机立即显示平安通行)。

当有列车驶入闭塞区间时，电流改行经列车车轴，并不会流经继电器，继电器因失去电流而失磁，接点接通红灯的电路(号志机立即显示险阻禁行)。假如轨道断裂，轨道电路因此阻断，造成继电器失磁，同样的号志机也会显示险阻禁行的信息，仍可保障列车行驶安全。当列车驶离整个区间时，继电器便会重新激磁，绿灯便会再次亮起，其他列车便可进入。

当设有轨道电路的某段线路上空闲时，轨道电路上的继电器有足够的电流通过，吸起被磁化的衔铁，闭合前接点，从而接通色灯信号机的绿灯电路，显示绿色灯光，表示前方线路空闲，允许机车车辆占用。当机车车辆进入该线路区段时，由于轮对电阻很小，所以轨道电路短路，继电器吸力减弱，释放衔铁，使之搭在后接点上，接通信号机的红灯电路，显示禁行信号。轨道电路的这一工作性能，能够防止列车追尾和冲突事故，确保行车安全。

3. 轨道电路的作用

(1)可以检查和监督股道是否有车占用，防止错误地办理进路、开放信号。

(2)可以检查和监督道岔区段有无机车车辆通过，防止在机车车辆经过道岔时扳动道岔。

(3)可以检查和监督轨道上的钢轨是否完整，当某一轨道电路区段的钢轨折断时，轨道继电器也将因无电而释放衔铁，防护这一段股道的信号机也就不能开放。

(4)为列车运行提供行车命令，还为列车运行自动控制系统直接提供控制列车运行所需要的前行列车位置、运行前方信号机状态和线路条件等有关信息，以决定列车运行的目标速度，控制列车在当前运行速度下是否停车或减速等。

4. 轨道电路的分类

(1)按结构可分为闭路式轨道电路和开路式轨道电路。

1)闭路式轨道电路：平时轨道继电器吸起，有车时轨道继电器落下，能检查轨道电路完整和设备状态，符合信号设备的"故障一安全"原则。

2)开路式轨道电路：平时轨道继电器落下(电路处在开路状态)，有车时轨道继电器吸起，不能检查轨道电路完整和设备状态，不符合信号设备的"故障一安全"原则，只能用在有特殊要求的场合，如道口出清、半自动到达等区段。

(2)按信号电流的种类分为直流轨道电路、交流轨道电路和脉冲轨道电路。

1)直流轨道电路：采用一次电池或蓄电池作为电源的轨道电路。这种轨道电路的特点是电源可靠，电路和元件结构简单，但电源维护工作量大，抗迷流干扰的能力差，受轨道电路电容性蓄电效应的影响时分流感受不好。因此，应用较少。

2)交流轨道电路：采用交流电作为电源的轨道电路。这种轨道电路的特点是电源波动的调整性能好，能在各种不同和复杂的条件下工作。因此，应用广泛。

3)脉冲轨道电路：向钢轨中发送按规定频率和编码的断续电流，接收端只有在收到这种规定的脉冲电流时，轨道继电器才动作的电路。这种轨道电路具有长度大、分路灵敏度高和能防止迷流干扰等优点。

(3)按设备安装位置可分为分散式电路和集中式电路。

1)分散式电路：主要设备都安放在现场轨道旁，如分散式移频轨道电路。分散式电路的特点是投资少，但是工作环境差、维修不方便，现已不再采用。

2)集中式电路：除信号机、轨道箱外，发送、接收等设备均安放在车站机械室内，(如移频、UM71 等)。因其主要设备放在室内，工作环境稳定、维修方便，而得到了广泛的推广。

(4)按分支轨道电路接受电端的多少可分为一送一受轨道电路和一送多受轨道电路。

1)一送一受轨道电路：在车站内有分支的钢轨线路上，只设有一个接收设备。其基本结构同交流轨道电路基本相同。

2)一送多受轨道电路：在车站内有分支的钢轨线路上，每个分支端都设有接收设备。这种电路同一送一受轨道电路相比，在线路的分支端有较高的分路灵敏度。由于使用的设备较多，一般只在衔接到发线的道岔区段轨道电路采用。

(5)按有无机械钢轨绝缘可分为有绝缘轨道电路和无绝缘轨道电路。

1)有绝缘轨道电路：目前，站内轨道电路和大部分区间轨道电路都是有绝缘的电路。

2)无绝缘轨道电路：主要运用在自动闭塞区间(如 UM71、ZPW200 移频等)和道口轨道电路(道口控制器)。

7.2.3 转辙机

转辙机是道岔控制系统的执行机构。其用于转换锁闭道岔尖轨或心轨，表示监督联锁区内道岔尖轨或心轨的位置和状态。

1. 转辙机的作用

转辙机用来可靠地转换道岔位置，改变道岔开通方向，锁闭道岔尖轨，反映道岔位置。转辙机是以动力带动转辙装置，实现正转或反转，从而使道岔具有两种不同的开通位置(开通直股或侧股)。

2. 转辙机的分类

(1)按动作能源和传动方式可分为电动转辙机和电动液压转辙机。

1)电动转辙机由电动机提供动力，采用机械传动方式。

2)电动液压转辙机由电动机提供动力，采用液压传动方式，简称电液转辙机。

(2)按供电电源种类可分为直流转辙机和交流转辙机。

1)直流转辙机采用直流电动机。

2)交流转辙机采用三相交流电源，电动机为三相异步电动机。交流电动机没有换向器和电刷，故障率低，单芯电缆控制距离远。

(3)按锁闭方式可分为内锁闭转辙机和外锁闭转辙机。

1)内锁闭转辙机锁闭机构设置在转辙机内部，尖轨通过锁闭杆与锁闭装置连接。

2)外锁闭转辙机依靠转辙机之外的锁闭装置直接锁闭密贴尖轨和基本轨，不仅锁闭可靠程度较高，而且列车过岔时对转辙机冲击小，有利于减少转辙机故障。

7.2.4 信号继电器

继电器是自动控制系统中常用的器件，它用于接通和断开电路，用来发布控制命令和反映设备状态，以构成自动控制和远程控制电路。铁路信号技术中广泛采用的继电器，称为信号继电器(在信号系统中，可简称继电器)，是铁路信号中的重要部件。继电器动作的可靠性直接影响到信号系统的可靠性和安全性。

1. 信号继电器的作用

信号继电器无论作为继电式信号系统的核心部件，还是作为电子式或计算机式信号系统的接口部件，都发挥着重要的作用。

(1)扩大控制范围。例如，多触点继电器控制信号达到某一定值时，可按触点组的不同形式，同时换接、开断、接通多路电路。

(2)放大。例如，灵敏型继电器、中间继电器等，用一个很微小的控制量，可以控制很大功率的电路。

(3)综合信号。例如，当多个控制信号按规定的形式输入多绕组继电器时，经过比较综合，达到预定的控制效果。

(4)自动、遥控、监测。例如，自动装置上的继电器与其他电器一起，可以组成程序控制线路，从而实现自动化运行。

2. 信号继电器的基本原理

图 7-9 所示为最简单的一种直流无极继电器结构。当电流通过线圈时，铁芯吸动衔铁，带动中簧片断开后接点而与前接点闭合；当电源切断后，铁芯失磁，衔铁因此自行释放，使中簧片断开前接点并和后接点闭合。

继电器的前、后接点及中簧片都接有引线片。当引线片用导线连在一个外部电路时，就可以达到控制这个外部电路的目的。

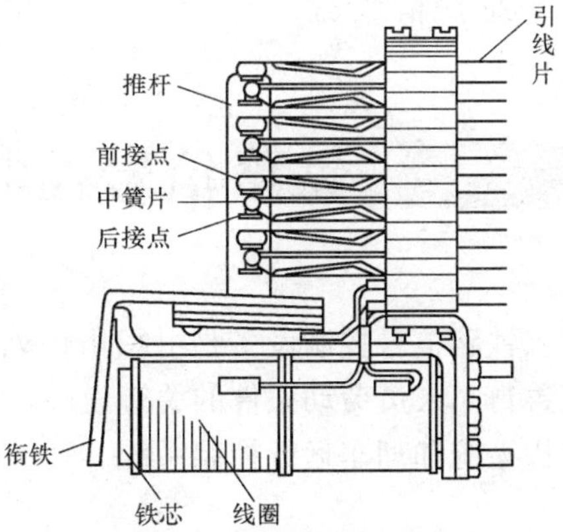

图 7-9 直流无极继电器结构

7.2.5 应答器

应答器是一种用于地面向列车信息传输的点式设备，既可以传送固定信息，也可以连接轨旁单元传送可变信息。主要用途是向列控车载设备提供可靠的地面固定信息和可变信息。

1. 应答器的工作原理

当车载天线接近应答器时，应答器的耦合线圈感应到 27 MHz 的磁场，能量接收电路将其转化为电能，从而建立起应答器工作所需的电源，应答器开始工作。

应答器设备向列控车载设备传送以下信息：

(1)线路基本参数：如线路坡度、轨道区段等参数。

(2)线路速度信息：如线路最大允许速度、列车最大允许速度。

(3)临时限速信息：当由于施工等原因列车的运行速度有所限制时，向列车提供临时限速信息。

(4)车站进路信息：根据车站接发车进路，向列车提供“线路坡度”“线路速度”“轨道区段”等参数。

(5)道岔信息：给出前方道岔侧向允许列车运行的速度。

(6)特殊定位信息：如升降弓、进出隧道、鸣笛、列车定位等。

(7)其他信息：固定障碍物信息、列车运行目标数据、链接数据等。

2. 应答器的分类

应答器分为无源应答器和有源应答器两大类。

(1)无源应答器。无源应答器存储固定信息，当列车经过无源应答器上方时，无源应答器接收到车载天线的供应商发射的电磁能量后，将其转换成电能，使地面应答器中的电子电路工作，把存储在地面应答器中的数据循环发送出去，直至电能消失(即车载天线已经离去)。无源应答器平常处于休眠状态。

(2)有源应答器。有源应答器通过电缆与地面电子单元(LEU)连接，可实时发送 LEU 传送的数据报文。当列车经过有源应答器上方时，有源应答器接收到车载天线发射的电磁能量后，将其转换成电能，使地面应答器中发射电路工作，将 LEU 传输给有源应答器的数据循环实时发送出去，直至电能消失(即车载天线已经离去)。有源应答器平常处于休眠状态。

7.3 铁路信号控制设备

铁路信号控制设备是组织指挥列车运行，保障行车安全，提高运输效率，传递信息，改善行车人员劳动条件的关键设施，大致可分为车站联锁设备、区间闭塞设备、运输调度指挥系统和列车运行控制系统。

7.3.1 车站联锁设备

7.3.1.1 联锁基础知识

1. 联锁的基本概念及原理

联锁是为了保证行车安全，通过技术方法，使进路、进路道岔和信号机之间按一定程序、一定条件建立起的既相互联系，而又相互制约的关系。联锁是铁路车站联锁的简称，是铁路信号设备的重要组成部分。

列车进站的进路，或出站的进路，都是由道岔的不同开通位置所确定的。因此，在进路入口处须有信号机。进站信号机防护的进路范围为一整条站线，出发信号机防护的进路是应去区间，调车信号机则只是道岔区。当进路上的道岔开通位置符合进路要求，进路的线路空闲，并未安排同一股道的敌对进路时，信号机才能开放，显示绿灯或黄灯；否则，信号机不能开放，即显示红灯，禁止列车进入。信号机开放后，进路上的道岔被锁在进路要求的位置；而敌对进路也必须锁闭，同时，敌对进路的信号机不开放，显示红灯。列车驶入进路后，防护这条进路的信号机立即关闭，显示红灯，不允许其他列车再驶入。这种信号机，进路空闲情况和进路道岔的联锁关系，成为保证列车和机车车辆在车站范围内的运行安全，以及有效地利用车站行车设备，提高车站通过能力的重要措施。

2. 联锁运行条件

(1)进路上的有关道岔开通位置不对或敌对信号机未关闭时，防护该进路的信号机不能开放。

(2)防护该进路的信号机开放后，该进路上的道岔即不能扳动，其敌对信号机均不能开放。

(3)主体信号机未开放时，预告信号机不能开放；正线上的出站信号机未开放时，进站信号机不能显示正线通过信号。

(4)列车或机车车辆驶入进路后，防护该进路的信号机立即关闭，禁止其他列车或机车车辆再驶入。

图 7-10 所示为一个会让站。若有一下行旅客列车从车站正线通过，必须保证下列条件：

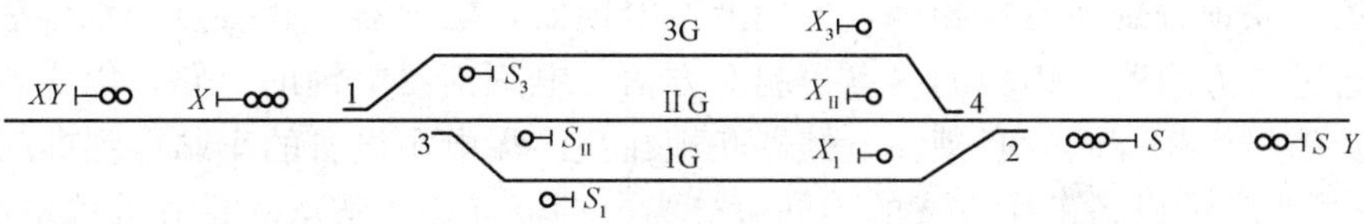

图 7-10 联锁举例

(1)在开放进站信号机之前，必须先使进路上的所有道岔 1、3、4、2 都开通到Ⅱ道的位置。

(2)在道岔开通后，出站信号机 $X_{Ⅱ}$、进站信号机 X 及预告信号机 XY 依次开放，显示正线通过信号。

(3)当进站信号机开放以后，这一进路上的所有道岔都被锁闭，不能动作。

(4)当进站信号机开放以后，相向进路信号机 S_1、$S_{Ⅱ}$、S_3、S 和 X_1 都被锁闭，不能再开放。

只有做到了以上几点，才能保证这一旅客列车安全通过车站。

3. 联锁设备及其分类

在铁路车站上，为了保证机车车辆和列车在进路上的安全，有效利用站内线路，高效率地指挥行车和调车，改善行车人员的劳动条件，利用机械、电气自动控制和远程控制、计算机等技术和设备，使车站范围内的信号机、进路和进路上的道岔相互具有制约关系。为完成联锁关系而安装的技术设备称为联锁设备。

车站联锁的发展至今已有 100 多年的历史，经历了机械联锁、电机联锁、电气联锁、电气集中联锁、计算机联锁的发展过程。

1843 年英国首先采用机械集中联锁；1887 年日本研制成功联锁箱设备；1904 年美国开始采用电气集中联锁；1929 年美国开始使用继电集中联锁。随着电子计算机的发展和普及，目前，有些国家已开始使用计算机联锁。目前，我国使用的联锁设备按操纵的方式可分为集中联锁和非集中联锁；按主要设备工作方式的不同可分为电锁器联锁、继电联锁和计算机联锁。

(1)按联锁设备操纵的方式可分为集中联锁和非集中联锁。

1)集中联锁：道岔集中在车站信号楼内操纵，常见的有机械集中联锁、电气集中联锁等。机械集中联锁是指道岔和信号机的操纵握柄集中在信号楼内，这些操纵握柄连有机械杆件，杆件间用锁簧实施联锁。电气集中联锁是通过信号楼内的控制台操纵车站内的色灯信号机和电动转辙机实现联锁和监督列车运行。机械集中联锁在 20 世纪 50 年代以后逐渐被电气集中联锁取代。

2)非集中联锁：道岔的操纵分散在各道岔旁进行，而信号机可集中操纵联锁。非集中联锁可分为联锁箱联锁和电锁器联锁。

①联锁箱联锁由一根随道岔尖轨动作的转辙杆和一根随信号机导线动作的信号杆组成。杆上刻有缺口，通过转辙杆和信号杆相互位置的变化，来模拟道岔和信号机的不同状态，实现道岔和信号机之间的联锁。由于导线控制距离短，受气温变化的影响大，经常需

要人工检查和调整，而且进路的空闲是依靠铁路规章来人为保障的。因此，这种联锁一般用于运量小、股道短和道岔数少的无电源设备的车站。

②电锁器联锁分别在道岔和信号握柄上设电锁器，电锁器上有接点分别代表道岔和信号位置。通过一方道岔电锁器的接点控制对方信号电磁锁器电锁的电路，以实现信号机和道岔间以及信号机相互间的联锁。电锁器联锁在我国无电源设备的车站得到推广使用。

(2)按主要联锁设备工作方式的不同可分为电锁器联锁、继电联锁和计算机联锁。

1)继电联锁是用电气方法通过信号楼内的控制台操纵车站内的色灯信号机和电动转辙机，使信号机、进路和道岔实现联锁并能监督列车运行和线路占用情况。在继电联锁中实现联锁的主要元件是继电器。20 世纪 50 年代以后，继电联锁都采用电磁继电器，以逻辑电路实现联锁，全站的信号机和道岔可由一个信号楼集中控制。

2)计算机联锁：铁路方面的计算机联锁是保证车站内列车和调车作业安全，提高车站通过能力的一种信号设备。利用计算机对车站作业人员的操作命令及现场设备状态表示的信息进行逻辑运算，从而实现对信号机及道岔、进路等进行集中控制，使其达到相互制约，以保证行车安全的车站联锁设备，即微机集中联锁。

7.3.1.2 6502 电气集中联锁

6502 在铁路信号专业中指电气集中联锁，其含义是将道岔、进路和信号机用电气方式集中控制与监督，并实现它们之间联锁关系的技术方法和设备称为电气集中联锁。6502 电气集中是我国目前应用最普通的一种继电式电气集中联锁。

1.6502 电气集中联锁的主要技术特征

(1)6502 电气集中是组合式电路，即按道岔、信号机和轨道电路区段为基本单元设计成定型的单元电路，简称组合。将各种组合按站场形状拼装起来即成为组合式电路。6502 电气集中几乎是用定型组合拼成的，只需设计少量零散电路。

(2)6502 电气集中采用双按钮选路方式，只需按压两个进路按钮，就能转换道岔、开放信号，而且无论进路中有多少组道岔均能一次转换，操作较简便。

(3)6502 电气集中采用分段解锁方式。它把进路分为若干段，采用多次分段解锁的方式，即列车或调车车列出清一段解锁一段，以提高车站作业效率。

2.6502 电气集中联锁的设备组成

6502 电气集中联锁设备主要由室内和室外两部分组成。室内设有控制台、区段人工解锁按钮盘、继电器组合及组合架、电源屏、分线盘等设备；室外设有色灯信号机、电动转辙机、轨道电路、电缆线路及电缆连接箱盒等设备，如图 7-11 所示。

3.6502 电气集中联锁的基本工作原理

6502 电气集中联锁的工作顺序是：先选择进路，再锁闭进路，然后开放信号，最后是解锁进路。

6502 电气集中联锁工作分为选择组电路和执行组电路两大部分。

(1)选择组电路由记录电路和选路电路组成，主要用来记录车站值班员按压按钮的动作，按要求自动选通所需进路，并将操作意图传给执行组电路。

(2)执行组电路包括检查道岔位置正确、轨道电路区段空闲且锁闭、敌对进路未建立

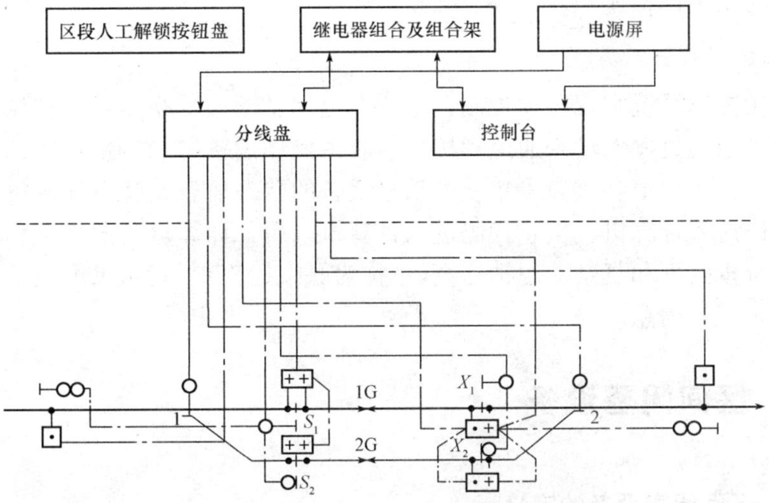

图 7-11　6502 电气集中联锁的设备组成

且锁闭在未建立状态，都由执行组网状电路完成。经检查联锁关系正确后，锁闭进路，开放信号。各种解锁条件的检查也通过网状电路进行。

7.3.1.3　计算机联锁

计算机联锁是利用计算机对车站作业人员的操作命令及现场表示的信息进行逻辑运算，从而实现对信号机及道岔等进行集中控制，使其达到相互制约的车站联锁设备。计算机联锁是目前最先进的车站联锁设备，具有运作速度快，信息量大，操作方便，安全性高，设备体积小、重量轻，便于调试和维修的特点，提高了自动化程度和作业效率。

1. 计算机联锁的设备组成

计算机联锁系统由硬件设备和软件设备构成。

(1)硬件设备包括联锁计算机(完成联锁功能和显示功能)、安全检验计算机(用以检验联锁计算机的运行情况，发现故障可导向安全)、彩色监视器、微型集中操纵台、安全继电输入输出接口柜、计算机联锁专用电源屏以及现场信号机、转辙机、轨道电路等室外设备，如图 7-12 所示。

(2)软件设备是实现进路、信号机和道岔相互制约的核心部分，其由两部分组成：一是参与联锁运算的车站数据库；二是进行联锁逻辑运算，完成联锁功能的应用程序。车站数据库包括车站赋值表、车站联锁表、按钮进路表、车站显示数据等。应用程序由多个程序模块组成，即系统管理程序模块、时钟中断管理程序模块、表示信息采集及信息处理程序模块、操作命令输入及分析程序模块、选路及转岔程序模块、信号开放程序模块、解锁程序模块和站

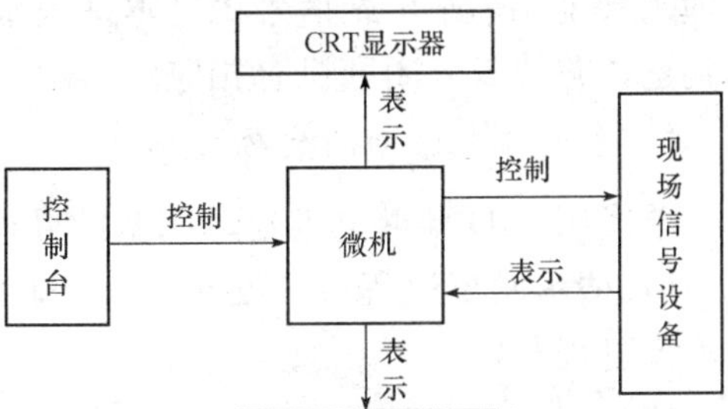

图 7-12　计算机联锁系统硬件设备组成

场彩色监视器显示程序模块等。

2. 计算机联锁的基本原理

计算机联锁控制系统实现联锁控制，主要经过信息输入、联锁运算和信息输出三个环节。计算机一方面通过操作输入通道和接口接收由操作设备(控制台)产生的操作信息；另一方面通过状态输入通道和接口采集室外信号设备的状态信息。将上述两种开关量的动作变为二进制代码送入计算机；信息代码进入计算机以后，计算机按照联锁程序的要求对输入的信息进行分析处理和复杂的逻辑运算(也称为联锁运算)，其结果形成了对信号设备的控制信息和各种表示信息。

7.3.2 区间闭塞设备

7.3.2.1 区间闭塞设备的定义

在长长的铁路线上，为了保证行车安全和必要的线路通过能力，需要把每一条铁路划分成若干个长短不一的段落，一般为 10 km 左右，段落与段落之间设置一个车站。每一个段落就称为区间。

闭塞是铁路上防止列车对撞或追撞(追尾)的方式，是铁路上保障安全的一个较主要的方法。保证一个区间或闭塞分区在同一时间内只能运行一个列车的设备称为闭塞设备。

我国铁路现行的基本闭塞设备分为半自动闭塞和自动闭塞。

7.3.2.2 半自动闭塞

半自动闭塞是通过装在两个相邻车站的闭塞机、出站信号机及专用轨道电路所构成的一种闭塞设备。我国的半自动闭塞设备单线用 64D 型。

1. 单线用 64D 型的组成

单线用 64D 型区间两端车站各设一台闭塞机，一段长度不少于 25 m 的专用轨道电路，以及出站信号机。三者之间以及两站的闭塞机之间都有电气锁闭关系，如图 7-13 所示。闭塞机包括两部分：一是操纵箱；二是续电器箱。操纵箱上有闭塞按钮 BSA、接车表示灯 JBD、发车表示灯 FBD、事故按钮 SGA 和计数器 JSQ 等，供车站值班员了解区间情况和办理闭塞用。车站出站信号机受本站闭塞机控制。专用轨道电路的作用为监督列车的出发和到达，并使双方闭塞机有相应的表示。

2. 单线用 64D 型的工作程序

单线用 64D 型继电半自动闭塞的办理过程如下：

(1)请示发车过程——发车站按下闭塞按钮，两站分别点亮发车和接车方向的黄灯，表示该过程开始。

(2)同意接车过程——接车站按一下闭塞按钮，两站分别点亮发车和接车方向的绿灯，表示该发车站已确定。

(3)列车出发过程——两站分别点亮发和接方向一个红灯，表示列车已经出发，闭塞机已完全成为“闭塞状态”。

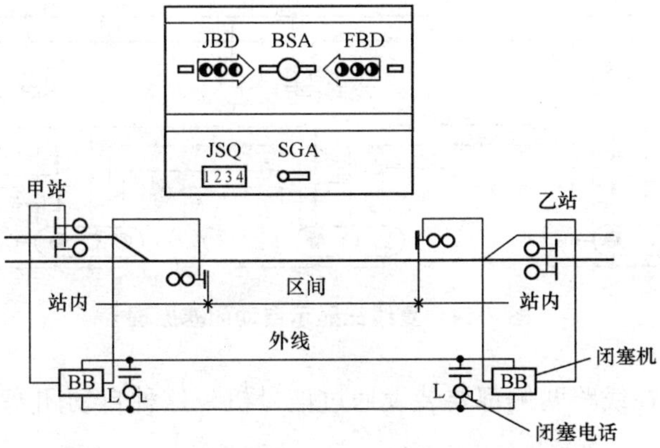

图 7-13　单线用 64D 型半自动闭塞组成

(4)列车到达接车站过程——接车站又增加点亮发车方向的红灯，同时两个红灯亮灯，表示列车已到达。

(5)请求复原过程——接车站值班站长确认列车已完整到达后，按一下闭塞按钮，红灯熄灭，表示闭塞机已恢复至平时的“开通状态”。

7.3.2.3　自动闭塞

通过列车运行及闭塞分区的情况，通过色灯信号机可以自动变换显示，列车凭信号机的显示行车，这种闭塞方法完全是自动控制进行的，不需要人工操纵，故称为自动闭塞。自动闭塞是由运行中的列车自动完成闭塞任务的一种设备。车辆进入或离开区间将自动连锁控制色灯信号机的状态。

1. 自动闭塞的优点

(1)由于划分成闭塞分区，可用最小运行间隔时间开行追踪列车，从而大大提高区间通过能力。

(2)整个区间装设了连续的轨道电路，可以自动检查轨道的完整性，提高了行车安全的程度。

(3)办理发车进路时自动办理闭塞手续，自动变换信号显示和自动闭塞恢复。

2. 自动闭塞的工作原理

自动闭塞的工作原理是将轨道信息通过钢轨传送到动车组的车载系统，通过信号机红、黄、绿三种显示方式，预告列车运行前方两个闭塞分区的空闲状态。红灯表示分区正被占用，要求列车停车，暂时不得越过(2 分钟后可低速度运行)；黄灯表示前方有一个闭塞分区空闲，要求列车注意运行；绿灯表示前方至少有两个分区空闲，指示列车可按规定的最高速度运行。图 7-14 所示为复线三显示自动闭塞的基本原理图。

3. 自动闭塞的分类

(1)按行车组织方法可分为单线双向自动闭塞、双线单向自动闭塞和双线双向自动闭塞三种。

1)单线双向自动闭塞：在单线区段，既要运行上行列车又要运行下行列车。为了调整

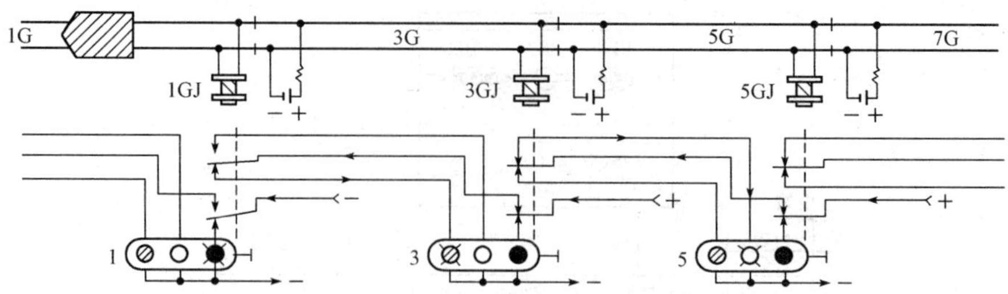

图 7-14　复线三显示自动闭塞原理

双方向列车的运行，在线路两侧都要装设通过信号机，这种自动闭塞称为单线双向自动闭塞，如图 7-15 所示。

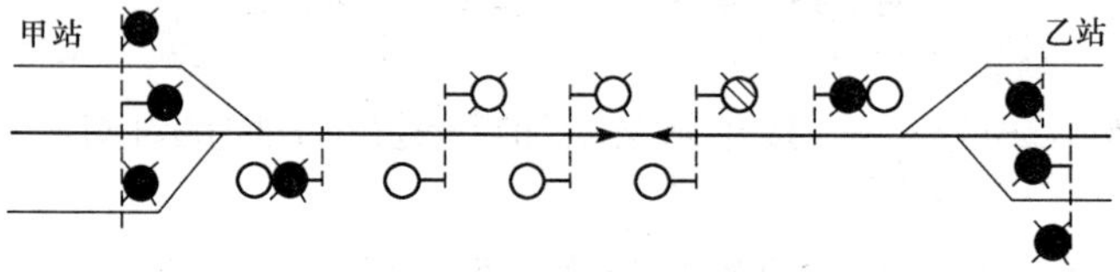

图 7-15　单线双向自动闭塞

2)双线单向自动闭塞：在双线区段，多采用列车单方向运行的方式，即一条线路只允许上行列车运行，而另一条线路只允许下行列车运行。为此，对于每条线路仅在一侧设通过信号机，这样的自动闭塞称为双线单向自动闭塞，如图 7-16 所示。

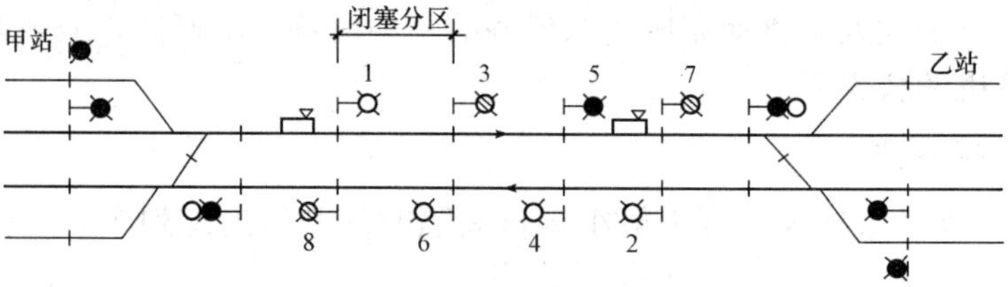

图 7-16　双线单向自动闭塞

3)双线双向自动闭塞：为了充分发挥铁路线路的运输能力，在双线区段的每条线路上都能双方向运行列车，这样的自动闭塞称为双线双向自动闭塞，如图 7-17 所示。

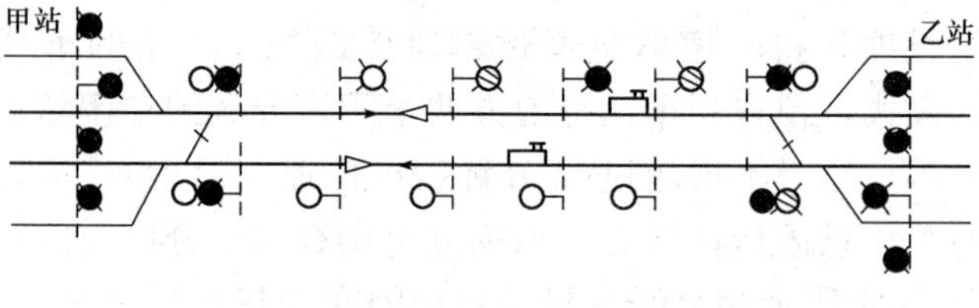

图 7-17　双线双向自动闭塞

(2)按通过信号机的显示制式可分为三显示自动闭塞和四显示自动闭塞。

1)三显示自动闭塞是指区间通过信号机显示红、黄、绿三种信号的自动闭塞。三显示自动闭塞在提速区段中的缺陷分析：在旅客列车速度不超过、货物列车重量不超过的客货列车混跑线路上，各种列车制动距离相差不大，采用三显示自动闭塞能够满足运输组织和列车安全的要求。然而，在繁忙的提速线路上，列车速度不断提高，行车密度不断加大，不同速度的列车制动距离也相差悬殊，三显示自动闭塞已显现出不能适应提速发展的需要。

2)四显示自动闭塞要求高速列车按规定速度越过黄、绿显示的通过信号机后必须减速，保证能在显示红灯的信号机前停车，如图 7-18 所示。而对于低速运行的列车，越过黄、绿显示的通过信号机时则不必减速。实际上对于低速列车来说，黄、绿显示的意义相当于绿灯显示，而对于高速列车来说，是将两个闭塞分区作为一个制动距离来对待的，将黄、绿显示视为注意信号，在越过黄、绿灯后准备在红灯前停车。这样可以解决线路上以不同速度运行的列车的行车要求。

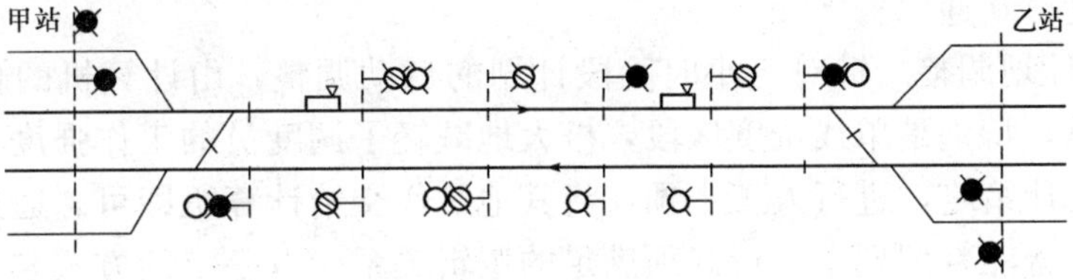

图 7-18　四显示自动闭塞

(3)按是否设置轨道绝缘分为有绝缘自动闭塞和无绝缘自动闭塞。传统的自动闭塞在闭塞分区分界处均设有钢轨绝缘，以分割各闭塞分区。但钢轨绝缘的设置不利于线路向长钢轨、无缝化发展，钢轨绝缘损坏率高，影响了设备的稳定工作，且增加了维修工作量和费用。尤其是电气化区段，牵引电流为了通过钢轨绝缘，必须安装扼流变压器，缺点更为显著，于是出现了无绝缘自动闭塞。无绝缘自动闭塞以无绝缘轨道电路为基础，采用电气绝缘节。无绝缘轨道电路具有许多优点，尤其在电气化区段和无缝线路方面更为突出，因此，今后应发展采用无绝缘轨道电路的自动闭塞。

7.3.3　运输调度指挥系统

铁路运输调度指挥系统是指为满足铁路运输调度指挥的要求，利用自动控制技术、远程控制技术和信息技术等，通过对铁路车站信号设备、区间信号设备等进行远程控制和监测，从而对一定地域范围内运行的全部列车进行集中监视、实时控制和管理的设备。铁路运输指挥系统从功能上可分为列车调度指挥系统(TDCS)和调度集中系统(CTC)两类。

7.3.3.1　列车调度指挥系统(TDCS)

铁路列车调度指挥系统(Train Operation Dispatching Command System，TDCS)是覆盖全路的调度指挥管理系统，其能及时、准确地为全路各级调度指挥管理人员提供现代化的调度指挥管理手段和平台。

1. TDCS 系统的特点

(1)无纸化的调度办公。列车行车调度指挥延续多年的一张图，一支笔，一把尺，一块橡皮的工作模式将被现代化的 TDCS 行调子系统替代，调度员通过简单地单击鼠标即可实现运行线的自动铺画、调整、下达阶段计划和调度命令等操作。列车运行的到发点由系统自动采集实际运行线自动生成。每班的运行图可打印输出。

(2)程序化流程管理。通过详细描述列车调度工作中的设备、规则、方式、流程等条件，由程序智能控制作业流程，规范作业过程管理。

(3)智能化安全检测。强大的防火墙系统和入侵检测系统保证了 TDCS 系统作为行车设备的高度安全性，防止黑客的非法入侵和病毒的侵入。

(4)网络化信息交换。调度员和车站值班员的信息交换全部采用网络传输，替代了原有的电话交流模式，包括计划的下达、到发点的上报、调度命令的下达等信息。采用电话下达的方式，一方面工作强度大；另一方面容易造成误报、错报的情况，网络下达高速、准确，很受调度员欢迎。

(5)自动化计划调整。针对三小时阶段计划的自动调整，由计算机的自动调整替代调度员的人工调整，特别是单线调度区段，极大地减轻了调度员的工作强度。调度员只要把握住几个重点会让策略，进行人工干预，将其他工作交给计算机即可。通过系统自动调整列车会让计划、智能判别列车运行必须满足的逻辑关系，以一定的方式与车站的信、联设备连接，实现对车站设备的直接自动控制，满足调度集中或半集中的需要。

(6)无声化调度指挥。有了 TDCS 系统后，调度员可通过计算机网络来下达和获取相关的信息，实现信息的共享，不再依靠电话的联系，调度所将变得安静，改善了调度人员的工作环境。

(7)集中化调度控制。在调度集中区段，TDCS 系统可以做到几百公里之外的车站全部由调度所来集中控制，调度员在调度台上便可直接控制车站的联锁设备，进行远程作业，可做到车站的无人值守，配以计算机辅助调度，可以实现按图排路，使整个运输调度工作跨上一个新台阶。

2. TDCS 系统的组成

TDCS 系统是个全路联网的调度指挥系统，它由部中心 TDCS 系统、铁路局 TDCS 系统、车站系统三层机构有机地组成，如图 7-19 所示。它采用数字化、网络化、信息化技术，是对传统调度指挥模式的革命性突破，极大地减轻了调度员的劳动强度，提高了运输生产的效率。在 TDCS 系统基础上建设调度集中，是铁路跨越式发展的必经之路，所以，TDCS 系统为铁路调度实现现代化打下了坚实的基础。

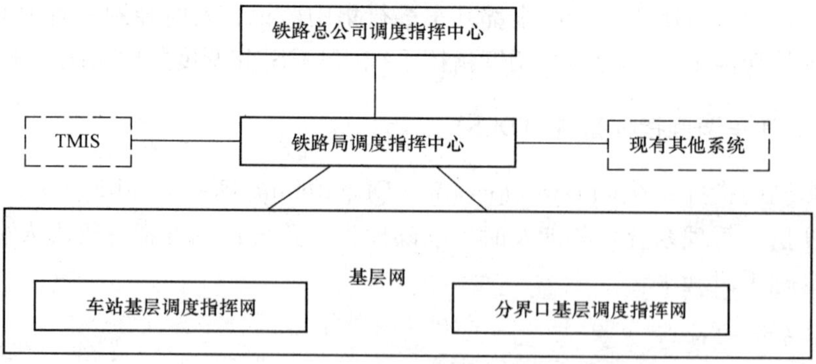

图 7-19 TDCS 系统的组成

3. TDCS 系统的功能

TDCS系统的重点在直接指挥车站的路局 TDCS 系统一层，路局 TDCS 实现对全路局的行车进行实时、集中、透明指挥，用自动化的手段调整运输方案，通过计算机网络下达行车计划和调度命令，实现自动报点和车次号自动跟踪。改变过去车站值班员用电话向调度员人工报点、调度员用电话向车站下达计划和命令、车站手抄再复诵的落后方式，列车实际运行图自动绘制、自动过表，车站行车日志自动生成。这些都大大减轻了行车调度员和车站值班员的工作强度。TDCS 工程建成后，优化了运输调度指挥管理手段，提高了调度管理水平和运输效率。

7.3.3.2 调度集中系统(CTC)

调度集中系统是铁路部门为了在车站联锁及区间自动闭塞基础上进一步保证列车运行安全并提高运输效率的一种比较先进而有效的技术装备。

1. CTC 系统的定义

调度集中系统(Centralized Traffic Control，CTC)是运用远动技术，结合铁路运输而构成的遥控、遥信系统。在调度室内的控制台上，有模拟现场各个车站与区间状态的表示装置(例如，可以发光的线条和表示灯)，通过这些表示装置，调度员可以对区间及车站的各个分区及股道是否被占用、道岔的位置、信号机的状态进行充分的了解，并对任何一个车站的设备状态进行直接指挥和管理。

调度集中系统提高了区间和枢纽的通过能力，提高了列车运行速度，改善了对列车的管理，提高了列车运行的准点率，提高了劳动生产率，并使列车运行更加安全。

2. CTC 系统的结构

调度集中系统(CTC)的结构包括铁路局调度中心及车站调度集中分机系统两个层次。其结构框图，如图 7-20 所示。

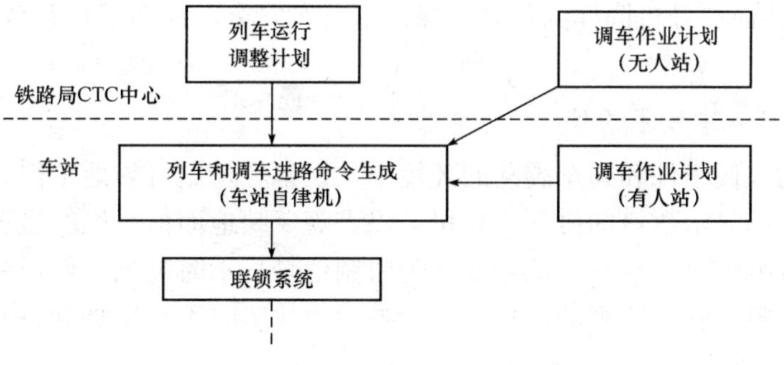

图 7-20 调度集中系统(CTC)结构框图

3. CTC 系统的主要功能

(1)列车运行计划计算机管理和辅助编制，列车运行计划自动、人工调整及自动下达。

(2)调车作业计划计算机管理和辅助编制、调车作业计划自动下达、调车作业通知单自动生成。

(3)系统依据列车运行计划、《铁路技术管理规程》《铁路行车组织规则》《铁路车站行车工作细则》等规定，以及相关联锁技术条件对列车、调车作业进行分散自律安全控制。

(4)调度命令自动下达。

(5)调度命令调车作业通知单、行车凭证和路票等不停车交付。

(6)接车进路信息自动预告。

(7)车次号自动追踪、列车到发点自动采集。

(8)列车实际运行图自动描制。

(9)行车日志自动生成。

(10)邻站行车信息透明监视。

(11)邻站运行图透明监视。

(12)设备状态监视、历史信息再现、操作事件记录。

7.3.4　列车运行控制系统

铁路列车运行控制系统是根据列车在铁路线路上运行的客观条件和实际情况，对列车运行速度及制动方式等状态进行监督、控制和调整的技术装备。它是利用地面发送设备向运行中的列车传送各种信息，使司机了解地面线路状态并控制列车速度的设备，不仅要保证行车安全，同时也要保证行车效率。

列车运行控制系统包括机车信号、自动停车装置以及列车速度控制和列车运行监控记录装置等系统。

7.3.4.1　机车信号

机车信号是铁路信号机向司机发出各种信号，报告线路和道岔情况，帮助司机安全正点地运行。信号机由于装在地面上，在雨雪、风沙、大雾迷茫等恶劣气候条件下，地面信号很容易看不清。为了解决这个问题，人们研制出了机车信号机，将它安装在机车司机室内，既能显示和地面信号机同样的信号，保证了行车安全，提高了运行效率，也改善了司机的工作条件。

1. 机车信号的基本技术条件

(1)在规定的气候条件和列车震动的环境中，设备应稳定可靠地工作。

(2)应装有足够显示数目的机车信号机，以直观反映地面信号机的显示。

(3)配合有音响信号，在机车信号变换为限制信号显示时鸣响，使司机更加注意。

(4)能满足故障—安全原则的要求，在设备发生故障时不应出现允许行车的信号显示，并在机车信号设备停止使用时有所表示。

(5)设备应安装在规定的限界范围以内。

2. 机车信号的分类

按照机车接收地面信息的方式，机车信号分为连续式和接近连续式两种类型。

(1)连续式机车信号没有距离限制，只要列车在轨道上行驶，被机车第一轮对短路的轨道信号电流就会在钢轨周围产生磁场。装在机车上的感应器接收到信号，经过解码使机车信号机不断地显示与前方地面信号机相同的信号。

(2)接近连续式多用于非自动闭塞区段。在进站信号机外方制动距离附近的固定地点设置发送设备，并从固定地点到进站信号机之间加装一段轨道电路。从列车最前面的车轮轧在轨道电路上时起，发送装置就连续不断地向机车上传送地面信号的信息，使机车信号机连续复示进站信号机的显示。

3. 通用机车信号系统

我国在全面总结通用式机车信号运用经验的基础上，对通用式机车信号进行了大量的技术改进，研制出新一代 JT1-CZ2000 型机车信号。

JT1-CZ2000 型主体化机车信号，采用多项先进技术和系统化的安全设计方案，满足铁路信号故障一安全原则，具有数据记录功能，在地面信号具备条件时可作为主体化机车信号应用。它是目前机车信号设备中安全性、可用性、可靠性最完善和最先进的一种，是具备机车信号主体化条件的车载设备。JT1-CZ2000 型主体化机车信号的多制式并行接收处理、动态控制安全点灯电源、双路线圈同时接收、系统冗余结构、记录信号原始波形、地面数据处理软件等技术具有创新性。

JT1-CZ2000 型主体化机车信号车载系统由主体化机车信号主机(含机车信号记录器)、机车信号带电源接线盒、机车信号双路接收线圈、机车信号显示器(双面 8 色灯 LED 式)构成，如图 7-21 所示。

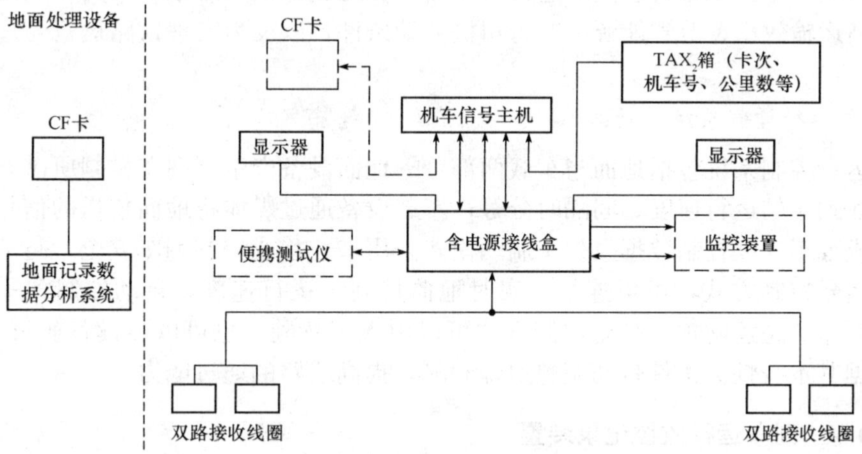

图 7-21 JT1-CZ2000 主体化机车信号车载系统构成框图

7.3.4.2 自动停车装置

自动停车装置对于行车安全起到了很重要的作用。机车自动停车装置可与机车信号结合使用，也可单独使用。装设机车信号同时装设自动停车装置的机车，当使用机车信号时，自动停车装置部分应自动转为工作状态。

自动停车装置的关键部件是电磁控制的紧急制动放风阀，统称电空阀。电控阀的输入端接收来自机车信号设备停车信息的电信号；输出端控制列车风管的放风阀门。

在列车自动停车后，机车司机必须办理解锁，方能继续运行。

7.3.4.3 列车速度控制系统

随着铁路运输的发展，在列车运行速度和密度不断提高的情况下，保证运输安全的问题越来越突出，必须发展和完善列车速度控制系统。

1. 列车速度控制系统的分类

列车速度控制系统可分为列车超速防护系统、列车自动减速系统和列车自动运行系统。

(1)列车超速防护系统。列车超速防护系统用来防止列车超速、相撞及其他列车行驶时可能出现的危险情况。系统会通过路轨把最高安全速度限制信号传送至列车，并持续将列车的实际速度与最高安全速度做比较，如列车实际速度超过最高安全速度，系统便会指令列车做紧急制动，以避免列车超速。同时系统也会确保列车在紧急制动时，前方有足够未占用的路段让列车停下而不致相撞。

(2)列车自动减速系统。当列车实际运行速度超过限制速度时，设备自动实施常用制动使列车运行速度自动降低，当列车运行速度降低到低于限制速度一定值后，制动机自动缓解，列车继续运行。

(3)列车自动运行系统。列车自动运行系统是指根据列车在铁路线路上运行的客观条件和实际情况，对列车运行速度等进行自动监督、控制和调整的系统。其作用是保证行车安全、提高运输效率、节省能源、改善司机劳动条件，以及为实现铁路运营管理自动化创造条件。

2. 列车运行控制系统的功能

列车运行控制系统包括地面与车载两部分。地面设备产生出列车控制所需要的全部基础数据，如列车的运行速度、间隔时分等；车载设备通过媒体将地面传送的信号进行信息处理，形成列车速度控制数据及列车制动模式，用来监督或控制列车安全运行。系统改变了传统的信号控制方式，可以连续、实时地监督列车运行速度，自动控制列车的制动系统，实现列车的超速防护。列车控制方式可以由人工驾驶，也可以由设备实行自动控制，使列车根据其本身性能条件自动调整追踪间隔，提高线路的通过能力。

7.3.4.4 列车运行监控记录装置

列车运行监控记录装置简称监控装置，是我国铁路研制的以保证列车运行安全为主要目的的列车速度监控装置。该装置在实现列车速度安全控制的同时，采集记录与列车安全运行有关的各种机车运行状态信息，促进了机车运行管理的自动化。监控装置以轨道电路及机车信号作为列车运行指令信息源，以预置于主机的方式获取运行线路参数信息，采用计算机智能处理对列车运行速度进行安全监控。

LKJ-2000 型列车运行监控记录装置是国内新一代列车超速防护设备。它能准确地记录列车运行状况、信号设备状况及乘务员操纵状况，并采用双机热备冗余工作方式，工作性能更加可靠；装置的屏幕显示器以图形、曲线、文字等方式来显示前方线路状况、运行情况等信息。

1. LKJ-2000 型监控装置的特点

(1)车载存储线路数据。

(2)采用连续平滑速度模式曲线控制。

(3)实时计算取得速度控制值。

(4)主要控制过程全部采用计算机实现。

(5)提高可靠性设计。

(6)提高安全性设计。

(7)采用图形化屏幕显示器。

2. LKJ-2000 型监控装置的构成

监控装置由一个安装在机车机械间的主机和分设于前后两端司机室的显示器组成。装置的基本控制和记录功能由主机实现，显示器完成运行提示及实现司机操作的人-机对话。

LKJ-2000 型列车运行监控记录装置基本组成单元是一个主机箱和两个显示器。它的速度信息来自光电式速度传感器，机车信号信息来自通用式机车信号，压力监测除监测列车管压力外，还监测机车制动缸的压力及均衡风缸压力，压力传感器可采用 TQG14 型机车压力变送器，指针式速度指示可采用 ZL 型或 EGZ3/8 型双针速度表。

3. LKJ-2000 型监控装置的主要功能

(1)监控功能。

1)防止列车越过关闭的地面信号机。

2)防止列车超过线路(或道岔)允许速度及机车、车辆允许的构造速度。

3)防止机车以高于规定的限制速度进行调车作业。

4)在列车停车情况下，防止列车溜逸。

5)可按列车运行指示要求控制列车不超过临时限速。

(2)记录功能。

1)开/关机时相关参数记录。

2)乘务员输入参数(或 IC 卡输入)记录。

3)运行参数记录。

4)事故状态记录。

5)插件故障记录。

(3)显示功能(以数字或图形方式显示)。

1)显示列车运行的实际速度及限制速度(或目标速度)。

2)显示距前方信号机距离及前方信号机种类。

3)显示运行线路状况。

4)显示机车优化操纵曲线。

5)其他运行参数的显示。

(4)地面分析功能。将车载记录的列车运行数据经过翻译、整理，以直观的全程记录、运行曲线、各种报表等形式再现列车运行全过程，为机务的现代化管理及事故分析提供强有力的工具。

7.3.4.5 CTCS 系统

为适应铁路跨越式发展战略，实现对列车间隔和速度的自动控制，进一步提高运输效率，保障行车安全，2003年，原铁道部组织信号控制专家组成专家组，参照欧洲列车运行控制系统(简称ETCS)制定了我国列车控制系统(CTCS)技术标准，即CTCS技术规范总则(暂行)。CTCS是我国列车运行控制系统(Chinese Train Control System)英文首字母的缩写。

1. CTCS系统的特点

(1)开放性。CTCS技术规范是得到欧洲联盟和国际铁路联盟承认的标准，所有CTCS的设备供应商都可以按照该标准来生产CTCS设备。

(2)互可操作性与互用性。由于所有CTCS设备均按照统一的技术规范生产，所以，不同厂家的设备可以很好地组合甚至互换使用，互联互通非常方便。

(3)兼容性。CTCS系统中5个应用等级的机车，尽管其车载设备不同，但机车可在不同等级的线路上互通运营。

(4)可升级性。CTCS的低等级系统在原有设备的基础上，通过增加一些新的设备(模块)就能方便地升级到更高的等级，原有的列控车载设备可以在高等级的系统中继续使用。

2. CTCS系统的组成

我国列车运行控制系统(CTCS)有两个子系统，即地面子系统和车载子系统。

(1)地面子系统。地面子系统由应答器、轨道电路、无线通信网络(GSM-R)、列车控制中心(TCC)/无线闭塞中心(RBC)组成。其中，无线通信网络不属于CTCS设备，但其是重要组成部分。

1)应答器是一种能向车载子系统发送报文信息的传输设备，既可以传送固定信息，也可连接轨旁单元传送可变信息。

2)轨道电路具有轨道占用检查、沿轨道连续传送地车信息功能，应采用UM系列轨道电路或数字轨道电路。

3)无线通信网络(GSM-R)是用于车载子系统和列车控制中心进行双向信息传输的车地通信系统。

4)列车控制中心是基于安全计算机的控制系统，它根据地面子系统或来自外部地面系统的信息，如轨道占用信息、联锁状态等产生列车行车许可命令，并通过车地信息传输系统传输给车载子系统，保证列车控制中心管辖内列车的运行安全。

(2)车载子系统由CTCS车载设备和无线系统车载模块两部分组成。

1)CTCS车载设备是基于计算机安全的控制系统，通过与地面子系统交换信息来控制列车运行。

2)无线系统车载模块用于车载子系统和列车控制中心进行双向信息交换。

3. CTCS系统的基本功能

(1)安全防护。安全防护包括：防止列车超速运行；防止列车超过进路允许速度；防止列车超过线路结构规定的速度；防止列车超过机车车辆构造速度；防止列车超过临时限速及紧急限速；防止列车超过铁路有关运行设备的限速；防止列车溜逸。

(2)人机界面。人机界面以字符、数字及图形等方式显示列车运行速度、允许速度、目标速度和目标距离。其可以实时给出列车超速、制动、允许缓解等表示以及设备故障状态的报警。人机界面具有标准的列车数据输入界面，可根据运营和安全控制要求对输入数据进行有效性检查。

(3)检测功能。检测功能包括开机自检功能和运行中动态检查功能，能够记录设备的关键数据以及关键动作，并提供监测接口。

4. CTCS 系统的应用等级

CTCS 根据功能要求和设备配置划分应用等级，分为 0～4 级。

(1)CTCS 应用等级 0：由通用机车信号＋列车运行监控装置组成，为既有系统。

(2)CTCS 应用等级 1：由主体机车信号＋安全型运行监控记录装置组成，点式信息作为连续信息的补充，可实现点连式超速防护功能。

(3)CTCS 应用等级 2：是基于轨道传输信息并采用车—地一体化系统设计的列车运行控制系统。可实现行指—联锁—列控一体化、区间—车站一体化、通信—信号一体化和机电一体化。

(4)CTCS 应用等级 3：是基于无线传输信息并采用轨道电路等方式检查列车占用的列车运行控制系统。点式设备主要传送定位信息。

(5)CTCS 应用等级 4：是完全基于无线传输信息的列车运行控制系统。地面可取消轨道电路，由 RBC 和车载验证系统共同完成列车定位和完整性检查，实现虚拟闭塞或移动闭塞。

7.4 铁路通信

铁路通信是指在铁路运输生产和建设中，利用各种通信方式进行各种信息传送和处理的技术与设备。铁路通信是以运输生产为重点，主要功能是实现行车和机车车辆作业的统一调度与指挥。但因铁路线路分散、支叉繁多、业务种类多样化，组成统一通信的难度较大。为指挥运行中的列车，必须使用无线通信，因此，铁路通信必须是有线和无线相结合，采用多种通信方式。

7.4.1 铁路通信的分类

1. 按通达地区和范围分类

铁路通信按通达地区和范围可分为铁路长途通信、铁路地区通信、铁路区段通信和铁路站内通信。

(1)铁路长途通信。铁路长途通信是经过长途传输设备连接的铁路电话、电报和数据通信，使用人工交换机和长途自动交换机，存储程序控制电子交换机也用于长途交换。

(2)铁路地区通信。铁路地区通信为同一地区的铁路系统用户间的通信，主要是采用电话通信，通过长途交换设备可接长途通信网，设置市话中继线可接入市话系统。地区通信一般使用电缆传输，将广泛采用存储程序控制数字交换机。

(3)铁路区段通信。铁路区段通信是铁路沿线各部门用于指挥、调度、行车、管理等公务的专用通信系统，包括调度电话、站间行车电话、基层业务电话、区间电话和列车预报确报电报等。

(4)铁路站内通信。铁路站内通信用于铁路站场各种作业指挥和生产联系，采用站场有线电话、站场无线电话、站内电报和电视，以及站场扩音和信息控制。

2. 按通信的业务性质分类

按通信的业务性质可分为铁路公用通信和专用通信。

(1)铁路公用通信。铁路公用通信是指铁路各部门相互间经过交换、传输系统进行联络的通信，如一般电话、电报等。

(2)专用通信。专业通信是指专供某些业务部门间进行联络的通信。铁路专用通信分类见表 7-2。

表 7-2　铁路专用通信分类

干、局线通信	区段通信			站场通信	无线专用通信	应急通信	列车通信
	区段调度通信	区段专用电话	区段数据通信				
1. 干线各种高度通信 2. 局线各种高度通信 3. 干、局线会议电话 4. 干、局线会议电视	1. 列车高度通信 2. 货运高度通信 3. 电力调度通信 4. 其他高度通信	1. 车务、功务、水电、供电等电话 2. 桥隧守护电话 3. 道口电话 4. 区间电话	1. 各类管理信息系统通道 2. 电力运动通道 3. 红外线轴温检测通道 4. 信号控制信息通道 5. 其他控制信息通道	1. 站内调度电话 2. 站场内部电话 3. 扳道电话 4. 客运广播 5. 客运信息系统 6. 站场扩音对讲	1. 列车无线调度电话 2. 列车无线防护报警 3. 站场无线电话 4. 铁路数字移动通信系统 5. 道口无线报警	1. 救援指挥系统电话 2. 图像传输 3. 数据传输	1. 列车广播 2. 列车电话 3. 闭路电视 4. 旅客电话 5. 列车安全告警系统

7.4.2 调度电话

调度电话是铁路各级业务指挥系统使用的专用电话，均为封闭式的专用电话系统。铁道部至各铁路局间设干线调度电话；铁路局至局管内各铁路分局、编组站及区段站间设局线调度电话。这两种调度电话分别利用干、局线通信通道组成调度通信网，所用的设备和行车调度电话设备相似。

7.4.2.1 有线调度电话

1. 列车调度电话

铁路列车调度电话是调度所调度员指挥沿线各车站及列车段、机务段等有关列车运行人员关于列车运行业务的通信设备。其总机部分安装在调度所，分机部分安装在沿线各车站。

我国铁路采用音频选号调度电话，采用音频作为选叫信号，总机呼叫分机只要按下按键即可，其具有呼叫时间短、操作方便的特点。

调度电话总机的工作原理如图 7-22 所示。调度员呼叫某一分机时，首先按压分机按钮，利用控制盘中的电子电话使振荡器起振，依次送出代表该分机的两个频率，线路上各分机经过选频以后，只有符合该两个频率的一个分机振铃。在振铃期间有回铃信号通过外线回送到总机，调度员听到回铃声，表示该分机已经呼出，即踩下踏键和外线讲话。调度员停止讲话时，必须将踏键放开，才能听到分机的讲话。由于放大器单向工作，只能放大一个方向的电流，放大相反方向的电流时必须将放大器换向，所以，调度员讲话时必须踩下踏键。由于放大器在定位受话状态下工作，故将这种通话方式称为总机定位受话、操纵送话单工方式。调度员和分机不能同时发话，只能轮流对话。

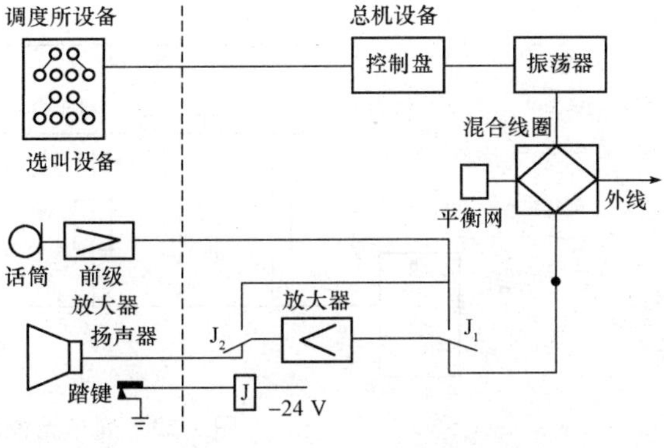

图 7-22　调度电话总机的工作原理示意图

调度电话分机，应能在接受总机选叫后立即振铃或发出音响，并能直接呼叫总机及进行通话。

2. 货运调度电话

货运调度电话供调度货运车辆以及指挥各主要车站装卸货物作业用。货运调度电话区段的划分，应与货运调度员管辖区一致，调度电话设备和行车调度电话相同。货运调度电话总机设在分局调度所，分机设在中间站货运员及区段站、编组站、货运站的货运调度员处。

3. 电力调度电话

电力调度电话主要供铁路电气化区段管理接触网供电用。区段划分须与电力调度员管辖范围一致。总机与选叫通话设备设在铁路局，分机设在牵引变电所值班员室、开闭所、接触网工区、分区亭、电力机务段及折返段值班员室、供电段调度室等。

7.4.2.2　无线调度电话

1. 列车无线调度电话

列车无线调度电话简称无线列调，是有线列车调度电话的延伸，它为列车调度员、机车调度员、车站值班员等行车指挥人员直接和正在运行中的列车机车司机互相通话而设置。这不仅便于及时掌握与调整列车的运行，提高运输效率，而且当列车在运行过程中发生临时故障，或者区间线路、桥梁等出现异常现象时，司机可以及时地反映给调度员或邻近的车站值班员，以便采取紧急措施。

列车无线调度电话由车站电台、机车电台、调度总机和传输线路等组成，如图 7-23 所示。

当车站值班员和司机通话时，车站值班员的话音电流经车站固定电台调制后的高频能量，通过天线变换为电磁波能量向周围区间辐射，于是在此区间内被机车上的电台所接收，就能进行通话联络。铁路局调度员呼叫司机时，要通过车站的有线无线转接设备把调

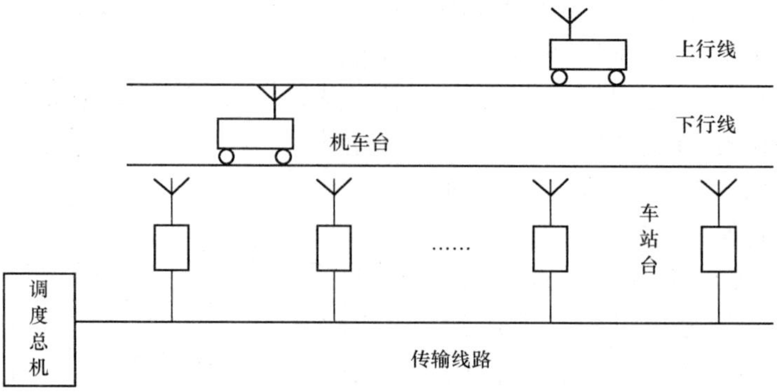

图 7-23　列车无线调度电话组成

度控制台和车站天线连接起来，发出电磁波，进行通话。司机呼叫铁路局调度员时，可以自动转接，也可以征得车站值班员的同意，由车站值班员按下专门的按钮，将车站的固定电台与调度所的通信线路接通，然后司机才能和调度员谈话。

值得注意的是，机车电台只能在某区间内呼出邻近车站电台，若机车在第二站与第三站间运行，只能和第二站或第三站的车站电台通话，而不能和第一站或第四站或调度所直接通话。

2. 站内无线调度电话

站内无线通信是为车站调度员、驼峰值班员等站内编组和解体作业的指挥人员和车站调车机车司机相互通话而设置的。

采用站内无线调度通信时，在车站调度员室和驼峰值班员室装有固定无线电台，在调车机车和驼峰机车司机室内装有机车电台。

7.4.3　专用电话系统

铁路专用电话系统是为铁路沿线各基层单位如车站、工区、领工区等相互间以及与基层系统的上级机构相互间联系使用，如车务专用电话、电务专用电话、工务专用电话、会议电话等。

1. 车务专用电话

车务专用电话供车务段技术人员进行调度管理使用。车务电话一般设置在中间站的车站值班员室，中间站其他必要的地点和车务段调度室。

2. 电务专用电话

电务专用电话供电务段技术人员调度指挥工作用，以保证在车站和区间内的信号设备和通信设备可靠地工作。电务专用电话分机一般安装在通信工区、信号工区、电缆工区和领工区，当总机设在通信站时，在电务段调度室也应设置专用电话机。

3. 工务专用电话

工务专用电话供工务段技术人员调度管理工作、维护线路设备和建筑物使用。工务专用电话一般设置在养路工区、路基工区、桥隧工区和领工区。根据需要，在桥梁和隧道的巡守工值班室、特殊看守的地点也可设置工务专电话。当总机不在电务段调度室时，调度室内也应设置专用电话分机。

4. 会议电话

各站会议电话系统供铁路各区段内车站间相互业务通话用。目前，我国各站电话有人工接续方式和自动接续方式两种。

7.4.4 地区电话自动系统

地区电话自动系统是由自动电话机和自动电话交换机组成的自动电话设备，用于一个城市或地区范围内各铁路单位之间的公务联系。自动电话交换机即自动总机，目前应用的程控数字交换机，采用微电子技术及计算机和软件技术，具有一系列的优点：

(1)体积小，重量轻。

(2)容量大，可达几万至十几万门，服务范围广。

(3)模块化结构，便于扩容和安装。

(4)利用软件进行控制，便于改变交换机的功能、编号方式、用户功能和路由结构，适用范围广，能够实现集中管理。

(5)利用软件进行故障诊断和处理，容易实现自动维护和集中维护。

(6)有大量服务功能，如缩位拨号、定时叫醒、呼叫转移、遇忙回叫、三方和多方通话等。

(7)采用大规模集成电路和备用冗余技术，可靠性好。

(8)能组成综合数字网，节省大量 PCM 端机，提高通话质量。

(9)能采用公共信道信令系统，增加信令内容和传输速度，缩短接续时间。

(10)便于向综合业务数字网、智能网过渡。

7.4.5 铁路站场通信系统

铁路站场通信系统主要是解决站场工作人员相互联系通信的设备。它包括站场电话系统、站场扩音对讲系统、站场无线电话系统和客运广播系统。

(1)站场电话系统。站场电话供站内运输人员指挥站内行车和调车作业，以及联系车站日常运输组织工作使用。

(2)站场扩音对讲系统。站场扩音对讲系统包括行车作业使用的对讲设备和供调车作业使用的对讲设备，并且可向室外扩音。

(3)站场无线电话系统。站场无线电话是站场流动作业人员之间和流动人员与固定作业人员之间互相联系使用的设备，以便保证作业的安全和提高作业的效率。

(4)客运广播系统。客运广播系统供客运作业人员使用。为了便于客运服务，客运扩音设备常采用分路输出，分别向候车室各站台、站前广场等处进行广播。

7.4.6 区段数字调度系统

区段数字调度系统采用数字时分交换技术、计算机硬软件控制技术、数字信号处理技术和环形网络自动保护技术等，其具有集中传统的区段调度、专用通信、站场、站间通信、区间电话等功能，实现了区段、车站通信设备一体化。

区段数字调度系统总体结构由一套主系统和若干套车站分系统组成，如图 7-24 所示。

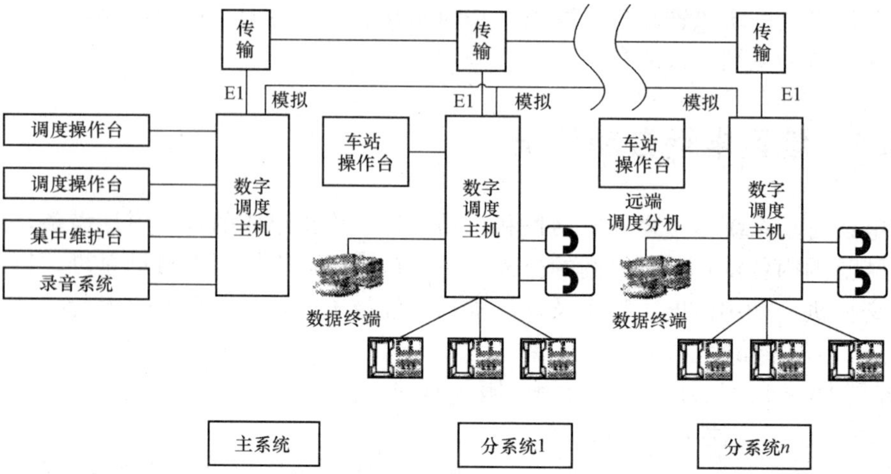

图 7-24　区段数字调度系统总体结构示意图

1. 主系统

主系统设于站段调度所或大型调试指挥中心车站，由数字调度主机、车站操作台组成。

(1)数字调度主机是为调度所和站场提供调度指挥的数字交换设备。其主要功能是网络和通道管理、组网、呼叫处理、交换及各种通信业务的综合接入。

(2)操作台是调度(值班)员进行调度操作的终端设备。调度(值班)员通过操作台上各按键进行各种调度操作，如应答来话，单呼、组呼、全呼用户，转移或保持来话，召集会议等。操作台一般由键盘部分、显示部分、接口部分、控制部分、通话回路部分、电源部分、其他辅助功能部分组成。

(3)集中维护管理系统由一台或多台集中维护管理终端、打印机组成。该系统可对主系统和主系统管辖范围内的所有分系统进行集中维护管理及监控。集中维护管理系统具有性能管理、配置管理、故障管理、安全管理等功能。

2. 分系统

分系统设于站段管辖范围内的各车站，通过 2 Mbit 数字传输通道与主系统相连，主要用于接入车站操作台、远端调度分机、站间电话、区间电话和站场电话等。

7.4.7　通信线路与通信设备安装

1. 通信线路

铁路通信线路包括长途通信光电缆线路、地区通信光电缆线路、站场通信光电缆线路、漏泄同轴电缆线路、天线铁塔等。地区站场电缆包括全塑市话电缆、低频对称电缆、光缆和广播控制电缆。电缆线路建筑施工程序与长途光电缆线路类似，区别是施工地域相对集中，短段电缆、分歧电缆较多，市话电缆芯数较多，测试相对简单，人力需要较少。

2. 通信设备安装

通信站设备的安装包括传输、交换、专用通信等主要系统的核心设备以及电源设备、引入配线设备、网管设备等。通信设备安装的主要施工工序为：列架和槽道的安装，电源设备安装，机架、引入配线设备安装配线，接地装置边接等。

7.5 铁路无线通信系统

7.5.1 铁路无线列车调度通信系统

铁路无线列车调度通信系统是以铁路运输调度为目的，利用无线电波的传播，完成列车与调度中心之间或列车与列车之间通信的系统，简称无线列调。这是一种铁路专用的移动通信系统，是铁路调度通信系统的重要组成部分。

1. 通信系统的组成

铁路无线列车调度通信系统主要由调度所设备、沿线地面设备、移动电台设备、传输设备等部分组成。

(1)调度所设备。调度所设备包括调度总机、调度控制台、录音机以及监控总机等部分。其具有供调度员与机车司机、车站值班员进行通话，必要时还可以进行数据通信的作用。

(2)沿线地面设备。沿线地面设备包括与传输设备相连的控制转接部分、收信机、发信机、双工器、传输线和天线，以及调度分机等设备。

(3)移动电台设备。移动电台设备是指装载于运行列车上的无线通信设备。其包括机车电台和车长电台。

(4)传输设备。传输设备用于把调度设备和沿线各地面固定电台连接起来，为信息传输提供音频通道。

2. 系统制式

铁路无线列车调度通信系统根据铁路运输指挥作业方式不同，以及线路能力的差别，有不同的系统制式。

(1)A 制式系统。A 制式系统适用于装设有调度集中设备的铁路干线，以调度员直接指挥司机为主的作业方式调度区间。采用有线、无线相结合的组网方式，基站电台与移动电台间的通信采用无线方式，调度所至基站电台的通信采用四线制音频话路构成。基站电台按场强覆盖合理设置，并具有跟踪功能以保证通信连续。调度员可以个别呼叫指定的司机，也能够识别司机的呼叫，还能够向调度区间内所有的机车司机发出呼叫(全呼)。调度员与司机之间除了话音通信外，还可以传输数据和指令，并能在调度所内打印和显示，以便及时掌握列车运行状态。为了保证系统正常工作，调度所设备应能对各基站电台进行集中监测和检测。在紧急情况下，机车司机可以向调度员发出紧急呼叫。

(2)B制式系统。B制式系统适用于繁忙的铁路干线，以车站值班员办理行车业务为主要方式，也可采用有线、无线相结合的组网方式。车站电台与移动电台间的通信使用无线方式，调度所至车站电台的通信采用四线制音频话路构成。调度员呼叫司机时，应先选与呼叫运行列车最近的车站电台(选站)，再呼叫该电台覆盖区内的所有机车电台(组呼)，然后用话音叫出所有通话的司机，下达调度命令。调度员也可以通过各个车站电台呼叫调度区间内的所有司机(全呼)。机车司机在紧急情况下可向调度员发出紧急呼叫。车站值班员可以通过车站电台与其覆盖区内的司机、运转车长进行通话。有条件时，相邻车站值班员之间可以通过车站电台进行通话。在同一车站电台覆盖区内，司机与司机、车长与车长、司机与车长之间也可以进行单工通话，异频单工的通话则需要经车站电台转接。

(3)C制式系统。C制式系统适用于以车站值班员办理行车业务为主的一般铁路线路和支线上。车站电台按车站沿线布设，车站值班员与司机、运转车长之间以同频或异频单工方式进行通话，车站电台设录音机记录通信内容。有条件时，相邻车站值班员可以通过车站电台进行通话。

7.5.2 铁路数字移动通信系统

铁路数字移动通信系统(Global System for Mobile Communications-Railway，GSM-R)是专门为铁路通信设计的综合专用数字移动通信系统。它在GSMPhase2＋规范协议的高级语音呼叫功能(如组呼、广播呼叫、多优先级抢占和强拆业务)的基础上，加入了基于位置寻址和功能寻址等功能，适用于铁路通信特别是铁路专用调度通信的需要。主要提供无线列调、编组调车通信、区段养护维修作业通信、应急通信、隧道通信等语音通信功能，可为列车自动控制与检测信息提供数据传输通道，并可提供列车自动寻址和旅客服务。

7.5.2.1 GSM-R系统的组成

GSM-R系统由六个子系统组成，即交换子系统、基站子系统、运行与维护子系统、通用分组无线业务子系统、终端子系统及移动智能网子系统，如图7-25所示。它通过交换子系统中的网关移动交换中心，实现与其他通信网络的电路或业务的互联互通，通过通用分组无线业务系统中的网关GPRS业务支持节点，实现与其他数据信息网络的分组或业务的互联互通。

7.5.2.2 GSM-R系统的主要功能

(1)调度通信功能。调度通信系统业务包括列车调度通信、货运调度通信、牵引变电调度通信、其他调度及专用通信、站场通信、应急通信、施工养护通信和道口通信等。

(2)车次号传输与列车停稳信息的传送功能。车次号传输与列车停稳信息对铁路运输管理和行车安全具有重要的意义。它可通过基于GSM-R电路交换技术的数据采集传输应用系统来实现数据传输，也可以采用GPRS方式来实现。

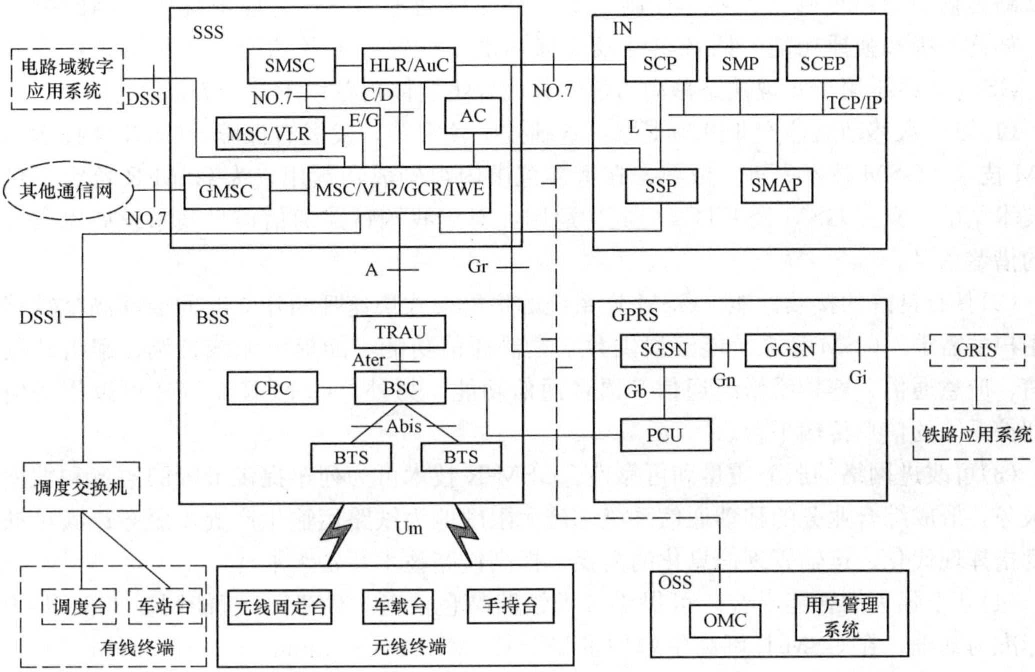

图 7-25　GSM-R 系统结构示意图

(3)调度命令传送功能。铁路调度命令是调度所里的调度员向司机下达的书面命令，它是列车行车安全的重要保障。采用 GSM-R 系统传输通道传输调度命令无疑将加速调度命令的传递过程，提高工作效率。

(4)列车尾部装置信息传送功能。列车尾部装置信息传送功能将尾部风压数据反馈传输通道纳入 GSM-R 通信系统，可以方便地解决尾部风压数据的传输问题。

(5)调车机车信号和监控信息系统传输功能。调车机车信号和监控信息系统传输功能提供调车机车信号和监控信息传输通道，实现地面设备和多台车载设备间的数据传输，并能够存储进入和退出调车模式的有关信息。

(6)列车控制数据传输功能。列车控制数据传输功能采用 GSM-R 通信系统实现车地间双向无线数据传输，提供车地之间双向安全数据传输通道。

(7)区间移动公务通信。区间移动公务通信是在区间作业的水电、工务、信号、通信、供电、桥梁守护等部门内部的通信，均可以使用 GSM-R 作业手持台，作业人员在需要时可与车站值班员、各部门调度员或自动电话用户联系。紧急情况下，作业人员还可以呼叫司机，与司机建立通话联络。

(8)应急指挥通信话音和数据业务。应急通信系统是当发生自然灾害或突发事件等影响铁路运输的紧急情况时，在突发事件现场与救援中心之间，以及现场内部采用 GSM-R 通信系统，建立语音、图像、数据通信系统。

7.5.2.3　GSM-R 系统的技术优势

GSM-R 系统能够满足列车运行速度为 500 km/h 时的无线通信要求，且安全性好。针对铁路运输中的列车调度、列车控制、支持高速移动等要求，它能够提供定制的附加功能，如优先级和强插功能、话音组呼及广播功能、位置寻址及功能寻址和安全数据通信等。GSM-R系统用于实现铁路移动通信，其优势主要体现在以下几个方面：

(1)以公众移动通信产业链为支撑，基础技术较完善，发展有保障。GSM-R技术基于GSM技术。GSM技术先进、成熟，在世界范围内得到成功运用，为GSM-R奠定了良好的技术基础。欧洲GSM-R/ETCs的成功运用，对于我国铁路通信信号技术发展也具有良好的借鉴意义。

(2)具有良好的接续性能。GSM-R系统的集群模式快速呼叫建立时间能够满足铁路调度用户的需求。GSM-R系统能够提供数字集群通信功能，能提供无线列调、编组站调车通信、应急通信、养护维修组通信等语音通信功能。另外，GSM-R系统还可以作为信号及列控系统的信息传输平台。

(3)可改进网络的服务质量和可靠性。GSM-R技术可为列车提供清晰的语音和数据通信服务，形成综合业务的移动通信系统，最大限度地为铁路运输生产提供服务；满足铁路调度指挥现代化、运输管理信息化的需要，提高铁路技术装备水平。

(4)基于强大的智能平台，可提供各类铁路特色业务。GSM-R智能网以ITU-T智能网标准为基础，在GSM-R网络中增加了基于CAMEL3(Customized Applications for Mobile NetWOI-k Enlaanced Logic：3)协议的业务功能，称为移动智能网，其主要的物理实体包括SSP(业务交换点)、SCP(业务控制点)、IP(智能外设)、SMS(业务管理系统)及SCE(业务生成环境)。在GSM-R网络中，移动智能网主要作用是：管理移动用户功能号码的注册、注销和查询过程，对于具有不同功能角色的移动用户之间呼叫过程或固定用户与移动用户之间的呼叫过程，在功能号码与MSISDN号码之间进行翻译，实现功能寻址和位置寻址。

(5)可作为CTCS3级和CTCS4级列控业务的通信平台。采用GSM-R实现车地间双向无线数据传输，代替目前使用的轨道电路传输色灯信号指令，具有车地间双向安全数据传输、无盲区、设备冗余、实现加密和满足列车控制响应时间等特点，是实现基于通信技术的列车控制系统(CBTC)的关键技术。

(6)具有后向兼容性。GSM-R技术在我国发展迅速，且可与先进的网络技术(软交换、智能网、全光技术)同步发展，与3G移动通信有着良好的后向兼容性。

学习评价

本章主要介绍了铁路信号的分类及作用、信号表示器及信号标志，铁路信号基础设备，铁路信号控制设备，铁路通信，铁路无线通信系统。铁路信号是以标志物、灯具、仪表和音响等向铁路行车人员传送机车车辆运行条件、行车设备状态和行车有关指示的技术与设备。铁路信号基础设备主要有信号机、轨道电器、转辙机、信号继电器和应答器等。铁路信号控制设备是组织指挥列车运行，保证行车安全，提高运输效率，传递信息，改善行车人员劳动条件的关键设施。铁路通信是以运输生产为重点，主要功能是实现行车和机车车辆作业的统一调度与指挥。

思考与练习

一、填空题

1. 铁路信号按人的感觉可分为__________和__________两大类。

2. 信号表示器分为__________、__________、__________、__________、__________、__________及__________表示器。

3. 铁路信号机按结构可分为__________和__________。

4. 在直线段上，轨道电路主要由__________、__________、__________、__________、__________等组成。

5. 铁路信号控制设备大致可分为__________、__________、__________和__________。

6. 铁路通信按通达地区和范围可分为__________、__________、__________和__________。

7. 铁路无线列调通信系统主要由__________、__________、__________、__________等部分组成。

8. GSM-R 系统由六个子系统组成，即__________、__________、__________、__________、__________及__________。

二、判断题

1. 视觉信号的基本颜色及其基本意义是：红色——停车；黄色——注意或减低速度；绿色——按规定速度运行。（　　）

2. 透镜式色灯信号机结构简单，易维修，光通量大能充分利用，但在曲线线段上不能连续显示。（　　）

3. 进路上的有关道岔开通位置不对或敌对信号机未关闭时，防护该进路的信号机可开放。（　　）

4. 在闭塞设备中，整个区间装设了连续的轨道电路，可以自动检查轨道的完整性，提高了行车安全的程度。（　　）

5. 在列车无线调度电话系统中，若机车在第二站与第三站间运行，既能和第二站或第三站的车站电台通话，也能和第一站或第四站或调度所直接通话。（　　）

6. GSM-R 系统能够满足列车运行速度为 500 km/h 时的无线通信要求，且安全性好。（　　）

三、简答题

1. 铁路信号的作用有哪些？

2. 什么是信号标志？常用的信号标志有哪些？

3. 铁路信号机按设置场所和用途可分为哪些种类？

4. 轨道电路的工作原理是什么？

5. 什么是联锁？联锁的原理是什么？

6. 列车运行控制系统的功能有哪些？

7. 什么是铁路专用电话系统？铁路专用电话系统主要有哪些类型？

8. 铁路无线列车调度通信系统主要有哪几种系统制式？

9. GSM-R 系统的主要功能有哪些？

项目 8
铁路运输组织

学习目标

1. 了解客流的定义、特征及分类；掌握旅客列车的种类、车次及编组；掌握旅客运输计划、合同及运送过程；掌握行李、包裹运输的主要流程；了解铁路旅客运输安全的基本措施。

2. 了解铁路货物运输的基本任务；掌握铁路货物运输的种类及组织原则；掌握铁路货物运输的基本条件；掌握铁路货物运输订单与合同的基本内容；掌握铁路货物运输工作的内容及流程；掌握铁路货物集装运输及铁路特种条件货物运输；了解铁路货物运输事故。

3. 掌握列车编组、车流组织及列车编组计划；掌握列车运行图的表示形式、结构组成及编制方法；掌握铁路线路通过能力的概念；掌握车站行车组织工作内容；掌握铁路运输调度指挥原则及工作内容；了解行车事故分类、级别及作业人员人身安全要求知识。

铁路运输生产的根本任务是把旅客和货物安全、及时地送到目的地。铁路运输组织工作包括客运组织、货运组织和行车组织三个方面。

8.1 客运组织

铁路旅客运输是利用旅客列车把旅客及其凭客票托运的行李从一个地方运送到另一个地方，是铁路运输的重要组成部分。它要求铁路既要质量良好地完成旅客主输任务，又要经济、合理地使用客运机车车辆和其他技术设备。因此，必须在生产实践和科学研究的基础上，不断总结经验，根据具体情况，规定正确的客运组织原则。

8.1.1 客流概述

1. 客流的定义

客流是在一定时间内某一运输路线路段上一定方向的旅客流动，包含流量、流向和流时等要素。客流是合理规划运输网、配置客运站点设施、配备旅客运输工具和编制其运行作业计划的基本依据。它取决于各种运输方式沿线地区的工农业发展水平、城镇规模、文化和游览设施的分布、城乡居民的生活和文化水平，以及运输网的发达程度等因素。

2. 客流的特征

客运需求具有以下四个方面的特性：

(1)广泛性。与其他商品和服务的需求相比，客运需求是一种广泛性的需求，社会生活中的各项功能活动都不可能离开它而独立存在。

(2)派生性。客运需求是一种派生性需求，因为在绝大多数的情况下，乘客实现位移的目的往往不是位移的本身，而是通过空间位移的完成来满足工作、生活或娱乐方面的需求。

(3)时间性。客运需求按季节、一周内的工作日和双休日、一天内的各个小时有规律地变化，客运需求的这种时间特性是交通系统规划设计和运输组织的基本依据之一。

(4)空间性。客运需求的空间性是指潜在的客流在方向上、线路上、车站间分布的不均衡。

3. 客流的分类

我国铁路采用按旅行距离结合铁路局管辖范围的分类方法，将客流分为直通和管内两种客流。

(1)直通客流。直通客流即旅行距离跨及两个及两个以上铁路局的客流。此种客流旅行距离较长，要求列车服务标准高，旅客注重舒适度。

(2)管内客流。管内客流即旅行距离在一个铁路局范围以内的客流。此种客流旅行距离较短，旅行时间要求能早出晚归。

8.1.2　旅客列车的种类及车次

1. 旅客列车的种类

我国旅客列车按旅客乘车距离分为直通旅客列车、管内旅客列车和市郊旅客列车。直通旅客列车在两个及两个以上铁路局辖区内开行；管内旅客列车在一个铁路局所管辖范围内开行；市郊旅客列车在城市附近运行。旅客列车具体可分为以下几种类型：

(1)动车组列车。动车组列车是采用国内技术最先进的CRH系列动车组行驶，车内设施人性化，服务水准高，运行速度快，主要在重点城市间开行。

(2)直达特快旅客列车。直达特快旅客列车采用先进的庞巴迪和25T型客车，车内设备完善、服务水准一流，最高运行时速达160 km，途中一站不停，主要安排在客流较大的城市所在站始发、终到，实现大城市间旅客快捷运输。

(3)特快旅客列车。特快旅客列车是目前国内速度较高、车内设备完善、服务质量较好的旅客列车，在首都与各大城市及国际开行。有国际和国内两种特快旅客列车，国内特快旅客列车又分为跨局特快和管内特快两种。

(4)快速旅客列车。快速旅客列车目前在京沪、京广、京哈、陇海等经过技术改造后具有提速条件的线路上开行，其中，在相距 1 000～1 500 km 的大城市间开行了多对夕发朝至的快速列车，受到旅客极大欢迎。

(5)普通旅客快车。普通旅客快车分为跨局与管内两种普通旅客快车，比特快、快速旅客列车慢，编组辆数和停站次数较多，运行于各大、中城市之间。

(6)普通旅客慢车。普通旅客慢车分为跨局与管内两种普通旅客慢车，编组辆数多，定员多，速度较低，在营业站均有停点。

(7)临时旅客列车。临时旅客列车是铁路客运企业为适应客运市场需求，临时组织开行的旅客列车，可分为直通临客(车次为 L1～1998)和管内临客(车次为 A1～A998)。

(8)旅游列车。旅游列车在名胜古迹、游览胜地所在站和大、中城市间开行，用于输送旅游观光旅客，分为直通旅游列车(车次为 Y1～Y498)和管内旅游列车(车次为 Y501～Y998)。

(9)回送客车底列车。回送客车底列车是把客车配属站的空客车底事先调送至异地的列车始发站待用或把旅客运送至目的地后，将空客车底回送至原客车的配属站而运行的列车。

(10)因故折返旅客列车(车次为原车次前冠以“F”)。

另外，还有专门在客流量不大的支线上开行由客货车辆混编的客货混合列车。

2. 旅客列车的车次

为区别不同方向、不同种类、不同区段和不同时刻的列车，需要为每一列车编定一个标识码，这就是车次。为了保证行车安全，维护运输秩序和车次编码的规范化，铁道部规定全路向北京、支线向干线或指定方向为上行方向，编为双数车次，反之为下行方向，编为单数车次。一些列车在运行全程中若上下行发生变化时需变换车次。

我国铁路的旅客列车车次主要采用字母和阿拉伯数字为标识，如表 8-1 所示。

表 8-1　铁路旅客列车种类及车次编号表

序号	列车种类		车次
1	高速动车组旅客列车	跨局	G1～G5998
		管内	G6001～G9998
2	城际动车组旅客列车	跨局	C1～C1998
		管内	C2001～C9998
3	动车组	跨局	D1～D3998
		管内	D4001～D9998
4	直达特快旅客列车	Z1～Z9998	
5	特快旅客列车	跨局	T1～T4998
		管内	T5001～T9998
6	快速旅客列车	跨局	K1～K6998
		管内	K7001～K9998
7	普通旅客快车	跨三局及其以上	1001～1998
		跨两局	2001～3998
		管内	4001～5998

续表

序号	列车种类		车次
8	普通旅客慢车	跨局	6001～6198
		管内	6201～7598
9	通勤旅客列车		7601～8998
10	临时旅客列车	跨局	L1～L6998
		管内	L7001～L9998
11	旅游列车	跨局	Y1～Y498
		管内	Y501～Y998
12	动车组检测车		DJ5501～DJ5598
13	回送出入厂客车车底列车		001～00298
14	回送固定客车底		在车次前冠以“0”
15	因故折返旅客列车		原车次前冠以“F”
16	行邮特快专列		X1～X198
17	行包快运专列		X201～X998

8.1.3 旅客列车编组

旅客列车编组是指铁道部和铁路局根据客流密度、列车种类、机车功率、线路情况、站线和站台长短等因素来安排列车的周转次数。

我国铁路旅客列车的编组在每次运行图实行期间都是相对固定的。编组的依据是铁道部和铁路局根据客流密度、列车种类、机车功率、线路情况、站线和站台长短等因素颁布的《旅客列车编组表》(图 8-1)，每对旅客列车的编组辆数、编组结构及车辆编挂次序一般不变动。当往返于起始站与终到站之间，经过沿途各站时，除特殊情况外，通常只有旅客上下，而无车辆摘挂。这种固定连挂在一起的车列，称为客车固定车底。

一般情况下，长途旅客列车的固定车底编有硬座车、硬卧车、软卧车、餐车、行李车、邮政车。短途旅客列车车底编有硬座车、软座车、行李邮政车。

固定车底往返一次所经过的时间，叫作车底周转时间。根据车底周转时间，就可以确定车底的数量。车底周转时间越长，需要的车底就越多。当然，这只是针对长途旅客列车而言，短途的市郊、城际旅客列车的车底往往一天能周转几次。

8.1.4 旅客运输计划

旅客运输计划是指铁路为了充分满足广大人民在旅行上的需要，并保证经济合理地使用客运技术设施和运输能力，做到有计划地组织旅客运输。

1. 旅客运输计划的种类

旅客运输计划不仅是确定旅客列车对数和客运机车车辆需要数的基础，同时，也是确

北京→哈尔滨东	车辆三棵树 乘务哈尔滨	顺序	1	2	3	4	5	6	7	8	9	10	11	12	13	14	15	16	17	18	19		
		哈开	1	2	3	4	5	6	7	8	9	10	11	12	13	14	15	16	17	18	19		
		北开	19	18	17	16	15	14	13	12	11	10	9	8	7	6	5	4	3	2	1		计
		车种	KD	YW	YW	YW	YW	YW	YW	RW	RW	CA	YW	YW	YW	YW	YW	YW	YZ	YZ	XL		19
		定员			66	66	60	66	66	36	36		60	66	66	65	66	66	118	118			1 022
		吨数	69	55	55	55	55	55	55	55	55	54	55	55	55	55	55	55	56	56	61		1 066
		附注		广宿																			

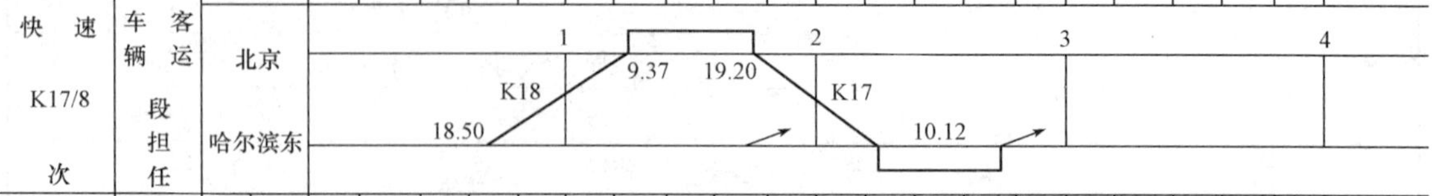

哈尔滨东→上海	车辆三棵树 乘务哈尔滨	顺序																					
		哈开	19	18	17	16	15	14	13	12	11	10	9	8	7	6	5	4	3	2	1		
		上开	1	2	3	4	5	6	7	8	9	10	11	12	13	14	15	16	17	18	19		计
		车种	UZ	YZ	YZ	YZ	YZ	YZ	YZ	CA	RW	YW	YW	YW	YW	YW	YW	YW	YW	XL	KD		19
		定员		118	118	118	118	112	108		36	60	60	66	66	66	66	66					1 184
		吨数	63	55	56	56	56	56	56	54	55	55	55	55	55	55	55	55	55	61	69		1 078
		附注	北京																				

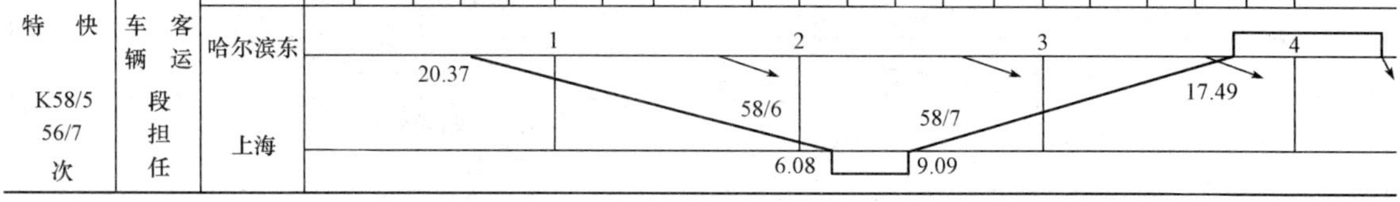

图 8-1　旅客列车编组表

定客运设备、机车车辆修造计划以及客运运营支出计划的重要依据。旅客运输计划根据执行期间的不同，可以分为长远计划、年度计划和日常计划。其中，年度计划是旅客运输的任务计划，在年度计划中应包括按季度分配的任务数。

（1）长远计划。长远计划一般为五年或更长时期的规划，是铁路旅客运输的发展计划。

（2）年度计划。年度计划是年度旅客运输的任务计划，是确定旅客列车行车量及客运运营支出计划的依据。

（3）日常计划。日常计划是日常旅客运输的工作计划，是实现年度计划的保证计划。

2. 旅客运输计划的内容

（1）旅客发送人数。旅客发送人数是指在一定时间内，一个车站、分局、铁路局或全国铁路实发的全路旅客人数，其中，还应包括国际联运铁路和新建铁路接运的旅客人数。发送旅客人数应分别按直通、管内运输进行计划和统计。

（2）旅客运送人数。对全国铁路来说，旅客发送人数也就是旅客运送人数；而对每个铁路局来说，旅客运送人数则包括发送旅客人数、接运递过旅客人数和接运到达旅客人数。

（3）旅客周转量。旅客周转量是指在一定时日内一个分用、铁路用或全国铁路的旅客人公里数。

（4）旅客平均运程。旅客平均运程是指铁路运送的旅客平均每人的运输距离。

8.1.5　旅客运输合同

铁路旅客运输在法律上体现为铁路旅客运输合同关系。铁路旅客运输合同是明确承运人与旅客之间权利义务关系的协议。铁路旅客运输合同的基本凭证是车票，如图 8-2 所示。

铁路旅客运输合同从售出车票时成立，自旅客进站检验车票为合同履行开始，至按票面规定运输结束旅客出站时止，为合同履行完毕。

图 8-2　旅客车票票样

8.1.6　旅客运送过程

铁路旅客运送过程，如图 8-3 所示。

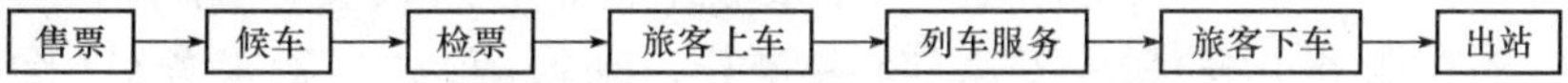

图 8-3　铁路旅客运送过程

1. 售票

车票是旅客乘车的凭证，同时也是旅客加入铁路旅客意外伤害强制保险的凭证。目前，铁路售票方式有站内窗口人工售票、代售点售票、电话订票、互联网售票和自动售/取票机自动售票。

铁路车票分为客票和附加票两部分。客票包括软座客票、硬座客票。附加票包括加快票、卧铺票、空调票。附加票是客票的补充部分，除儿童外，不能单独使用。为了方便旅客，简化发售手续，提高售票速度，铁路还专门印制了各种联合票以及临时填制的区段票和代用票。

除车票外，有关人员还可以持铁路乘车证和特种乘车证乘车。

2. 候车

车站昼夜都有大量的旅客，而且流动性很大，必须为旅客创造一个良好、舒适的候车环境。候车室是旅客休息和等候乘车的场所。候车室一般实行凭票候车。

为了维护车站的良好秩序，确保运输安全，方便旅客进出站、上下车，一般在旅客进入候车室之前需对旅客的随身携带品进行检查。旅客不得携带国家禁止或限制运输的物品、危险品、动物及妨碍公共卫生、能够损坏或污染车辆等物品进站上车。

另外，每一个成人旅客可免费携带物品 20 kg，儿童(含免费儿童)10 kg，外交人员(持外交护照者)35 kg；旅客携带物品的外部尺寸，每件长、宽、高之和不得超过 160 cm，对杆状物品不得超过 200 cm。残疾人旅行时代步的折叠式轮椅可免费携带，不计入上述范围。

3. 检票

为了维护车站秩序，保证旅客安全，防止旅客乘错车，车站对进站的旅客和人员持有的车票、站台票要检验和加剪。检票时先重点(老、弱、病、残、孕等旅客)、后团体、再一般。在确认车票有效后，一般要在车票边沿上剪一个小口，表明铁路旅客运输合同开始履行。

4. 旅客上、下车

旅客上、下车过程中极易发生客伤事故，为了确保旅客安全，客运人员应有秩序地组织旅客上、下车，派工作人员坚守检票口、天桥口、地道口及进站或出站通路交叉地点，及时制止旅客侵限，劝阻旅客不要横越线路、钻爬车窗及随车奔跑，防止旅客摔伤、挤伤、踩踏和扒乘列车等问题发生。

5. 列车服务

列车乘务人员应主动、热情、文明、礼貌地为旅客服务，妥善照顾旅客乘降，及时安排旅客席位，保持车厢内的清洁卫生，维护车内秩序，做好广播宣传、餐饮和开水供应工作，保障旅客人身财产安全，保证列车运行安全。

列车服务工作由列车乘务组担当。列车乘务组包括客运人员(列车长、列车员、广播员、行李员、餐车服务员等)、公安乘警(乘警长、乘警等)和车辆乘务员(检车长、检车员、车电员等)三部分人员。列车乘务组在列车长的统一领导下，应相互密切配合，共同做好列车服务工作。

6. 出站

旅客出站时，车站应查验车票。发现违章的旅客应对其进行到达补票，按规定补收运输费用。

8.1.7 行李和包裹运输

行李和包裹运输是旅客运输的一个附属组成部分。行李是指旅客携带品超过规定重量时，为轻装旅行，按规定凭客票办理随车托运的一定限度的物品，行李运输是随同旅客运输而产生的。行李每件最大重量为 50 kg，体积以适于装入行李车为限，但最小不小于 0.01 m^3。包裹是指适合在旅客列车行李车内运输的小件货物。包裹每件的体积、重量的规定与行李相同。

行李、包裹运输组织工作应遵循先行李后包裹，先中转后始发和长短途列车分工的原则，尽可能做到均衡、合理地运输。

行包发送作业包括承运、保管、装车等环节，行包到达作业包括卸车、保管和交付作业等环节；行包中转作业是指在中转站卸下后，装入另外的旅客列车的行李车继续运送的作业。

8.1.8 旅客运输安全

旅客运输安全是关系到人民生命财产以及国家和铁路企业声誉的大事。因此，保证旅客安全运输是我国铁路运输组织的基本原则之一，是客运职工的首要职责，是衡量旅客运输工作质量好坏的重要标志。铁路旅客运输事故包括旅客人身伤亡事故和行李、包裹运输事故。

1. 旅客人身伤亡事故

凡持有车票的旅客，经检票口加剪开始，至到达目的地出站缴销车票时止，在旅行中遭受到外来、剧烈、明显的意外伤害事故以及承运人的过错，致使旅客人身受到伤害以及死亡、残废或丧失身体机能者，均属旅客人身伤害事故。

旅客人身伤害事故有多种类型，常见事故有挤伤、烫伤、砸伤、碰伤、摔伤、跳车、因病死亡等。客伤事故绝大多数属于旅客自身原因造成的，另一个重要原因是铁路管理不到位、防范意识不强、防范责任不落实和违章违标作业。

发生旅客人身伤害事故时，应根据《铁路旅客人身伤害及携带品损失处理暂行办法》的有关规定进行处理。车站、列车人员均应本着对人民生命健康高度负责的精神，采取有利于抢救的措施，尽力予以救助。事故发生单位和事故处理单位应依照实事求是、依法办事的原则，积极负责地处理事故。

2. 行李、包裹运输事故

行李、包裹运输事故的种类分为：

(1)火灾。

(2)被盗(有被盗痕迹)。

(3)丢失(全批未到或部分短少，没有被盗痕迹的)。

(4)损坏(破损、湿损、变形等)。

(5)误交付。

(6)票货分离、票货不符、误装卸或顶件运输。

(7)其他(污染、腐坏等)。

如果发生行李、包裹运输事故，应认真分析调查事件经过，明确责任及时正确处理。

8.2 货运组织

8.2.1 铁路货运组织概述

货物运输是利用列车把货物从一个地方运送到另一个地方，是铁路运输的重要组成部分。铁路货运是铁路在全社会大宗货物运输和中长距离货物运输的传统优势领域，也是创造铁路运输效益的主要源泉。由于货运工作涉及面广、政策性强、有严格的办理程序，做好货物运输组织工作，对于国家经济建设、国防建设和人民生活都具有重要的意义。

1. 铁路货物运输的基本任务

(1)满足市场经济发展对国内商品流通和国际贸易运输不断增长的需求。

(2)为物流和商贸提供安全、迅速、准确、方便、经济的运输服务。

(3)保证厂矿企业实现生产过程的原材料、能源供应和产成品的运输，组织现代化的社会大生产。

(4)作为资源流通，尤其是区域资源流通的主要载体，是培育发展统一的大市场体系，优化社会资源配置的重要保证。

(5)作为国家的重要宏观调控工具，在平抑物价、繁荣经济、扶贫救灾、运输国防和军事物资中发挥重要作用。

2. 铁路货物运输的种类

根据托运人托运货物的数量、性质、状态等条件，我国铁路货物运输种类分为整车、零担和集装箱三类。

(1)整车运输。一批货物的重量、体积或形状需要以一辆及一辆以上货车运输的，按整车托运。需要冷藏、保温或加温的货物，规定限按整车办理的危险货物，易于污染其他货物的污秽品，蜜蜂，不易计算件数的货物，未装容器的活动物(铁路局规定有管内按零担运输的办法者除外)，一件货物重量超过 2 t、体积超过 3 m^3 或长度超过 9 m 的货物(经发站确认不致影响中转站和到站卸车作业的除外)，都应按整车托运。

(2)零担运输。一批货物的重量、体积或形状都不需要单独使用一辆货车来运输的应按零担货物托运。按零担托运的货物，一件货物体积最小不得小于 0.02 m^3(一件重量在 10 kg 以上的除外)，每批不得超过 300 件。

零担货物运输具有运量零星、批数较多、到站分散、品种繁多、性质复杂、包装条件不一、作业复杂等特点。零担运输在铁路总运量中所占的比例不大。

(3)集装箱运输。托运人托运的货物符合集装箱运输条件的，可使用铁路集装箱或自备集装箱装运，按集装箱托运。集装箱运输具有保证货运安全、简化货物包装、提高装卸效率、加速车辆周转、便于组织“门到门”运输等优点，是一种现代化的运输方式，是铁路运输的发展方向。目前，铁路集装箱运输业务只能在指定的车站办理，集装箱运输应按《铁路集装箱运输办法》的有关规定办理。

3. 铁路货运组织原则

(1)实行计划运输，经济合理地使用运输能力，最大限度地满足国民经济各部门对铁路运输业的要求。

(2)实行负责运输，正确地提出货物运送条件，配备必要的货运设备，保证货物在规定的货物运到期限内安全、完整地运至到站，努力提高货运服务质量。

(3)讲求经济效益，正确制定符合国民经济发展需要的货物运价政策，改善经营管理和生产组织，提高运输效率，降低运输成本和货物运输费用，确保铁路收入和利润的完成。

(4)在铁路与其他运输方式之间开展联合运输，与发货人、收货人之间实行运输协作。

8.2.2 铁路货运的基本条件

1. 货物按一批托运的条件

铁路货物运输中的“一批”，是指使用一张货物运单和一份货票，按照同一运输条件运送的货物。它是承运货物、计算运费和交付货物的一个基本单位，按一批托运的货物，必须托运人、收货人、发站、到站和装卸地点相同(整车分卸货物除外)。具体规定如下：

(1)整车货物以每车为一批，跨装、爬装和使用游车的货物，每一车组为一批。

(2)零担货物和使用集装箱运输的货物，以每张货物运单为一批。使用集装箱运输的货物，每批必须是同一箱型，至少一箱，最多不得超过铁路一辆货车所能装运的箱数。

(3)根据货物性质不能混装运输的货物，运输条件不同的货物，一般不得按一批托运。

2. 货物运到期限

货物运到期限是铁路在现有技术设备和运输组织水平的条件下，将货物运送一定距离所需要的时间。遵守货物运到期限的规定是铁路运输的基本职责。

货物运到期限是指从发站承运货物的次日起，至到站卸车完成时止或货车调到卸车地点、货车交接地点时止的时间。我国铁路货物运到期限由发送时间、运输期间和特殊作业时间三部分组成。

8.2.3 铁路货物运输订单与合同

8.2.3.1 铁路货物运输订单

货物运输服务订单在铁路运输企业办理货物运输和运输服务时使用，是铁路货物运输合同的组成部分，分为整车货物运输服务订单和零担、集装箱、班列运输服务订单两种。

1. 整车货物运输服务订单

托运人可随时向装车站提报订单。铁路部门随时受理，随时审定。对于大宗稳定、能够提前确定运输的物资，托运人可以在每月的 19 日前将订单提报给装车站，铁路部门将其纳入次月计划，进行集中审定，以便统一安排，重点保证。对抢险救灾和紧急运输物资的订单，则随时受理，立即审定，在运输上优先保证。对运力宽松方向的订单敞开受理，由计算机系统自动审定。托运人根据自己的实际情况可任意选择订单的提报时间和方式，铁路运输部门尽力满足托运人的不同需要。审定后的订单当月有效，不办理运输变更。铁路货物运输服务订单(整车)样式，见表 8-2。

订单的审定结果，铁路装车站要及时通知托运人。托运人根据订单审定的车数、到站等内容按实际需要向车站提出装车请求，并同时做好装车准备，将货物搬入车站或自己选择的专用线。

2. 零担、集装箱、班列运输服务订单

托运人在办理零担、集装箱、班列货物运输时，将填写好的零担、集装箱、班列服务订单一式两份，提报给装车站，车站随时受理并根据货场能力、运力，安排班列开行日期

表 8-2　铁路货物运输服务订单(整车)

________年________月份

提表时间：　年　月　日
要求运输时间：　日至　日
受理号码：

发站	名称　　略号
发货单位盖章	省/部名称________代号________ 发货单位名称________代号________ 地址________电话________

顺号	到局：	代号：		收货单位				货物	车种代号			车数	特征代号	换装港	终到港	报价(元/t)(元/车)	备注
	到站	到站电报略号	专用线名称	省/部		名称	代号	品名		吨数							
				名称	代号			名称	代码								

供托运人资源选择的服务项目(由托运人填写,需求的项目打√)	说明或其他要求事项	承运人签章
□1. 发送综合服务　□5. 清运、消纳垃圾 □2. 到达综合服务　□6. 代购、代加工装载加固材料 □3. 仓储保管　□7. 代对货物进行包装 □4. 篷布服务　□8. 代办一关三检手续	□保价运输	年　月　日

说明：1. 涉及承运人与托运人、收货人的责任和权利,按《铁路货物运输规程》办理。
2. 实施货物运输,托运人还应递交货物运单,承运人应按报价核收费用,装卸等需发生后确定的费用,应先列出项目,金额按实际发生核收。
3. 用户发现超出国有发改委、中国铁路总公司、省级物价部门公告的铁路货运价格及收费项目、标准收费的行为和强制服务、强行收费的行为,有权举报。
举报电话：　　物价部门　　铁路部门

和在订单上加盖车站日期戳，交与托运人一份，留存一份。铁路部门据此安排运输，并通知托运人将货物搬入仓库或集装箱内。

8.2.3.2 铁路货物运输合同

铁路货物运输合同是指铁路承运人与托运人之间为了实现特定的货物运输任务而明确相互权利义务关系而订立的协议。承接货物运输任务的一方，称为承运人；要求托运货物的一方，称为托运人。

1. 铁路货物运输合同的主体

铁路货物运输合同的主体包括铁路运输企业及其他企业、国家机关、事业单位、社会团体、农村经济组织以及个体工商业户、专业户、农村承包经营户，它们均可以与铁路部门签订合同。

2. 铁路货物运输合同的主要条款

(1)按年度、半年度、季度或月度签订的货物运输合同(又称为长期整车货运合同)，应载明下列基本内容：

1)托运人和收货人名称；

2)发站和到站；

3)货物名称；

4)货物重量；

5)车种和车数；

6)双方约定的其他事项。

(2)以货物运单作为货物运输合同(又称为零星货运合同)，应载明以下内容：

1)托运人、收货人名称及其详细地址；

2)发站、到站及到站的主要铁路局；

3)货物名称；

4)货物包装及标志；

5)件数和重量(包括货物包装重量)；

6)承运日期；

7)运到期限；

8)运输费用；

9)货车类型和车号；

10)施封货车和的施封号码；

11)双方商定的其他事项。

3. 铁路货物运输合同订立的形式

在铁路货物运输中，属于大宗物资的运输，有条件的可按年度、半年度或季度签订货物运输合同，也可以签订更长期限的；其他整车货物运输，可以按月签订运输合同。按月度签订的运输合同，可以用月度要车计划表代替。零担货物和集装箱货物运输，以货物运单(表 8-3)作为运输合同。

表 8-3　货物运单

______年______月份

提表时间：　年　月　日
要求运输时间：　日至　日
受理号码：

发站	名称　　　　略号
发货单位盖章	省/部名称______代号______ 发货单位名称______代号______ 地址______电话______

顺号	到局：　代号：			收货单位				货物	车种代号			车数	特征代号	换装港	终到港	报价(元/t)(元/车)	备注
	到站	到站电报略号	专用线名称	省/部		名称	代号	品名		吨数							
				名称	代号			名称	代码								

供托运人资源选择的服务项目(由托运人填写,需求的项目打√)	说明或其他要求事项	承运人签章
□1. 发送综合服务　□5. 清运、消纳垃圾 □2. 到达综合服务　□6. 代购、代加工装载加固材料 □3. 仓储保管　□7. 代对货物进行包装 □4. 篷布服务　□8. 代办一关三检手续	□保价运输	年　月　日

说明：1. 涉及承运人与托运人、收货人的责任和权利，按《铁路货物运输规程》办理。

2. 实施货物运输，托运人还应递交货物运单，承运人应按报价核收费用。对装卸等需发生后确定的费用，应先列出项目，金额按实际发生核收。

3. 用户发现超出国有发改委、中国铁路总公司、省级物价部门公告的铁路货运价格及收费项目、标准收费的行为和强制服务、强行收费的行为，有权举报。

举报电话：　　物价部门　　铁路部门

8.2.4 铁路货物运输工作内容及流程

1. 铁路货物运输工作内容

铁路货物运输工作的主要内容包括：

(1)合理布置铁路货物运输设备及实现铁路货物装卸机械化。

(2)预测铁路货运量及编制和执行月度货物运输计划。

(3)科学地组织货源、货流，广泛开展直达运输、合理运输和均衡运输。

(4)组织铁路货运日常工作。

(5)拟定铁路货物运送条件。

(6)装载与加固铁路运输货物。

(7)管理铁路货场及专用线。

(8)分析货运事故，制定防止事故的措施。

2. 铁路货物运输生产作业流程

铁路货物运输生产是利用线路、机车、车辆、通信信号等技术设备，将发货人托运的货物从一个生产地点运送到另一个生产地点或消费地点，交付给收货人。全部过程可分为在装车站(发站)的始发作业、在中转站或技术站的途中作业和卸车站(到站)的终到作业，作业流程如图 8-4 所示。

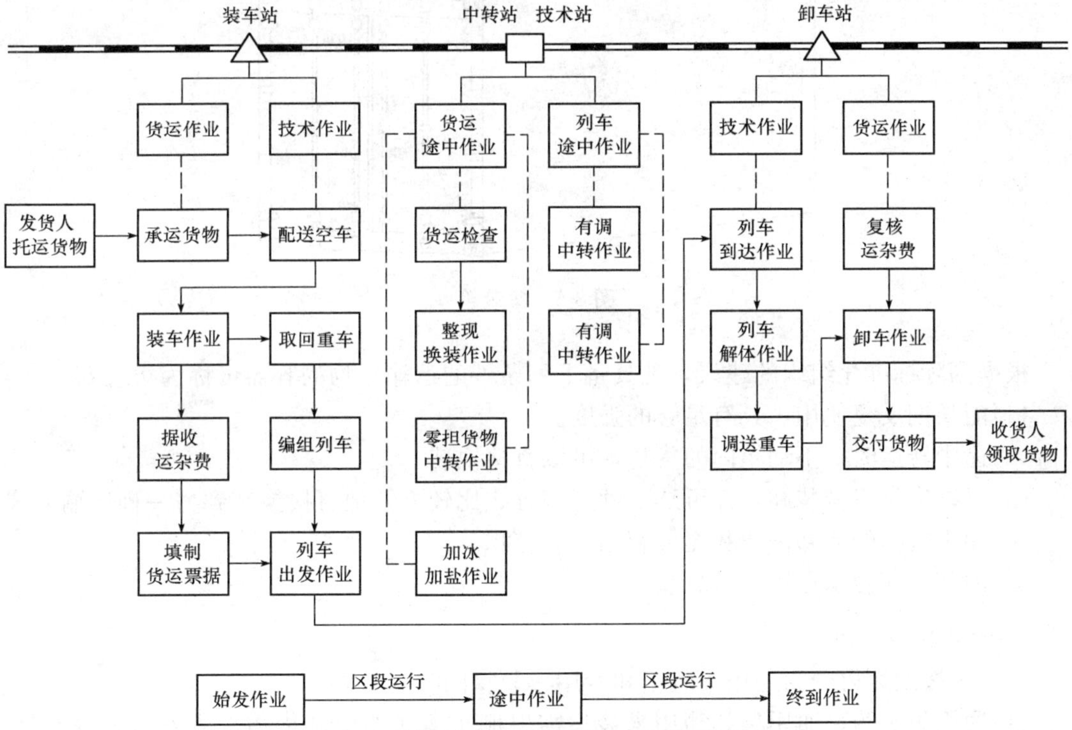

图 8-4 铁路货物运输生产作业流程示意图

3. 货物运输合同的变更或解除

货物运输合同的变更或解除，也称为货物运输变更，其是指对已承运的货物，在发送前托运人向承运人提出取消托运，或托运人、收货人提出变更到站、变更收货人的书面要求。

货物运输合同签订后，承托双方都应信守合同，严格履行。若托运人或收货人由于特殊原因，对承运后的货物，可按批向货物所在的中途站或到站提出变更到站、变更收货人；在承运后发送前托运人也可向发站提出取消托运。

货物运输合同的变更和解除，将降低货物计划运输的质量，打乱正常的运输秩序，有时还要增加货车在途中的调车作业和非生产停留时间，增加作业费用，延缓货物的送达。因此，对于货物运输合同的变更和解除，应加以限制。

8.2.5 铁路货物集装运输

铁路集装箱形式进行的货物运输，是铁路货物运输的种类之一，列车为集装箱列车。

8.2.5.1 集装箱运输

1. 集装箱的定义

集装箱是指具有一定强度、刚度和规格，专供周转使用的大型装货容器，如图 8-5 所示。使用集装箱转运货物，可直接在发货人的仓库装货，运到收货人的仓库卸货，中途更换车、船时，无须将货物从箱内取出换装。

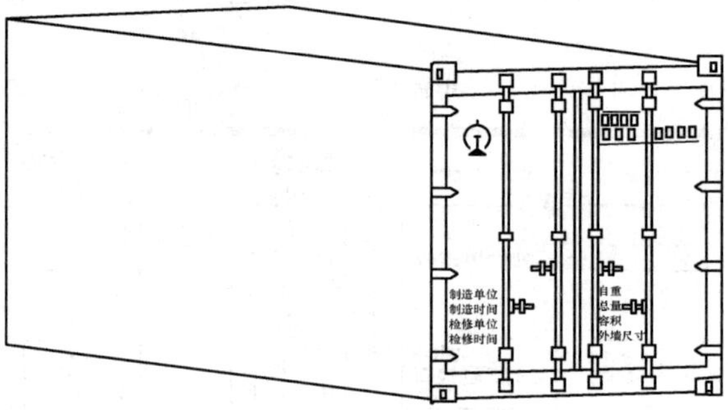

图 8-5 集装箱

根据国际标准化组织的建议，凡具备下列条件的运输货物的容器可称为集装箱：

(1)能长期反复使用，具有足够的强度。

(2)途中转运时，不动箱内的货物，可以直接换装。

(3)可以进行机械装卸，并可从一种运输方式比较方便地直接换装到另一种运输方式。

(4)便于货物的装卸作业和充分利用装载容积。

(5)内部几何容积在 1 m^3 以上。

2. 集装箱的分类

集装箱按用途可分为通用集装箱和专用集装箱两类。

(1)通用集装箱。通用集装箱用来装运需以棚车运送的成件货物，适应多种普通货物的运输，在国际上称为干货集装箱。

(2)专用集装箱。专用集装箱专门用来装运某一类别或某一品种的货物，如散装货物集装箱、灌装货物集装箱、冷藏集装箱、汽车集装箱等。

3. 集装箱货物运输条件

(1)集装箱必须在规定的集装箱办理站间运输。

(2)必须使用符合规定的集装箱。

(3)必须是适合集装箱运输的货物。

(4)必须符合按一批办理的条件。按一批办理的集装箱，必须是同一箱型、同一箱主、同一箱态，至少一箱，最多不得超过一辆铁路货车所能装运的箱数。

(5)符合集装箱重量的限制。集装箱货物的重量由托运人确定，但托运的集装箱每箱总重不得超过该集装箱的标记总重。当集装箱内单件货物的重量超过 100 kg 时，应在运单“托运人记载事项”栏内注明实际重量。

(6)集装箱不办理军事运输。

4. 集装箱运输组织及方式

集装箱运输的适用范围极为广泛，技术性较强，对装卸机械设备条件要求较高，集装箱调度和箱流调整工作较为复杂。为了加快发展集装箱运输，要求铁路建立和健全集装箱运输管理系统，实行专业化管理。铁路集装箱在集装箱办理站间办理运输业务。铁路集装箱实行统一调度、分级管理，进行集装箱运输的日常组织工作和集装箱箱流的调整工作。

随着铁路集装箱运输和拖车式集装箱运输的发展，铁路集装箱运输组织工作也获得新的发展，形成了集装箱定期直达列车、集装箱专用列车和双层集装箱列车三种运输组织。

(1)集装箱定期直达列车。集装箱定期直达列车定点、定线、定期、固定车底，循环运行于两个基地站间，不需重新编组，因此，运行速度快、效率高。对于零星运送的小批量的集装箱，往往不能为集装箱定期直达列车所吸收，但又需及时运送时，则可编入快运货物列车进行运送。

集装箱直达列车开行对集装箱运输的发展起到了很大的作用。但各个国家、各个不同发展时期组织直达列车的形式也不尽相同。集装箱直达列车应如何组织，要根据国家陆域的大小、主要资源的分布、铁路运输设备等情况加以确定，并贯彻运送速度快、服务质量优、运营成本低的原则。

(2)集装箱专运列车。集装箱专运列车一般是指在港口站编组开行的列车。当集装箱船到达港口时，在 24 h 内即可卸空，除到达港所在地区和近距离的集装箱可由汽车输送外，运程较远的集装箱则组织集装箱专运列车运送。由于集装箱船航行易受天气等自然条件的影响，到港日期不很准确，集装箱的去向和到站又不一致，因此，集装箱专用列车虽在列车运行图上有专门的运行线，但只能不定期地编组开行。

集装箱专用列车与定期直达车的相同之处在于都在铁路运行图上有专门的运行线，不同之处在于专运列车虽然也是大批量的集装箱和运输较长，但不是定期的，这种运输可以解决货源不均衡或者船期不定的矛盾。

(3)双层集装箱列车。双层集装箱列车或铁路双层集装箱运输的出现是集装箱运输史上的一次革命，它可以使单位运营成本降低 25%～40%，同时能使运能提高 30%以上，是我国铁路货物运输的发展方向。我国铁路双层集装箱运输的运营还处于初始阶段。

8.2.5.2 集装化运输

集装化运输是将一定数量的货物，根据各种货物的性质、外部形态、包装等情况，利用特别的器具，把零散的货物集装起来，形成一个较大的集装单元的货物运输，以达到便于装卸、搬运、储存、运输和计量的目的。

1. 集装货运输条件

(1)集装运输的货件，集装后每件体积不应小于 0.5 m^3，或重量不少于 500 kg。棚车装运的，每件重量不得超过 1 t，长度不超过 1.5 m，体积不超过 2 m^3，到站限制为叉式车配属站。敞车装运的，每件重量不得超过到站的最大起重能力(经到站同意者除外)。

(2)集装化货物与非集装化货物不得按一批运输。集装货件符合整车条件的按整车办理，不够整车条件的按零担办理。按零担办理的，一批只能采用同一集装方式。

(3)托运集装化货物，托运人须在月度要车计划(铁路运输服务订单)和货物运单上注明“集装化运输”字样，车站须加盖“集装化运输”戳记。批准后的集装化运输计划，不得以非集装化方式运输。

2. 集装货运输器具类型及管理

集装器具是指货物集装化运输所使用的集装容器和用具的总称。集装器具类型的选择主要取决于货物的性质和状态。集装器具主要有托盘、集装笼、集装架、集装袋、集装网、集装专用箱、集装夹、预垫式集装器具和滑板，如图 8-6 所示。

图 8-6　集装器具

集装化用具原则上由托运人、收货人自备。铁路根据为集装化运输服务的原则，也可准备一部分用具，采取出租或价拨的方式供托运人、收货人使用。

集装化用具需要回送时，车站根据运单记载的“集装化运输”戳记和按《铁路货物运输规程》规定签发的“特价运输证明书”办理回送，并按《铁路货物运价规则》规定费率核收运费。

为了加强集装化运输质量管理，确保行车、货物、人身安全，经铁路运输的集装化货物，将逐步实施集装化用具准运证制度。届时，持有准运证的集装化用具，在运输包装上需安装准运标牌或涂刷准运标记。实施准运证制度的集装化用具目录即将由铁道部提出。

8.2.6　铁路特种条件货物运输

8.2.6.1　超限货物运输

1. 超限货物运输的定义

铁路所承运的货物，其高度和宽度均有一定的限制。如果一件货物装车后有任何部位超出机车车辆限界即为超限货物。由于机车车辆限界和建筑接近限界之间有一定的安全空间，如采取一定的措施，有些超限的大件货物还是可以通过铁路运输，这就是超限货物运输。

2. 超限的种类

(1)根据超限货物的结构、形状可分为一侧超限和两侧超限。一侧超限可分为右侧超限和左侧超限。两侧超限又可分为对称超限和非对称超限。

(2)根据超限货物超出机车车辆部位的高度，可分为上部超限、中部超限和下部超限。

3. 超限等级

在运输超限货物之前首先要确定超限货物的等级。主要是根据货物计算点所在检定断面的实测宽度或计算宽度确定。超限货物以装车站列车运行方向为准，由线路中心线起分为左侧、右侧和两侧超限，并按其超限部位和超限程度划分为下列等级：

(1)上部超限。由轨面起高度(以下简称高度)超过 3 600 mm，有任何部位超限者，按其超限程度划分为一级、二级和超级超限。

(2)中部超限。在高度为 1 250～3 600 mm，有任何部位超限者，按其超限程度划分为一级、二级和超级超限。

(3)下部超限。在高度为 150～1 250 mm，有任何部位超限者，按其超限程度划分为二级和超级超限。

4. 超限货物处理方法

对那些虽然没有超出机车车辆限界，但要通过或到达特定装载限界区段内各站的货物，超出特定区段的装载限界时，其超限等级应按照下列规定办理：

(1)对超出特定区段装载限界，还没有超出一级超限限界的，按照一级超限办理；对超出一级超限限界的，应根据超出限界程度确定超限等级。

(2)发货人托运超限货物时，应向车站提供超限货物说明书、外形尺寸的三视图。对那些自带运转车轮的超限货物，还要提供自重、轴数、固定轴距、长度、制动器形式等资料。

(3)发站受理超限货物时，应按托运人提出的有关资料进行复测，必要时组织有关部门共同研究装车方案，确定超限等级。然后要向上级有关部门请示装运办法。如果到站为自局管内的各级超限货物，应向铁路分局请示。如果到站为跨及三局的超限货物或各局间运输的一级、二级超限货物，应向铁路局请示。如果到站为跨及四局以上的超限货物，以及通过普通电气化区段，其装后高度超过 5 150 mm 和装后高度为 5 000～5 150 mm，但其左侧或右侧宽度超过 750 mm 的超级超限货物，均应报铁路局，由铁路局审核后向铁道部请示。

8.2.6.2 超重货物运输

装车后，重车总重活载效应超过桥涵设计标准活载(中-活载)的货物，称为超重货物。根据货物的超重程度(即活载系数 Q 的大小)，超重货物分为三个等级：

(1)一级超重：$1.00 < Q \leqslant 1.05$；

(2)二级超重：$1.05 < Q \leqslant 1.09$；

(3)超级超重：$Q > 1.09$。

铁路局和站段必须高度重视运输安全管理工作，实行关键作业质量签认制度和关键作业工序间交接签认制度。铁路局货运处主要负责超限、超重货物运输电报的请示、批示以及相关行政许可的资质审查等。铁路局调度所负责超限、超重车的运行组织和运行掌握以及超限、超重货物所需空车的调配。

8.2.6.3 超长货物运输

一件货物的长度，超过所装平车的长度，需要使用游车或跨装运输时，称为超长货物。运输超长货物的途径称为超长货物运输。

超长货物装载方法有两种：一种是一车负重装载，在负重车的一端或两端使用游车；另一种是两车负重跨装，可在两负重车中间加挂游车或在负重车的一端、两端加挂游车，如图 8-7 所示。

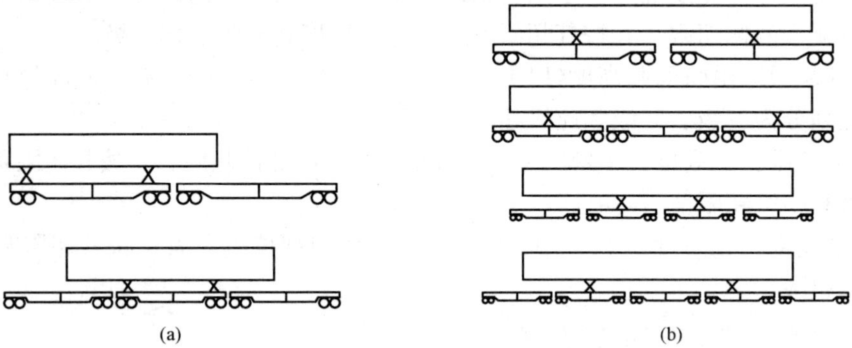

图 8-7 超长货物装载方法

(a)一车负重装载；(b)两车负重跨装

8.2.6.4 危险货物运输

1. 危险货物的定义及分类

在铁路运输中，凡具有爆炸、易燃、毒害、腐蚀、放射性等特性，在运输、装卸和储存保管过程中，容易造成人身伤亡和财产毁损而需要特别防护的货物，均属于危险货物。

危险货物按其主要危险性和运输要求分为九类：

第一类：爆炸品；

第二类：压缩气体和液化气体；

第三类：易燃液体；

第四类：易燃固体、自燃物品和遇湿易燃物品；

第五类：氧化剂和有机过氧化物；

第六类：毒害品和感染性物品；

第七类：放射性物品；

第八类：腐蚀品；

第九类：杂类。

有些货物虽不属于上述危险货物，但容易引起燃烧，在铁路运输过程中需采取防火措施，属易燃货物。

2. 危险货物装卸、储存场所和设施的要求

(1)对装卸、储存专用场地和安全设施设备应实施封闭管理并设立明显的安全警示标志。设施设备布局、作业区域划分、安全防护距离等应符合相关规定。

(2)设置有与办理货物危险特性相适应，并经相关部门验收合格的仓库、雨篷、场地等设施，配置相应的计量、检测、监控、通信、报警、通风、防火、灭火、防爆、防雷、防静电、防腐蚀、防泄漏、防中毒等安全设施设备，并对其进行经常性维护、保养，保证设施设备的正常使用。

(3)装卸设备符合安全要求，易燃、易爆的危险货物装卸设备应当采取防爆措施，罐车装运危险货物应当使用栈桥、鹤管等专用装卸设施，危险货物集装箱装卸作业应当使用集装箱专用装卸机械。

(4)法律、行政法规、标准和安全技术规范规定的其他条件。

8.2.6.5 鲜活货物运输

1. 鲜活货物的定义及分类

鲜活货物是指在铁路运输中需要采取特殊措施(如冷藏、保温、加温等)，以防止腐烂变质或病残死亡的货物。

鲜活货物分为易腐货物和活动物两大类，其中占比例最大的是易腐货物。

(1)易腐货物是指在一般条件下保管和运输时，极易受到外界气温及湿度的影响而腐坏变质的货物。易腐货物主要包括肉、鱼、蛋、水果、蔬菜、冰鲜活植物等。

(2)活动物包括禽、畜、兽、蜜蜂、活鱼、鱼苗等。

2. 鲜活货物运输的特点

(1)品类多、运距长、组织工作复杂。我国出产的鲜活类货物有几千种之多，性质各不相同，运距长，加之南北方气温相差大，不仅同一地区在不同季节需要不同的运输条件，就是在同一季节，当车辆行经不同地区时，也要变换运输条件。在一次运送过程中，可能兼有冷藏、保温和加温三种运送方法。鲜活类货物的组织工作与普通货物相比要复杂得多。

(2)季节性强、运量波动大。鲜活类货物大部分是季节性生产的农副产品，水果集中在三、四季度，南菜北运集中在一、四季度，水产品集中在春秋汛期。在收获季节，运量猛增；在淡季，运量大大降低。

(3)运输时间紧迫。鲜活类货物本身的特点是新鲜、成活。鲜活性质能否保持与运输时间的长短密切相关。铁路在运输鲜活货物时，虽然使用了特种车辆，采取了特殊措施，但若是运输时间过长，还是会影响鲜活货物原来的质量。

(4)易受外界气温、湿度和卫生条件的影响。鲜活类货物一般比较娇嫩，热了容易腐烂，冷了容易冻坏，干了容易干缩，碰破了及卫生条件不好容易被微生物侵蚀，使易腐货物腐烂变质，使活动物病残死亡。为此，人们采取各种保藏方法来抑制微生物的滋长，减缓呼吸作用，以延长保藏时间。其中，冷藏的方法是迄今最大量、最普遍、最有效的保藏食品的方法。

3. 活动物运输的基本条件

托运活动物时，托运人应按照国家有关规定提出检疫证明，在货物运单“托运人记载事项”栏内注明检疫证明的名称和号码，并将随货同行联牢固地粘贴在运单背面。对承运

的活动物，发站应在货物运单、货票、封套上注明“活动物”和“禁止溜放”字样。

蜜蜂运输时，托运人要按车填写物品清单(一式三份，一份留站存查，一份随票递送到站，一份交托运人)。物品清单要记明蜜蜂的空箱数、有蜂箱数、押运人所带的生活用品、饲养工具及蜜蜂饲料等。

托运猛禽、猛兽时，托运人应与发站商定运输条件和运输防护方法，报发送铁路局批准。跨局运输时，发送铁路局应将商定的事项通知相关铁路局。托运人应在货物运单“托运人记载事项”栏内注明商定的运输条件和运输防护方法。

运输活动物时，托运人必须派熟悉动物特性的押运人随车押运，负责做好动物的饲养、饮水、换水、洒水、看护和安全工作。

4. 鲜活货物运输组织管理工作要求

良好的运输组织管理工作，对保证鲜活类货物的质量十分重要。鲜活类货物运输的特殊性，要求保证及时运输。应充分发挥铁路运输快速、直达的特点，协调好仓储、配载、运送各环节，及时送达。配载运送时，应对货物的质量、包装和温度要求进行认真的检查，包装要合乎要求，温度要符合规定。应根据货物的种类、运送季节、运送距离和运送地方，确定相应的运输服务方法，及时地组织适宜车辆予以装运。鲜活类货物装车前，必须认真检查车辆及设备的完好状态，应注意清洗和消毒。装车时应根据不同货物的特点，确定其装载方法。如为保持冷冻货物的冷藏温度，可紧密堆码。如需运载水果、蔬菜等需要通风散热的货物，必须在货件之间保留一定的空隙。如运载怕压的货物必须在车内加隔板，分层装载。

8.2.7 铁路货物运输事故

1. 货物运输事故的种类和等级

货物在铁路运输过程中(含交付完毕后点回保管)发生丢失、短少、变质、污染、损坏以及严重的办理差错，在铁路内部均属于货物运输事故。

货运事故分为以下七类：

(1)火灾；

(2)被盗(有被盗痕迹)；

(3)丢失(全批未到或部分短少，没有被盗痕迹的)；

(4)损坏(破裂、变形、磨伤、摔损、部件破损、湿损、漏失)；

(5)变质(腐烂、植物枯死、活动物非中毒死亡)；

(6)污染(污损、染毒、活动物中毒死亡)；

(7)其他(整车、整零车、集装箱车的票货分离和误运送、误交付、误编、伪编记录以及其他造成影响而不属于以上各类的事故)。

2. 货物运输事故的等级

铁路货物运输事故分为重大事故、大事故和一般事故三个等级。

(1)重大事故(构成下列情况之一，以下同)。

1)由于货物染毒或危险货物发生事故，造成人员死亡 3 人或死亡重伤合计 5 人以上的。

2)货物损失及其他直接损失(以下同)款额 30 万元以上的。

(2)大事故。

1)由于货物染毒或危险货物发生事故，造成人员死亡不足 3 人或重伤 2 人以上的。

2)损失款额 10 万元以上未满 30 万元的。

(3)一般事故。

1)未构成重大事故、大事故的人员重伤事故。

2)损失款额在 2 000 元以上未满 10 万元的。

8.3 行车组织

铁路行车组织是铁路运输组织的重要组成部分，是铁路综合运用各种技术设备、合理组织列车运行、实现旅客和货物运输过程的计划和组织工作。其主要内容包括列车编组、车流组织和列车编组计划、列车运行图、铁路线路的通过能力、车站行车组织工作、运输调度指挥和行车安全等。

8.3.1 列车编组

8.3.1.1 列车的定义、分类及车次

1. 列车的定义

铁路车辆按规定重量、长度及编挂条件编成车列，挂有机车和规定的列车标志并指定有列车车次时，称为列车。由此可见，列车必须具备以下三个条件：

(1)有关规定编成的车列。

(2)挂有牵引本次列车的机车。

(3)有规定的列车标志。

2. 列车的分类及车次

列车按运输性质和用途的不同可分为旅客列车、行邮行包列车、货物列车及专用列车。

(1)旅客列车。旅客列车是指以客车(包括代用客车)编组的，运送旅客及行李、包裹、邮件的列车。其包括动车组、直达特快旅客列车、特快旅客列车、快速旅客列车、普通旅客列车、通勤列车、临时旅客列车、临时旅游列车等。

(2)行邮行包列车。行邮行包列车是指固定车辆编组及发站、到站的专门运送旅客行李、包裹和邮件的列车。其包括行邮特快专列、行包快运专列。

(3)货物列车。货物列车是指为运输货物(包括排空)而编组的列车。

(4)专用列车。专用列车是指指定专用用途的列车。其包括路用列车、救援列车、军用列车等。

为便于计划安排和具体掌握列车运行情况，各类列车均应冠以固定车次。这样，就可

以从不同的车次辨别该次列车的种类、等级和运行方向。

我国主要的货物列车种类及车次见表8-4。

表8-4　我国主要的货物列车种类及车次

顺序	列车种类	性质或用途	编写车次
1	始发直达列车	在一个车站或相邻几个车站装车后编组，通过一个及其以上编组站不进行改编作业的列车	85001～85998
2	技术直达列车	在技术站编组，通过一个及其以上编组站不进行改编作业的列车	10001～19998
3	直通列车	在技术站编组，通过一个及其以上区段站不进行改编作业的列车	20001～29998
4	区段列车	在技术站编组，到达相邻技术站，在区段内不进行摘挂作业的列车	30001～39998
5	摘挂列车	在技术站编组并在邻接区段内各中间站进行车辆摘挂作业的列车	40001～44998
6	枢纽小运转列车	在枢纽内各站间开行的列车	45001～49998
7	重载货物列车	牵引总重达到5 000 t及其以上的列车	71001～72998
8	快运货物列车	快速运送鲜活易腐及其他急运货物的列车	82701～82789

8.3.1.2　列车的编组

1. 旅客列车的编组

旅客列车的编组，见本书“8.1.3　旅客列车编组”的相关内容。

2. 货物列车的编组

货物列车应按照列车编组计划、列车运行图和《铁路技术管理规程》等的有关规定进行编组。

(1)编入货物列车的车辆去向、车辆编挂方法等应符合列车编组计划的规定。

(2)货物列车的重量和计长应符合列车运行图的规定(摘挂列车除外)。未经有关部门批准，车站不准发出欠轴、超重和超长列车。

(3)编入货物列车中的车辆的技术条件、装载危险货物车辆的隔离、关门车的编挂、机车编入列车的条件等，均应符合《铁路技术管理规程》的规定。

8.3.2　车流组织和列车编组计划

8.3.2.1　车流组织

1. 车流组织的概念

车流组织就是规定车流由发生地向目的地运送的办法，是铁路行车组织的一项重要内容。铁路沿线各装车站装出的重车向卸车地点输送形成了重车流，卸车站将卸后的空车向装车地点回送形成了空车流，重、空车流只有编成列车才能在铁路线路上向目的地运送。车流组织要解决的问题就是如何将车流变成列车流，使重、空货车编入最适宜的到达站的列车内，从而迅速、经济地送到目的地。我国铁路车流组织工作是通过编制和执行货物列车编组计划的形式来实现的。

2. 货流、车流与列流

(1)货流。货流是指一定时间内某一运输线路路段上一定方向的货物流动。其包含流向、流量和流时等要素。流向是货物运输的方向，有顺向和反向之别，一般以货流量较大的方向为顺向，反之为反向；流量是一定流向内的货物运量；流时是货流发生的时间。货流可以在一定程度上反映一个国家工农业之间、城乡之间、地区之间和企业之间的经济联系，以及国家的经济状况和运输业水平。

(2)车流。在客、货运输中，各种车辆在装载地与卸载地之间的行驶过程也称为车流。装载客、货的车辆向卸载客、货地方向行驶的过程称为重车流；卸载之后的空车向再次装载客、货地方向行驶的过程称为空车流。

(3)列流。将具有一定去向的货车车辆按照列车编组计划编组成列车，这些列车也有了一定的去向，形成了列流。列车是铁路运输的基本单元，列流就是具有一定去向的列车的集合。列流的大小用列车流量或行车量衡量，以每天开行的列车数量来表示。

从货流到车流、由车流形成列流在铁路线上运行的过程，就是铁路完成货物运输的过程。中间需要进行大量的组织工作。把货流组织成车流，是货物运输计划需要解决的问题；把车流组织成列流，是货物列车编组计划的任务；列车流的组织、规划列车运行的秩序则主要靠列车运行图来完成。上述关系可以用图 8-8 来表示。

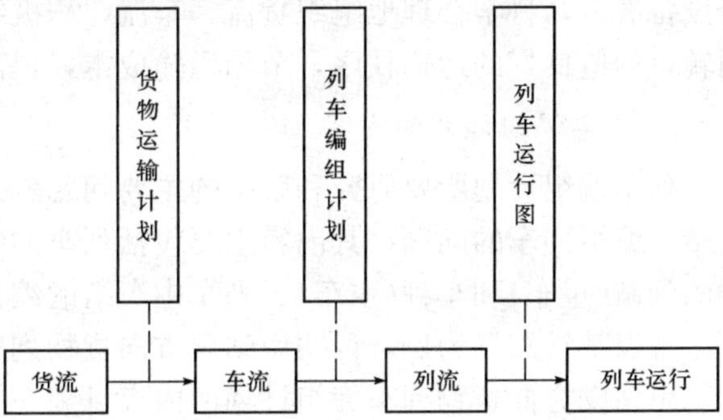

图 8-8　货流、车流、列流关系图

3. 车流组织的原则

铁路车流组织工作大致应遵循以下原则：

(1)在装车量较大的车站或地区组织始发直达列车。

(2)在卸车量较大、产生空车较多的车站或地区尽量组织空车直达列车。

(3)未纳入始发直达和空车直达列车的重、空车流向就近的技术站集结，按车流去向、流量大小和流程远近分别编入各种适当的列车，主要是技术直达列车、直通货物列车和区段货物列车，逐步输送到终到站。

(4)中间站到发的零星车流一般用摘挂列车或区段小运转列车输送。

(5)在枢纽地区到发的零星车流一般用枢纽小运转列车输送。

4. 车流组织方式

当一个车站有发往到站不同的货车时，如果完全按同一货车到站来编组列车，往往几天甚至更长时间也凑不足一列车。因此，除一些流量较大的可以按货车到站编组同一到站的列车外，大部分车流按以下两种方式组成列车：

(1)编组单组列车。将远距车流和近距车流混编成单一车组，开到近距车流到达的技术站解体后，再将远距车流同站上其他车流，编成新的列车运送。

(2)编组分组列车。将远距车流和近距车流分组选编，在途中技术站摘下近距车组，或不再补挂车组，或进行车组换挂，然后列车继续开往前方技术站。这样，才能保证加速全部车流的运送，减少货车改编作业量，达到有效使用车站设备和节省运输费用的目的。

8.3.2.2 列车编组计划

列车编组计划是车流组织的具体体现，是铁路行车组织工作较长期的基础性质的计划，在铁路运输组织工作中占有十分重要的地位。列车编组计划是联系运输计划和列车运行图的重要环节，是编制列车运行图的基础。列车编组计划根据全路各技术站的设备和能力合理分配列车解编任务，起着全路各技术站同意技术作业过程的作用。在日常运输工作中，通过调整列车编组计划可以疏导车流、改变枢纽或方向的能力紧张状况，从而保证运输通畅。

1. 列车编组计划的基本任务

根据货流、车流特点和主要站场、线路设备情况以及货物运输市场需求，充分发挥既有设备潜力，科学合理地组织货流、车流，积极组织直达运输，加速货物运送和机车车辆周转，创造良好的运输秩序，节约运输成本，提高运输效率和经济效益。

2. 列车编组计划的内容

列车编组计划所要研究和解决的主要问题就是怎样编组列车、编组哪些列车和在哪些车站上编组列车的问题。其内容主要包括列车的编组站、列车的解体站(到站)、列车中车辆的到站(重车)和车种(空车)、列车中车组的编挂方法。

现以某铁路局为例，说明甲站戊方向货物列车编组计划的内容。

甲站戊方向货物列车编组计划的内容见表 8-5。

表 8-5 甲站戊方向货物列车编组计划的内容(示例)

发站	到站	编组内容	列车种类	定期车次	附注
甲	戊	戊及其远	技术直达		
甲	丙	丙及其远空敞车	直通		按组顺编组
甲	乙	乙及其远	区段		
甲	乙	A～G 间按站顺乙及其远	摘挂		

从表 8-5 中得知，列车编组计划主要有以下内容：

(1)发站：指列车编组出发的车站。

(2)到站：指列车的终到站(解体站)。

(3)编组内容：规定了该列车用哪些车流编组及车组的编挂方法。

(4)列车种类：表示该种列车的分类。

(5)定期车次：若该列车为装(卸)车地组织的直达列车，则表示该列车开行期间的固定车次。

(6)附注：对编组内容栏加以补充说明，常见的说明如按站顺、按组顺、规定基本组重量、开行列数等。

编组内容栏规定的列车中车组的编挂方法，通常为以下几种：

(1)单组混编，即该列车到达站及其以远的车辆，不分到站、不分先后混合编挂。

(2)分组选编，即一个列车中分为两个及其以上的车组，属于同一组的车辆必须编挂在一起。对车组的排列无特殊要求者，可以不按组顺编挂。

(3)到站成组，即在列车中同一到站的车辆必须编挂在一起。

(4)按站顺编组，即在列车中除同一到站必须编挂在一起外，还要求按车辆到站的先后顺序进行编挂。

3. 列车编组计划的编制程序

(1)确定日均计划重、空车流量。

(2)选择车流径路、制定分流办法。

(3)制定统一重量标准。

(4)研究提高能力的可能性。

(5)编制快运货物列车编组计划。

(6)编制始发直达列车编组计划。

(7)编制空车直达列车编组计划。

(8)编制技术站列车编组计划。

(9)检查始发直达列车编组计划同技术直达列车编组计划的配合情况，并修正不配合的始发直达列车到达站。

8.3.3 列车运行图

8.3.3.1 列车运行图的概念及作用

列车运行图是用来表示列车在铁路区间运行及在车站到发或通过时刻的技术文件。其规定各车次列车占用区间的程序，列车在每个车站的到达和出发(或通过)时刻，列车在区间的运行时间，列车在车站的停站时间以及机车交路、列车重量和长度等，是全路组织列车运行的基础。

列车运行图的作用主要表现在以下两个方面：

(1)列车运行图是列车运行时刻表的图解，规定各次列车按一定的时刻在区间内运行及在车站到、发和通过。

(2)列车运行图是列车运行的时间与空间关系的图解，它表示列车在各区间运行及在各车站停车或通过状态的二维线条图。

8.3.3.2 列车运行图的表示形式

列车运行图以横轴表示时间，并用垂直线等分横轴代表一昼夜的小时和分钟；以纵轴表示距离，并按列车在各区间运行时分的比例画水平线，代表各车站中心线的位置。图上的斜线称为列车运行线。其与车站中心线的交点就是该列车在区段内有关车站的到、发或通过时刻。为了区别每一列车的不同性质和用途，在运行图中用不同颜色和符号的运行线来表示不同种类的列车，并对每条运行线冠以相应的车次。列车运行图上还应标明区段名称、各站站名、区间公里、延长公里、闭塞方式、机车类型、列车重量和换长等必要的资料，如图 8-9 所示。

区段	机车类型	旅客列车质量
$A—B$	北京型	700 t

列车运行图

中华人民共和国铁道部

××铁路局
线($A—B$间)

区段	机车类型	货物列车重量		换长
		下行	上行	
$A—B$	ND_5	1 500 t	3 800 t	70.0 m

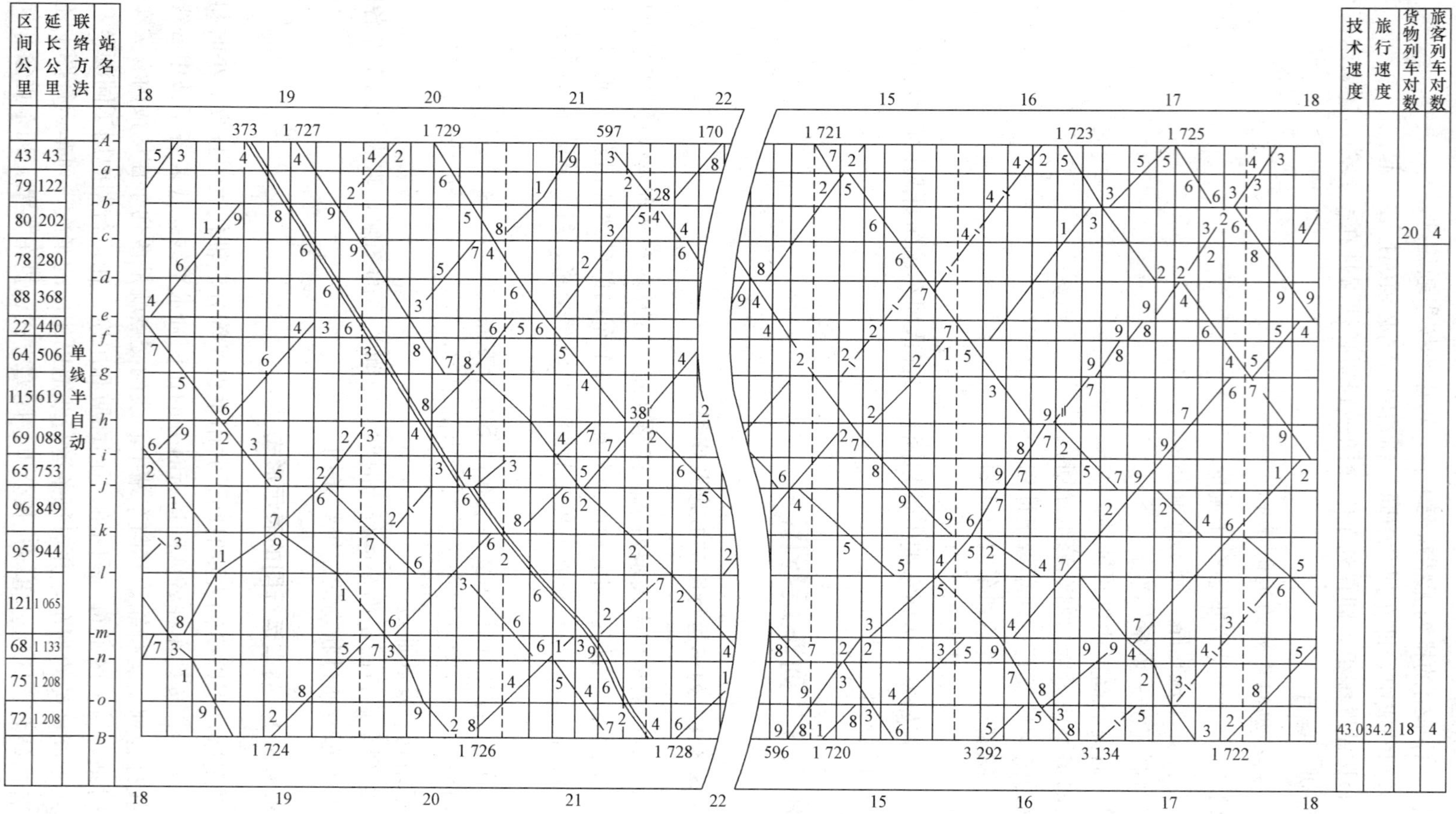

图 8-9　列车运行图

为了适应使用上的不同需要，列车运行图按时间划分方法的不同，可有如下三种格式：

(1)二分格运行图。二分格运行图的横轴以 2 min 为单位用细竖线加以划分，二分格图主要在编制新运行图时使用，如图 8-10 所示。

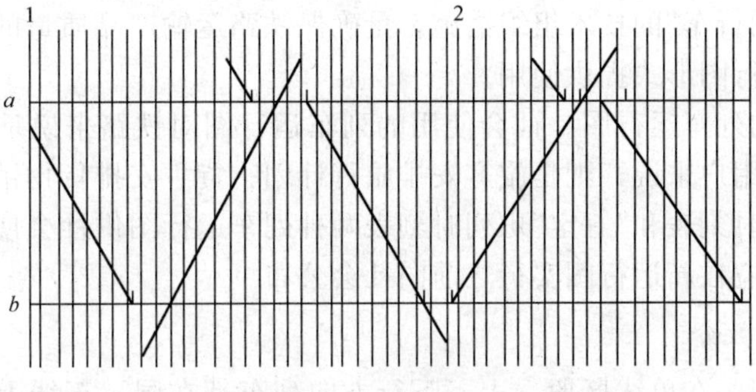

图 8-10　二分格运行图

(2)十分格运行图。十分格运行图的横轴以 10 min 为单位用细竖线加以划分，半小时格用虚线表示。十分格图主要供列车调度员在日常调度指挥工作中编制调度调整计划和绘制实际运行图时使用，如图 8-11 所示。

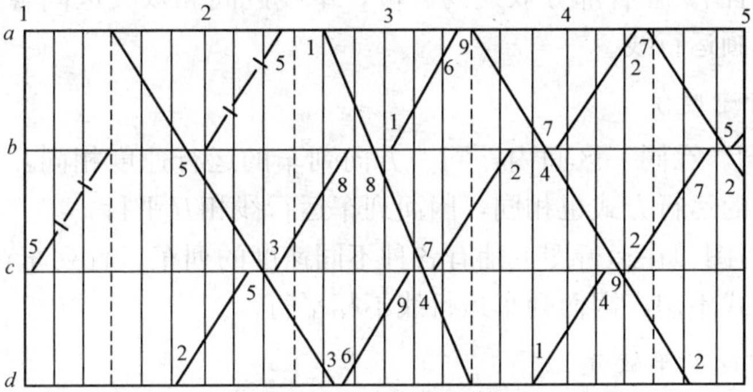

图 8-11　十分格运行图

(3)小时格运行图。小时格运行图的横轴以 1 h 为单位用细竖线加以划分，如图 8-12 所示。小时格图主要在编制旅客列车方案图和机车周转图时使用。

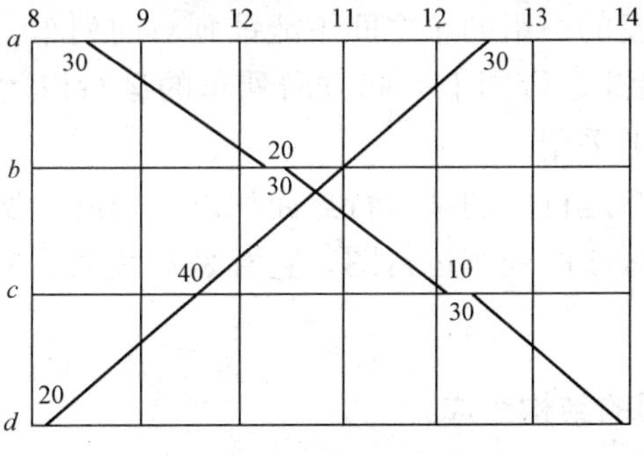

图 8-12　小时格运行图

8.3.3.3 列车运行图的分类

1. 按使用范围分

(1)铁路内部使用的列车运行图。铁路内部使用的列车运行图是铁路组织运输生产的依据，是实现“按图行车”的技术组织措施，是确保铁路运输产品质量的基础。在我国，通常以图形的列车运行图形式提供使用。

(2)社会使用的列车运行图。社会使用的列车运行图对铁路来说是铁路运输产品的供销计划，而对社会用户来说，则是旅客安排旅行计划、货主安排货物销售计划的依据。在我国，有旅客列车时刻表和“五定”班列时刻表两种列车运行图供社会使用。旅客列车时刻表和班列时刻表都应在新运行图实行之前向社会公布。

2. 按区间正线数分

(1)单线运行图。在单线区段，上、下行方向列车都在同一正线上运行，因此，两个方向列车必须在车站上进行交会。

(2)双线运行图。在双线区段，上、下行方向列车在各自的正线上运行，因此，上下行方向列车的运行互不干扰，可以在区间内或车站上交会。但列车的越行必须在车站上进行。

(3)单双线运行图。在有部分双线的区段，单线区间和双线区间各按单线运行图和双线运行图的特点铺画运行线。

3. 按列车运行速度分

(1)平行运行图。在同一区间内，同一方向列车的运行速度相同，且列车在区间两端站的到、发或通过的运行方式也相同，因而列车运行线相互平行。

(2)非平行运行图。在运行图上铺有各种不同速度的列车，且列车在区间两端站的到、发或通过的运行方式不同，因而列车运行线不相平行。

4. 按上下行方向列车数分

(1)成对运行图。成对运行图是上、下行方向列车数相等的列车运行图。

(2)不成对运行图。不成对运行图是上、下行方向列车数不相等的列车运行图。

5. 按同方向列车运行方式分

(1)连发运行图。在连发运行图上，同方向列车的运行以站间区间为间隔。单线区段采取这种运行图时，在连发的一组列车之间不能铺画对向列车。

(2)追踪运行图。在追踪运行图上，同方向列车的运行以闭塞分区为间隔，在装有自动闭塞的单线或双线区段上采用。

上述分类都是针对列车运行图的某一特点而加以区别的。实际上，每张运行图都有多方面的特点，例如，某一区段的列车运行图，它既是双线的、非平行的，又是追踪的，如图 8-13 和图 8-14 所示。

8.3.3.4 列车运行图的结构组成

列车运行图的结构组成要素有下列各项：

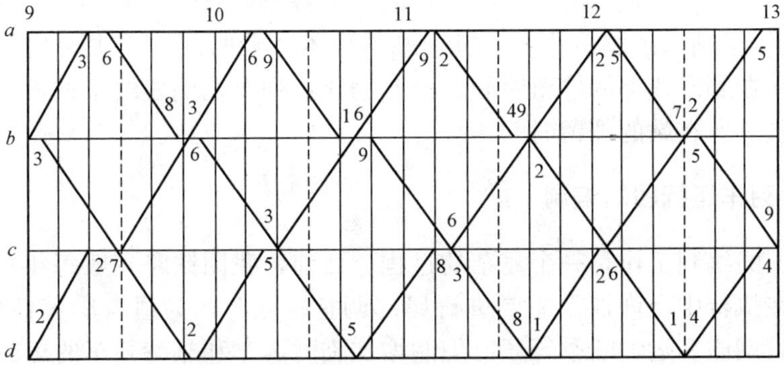

图 8-13　单线成对非追踪平行运行图

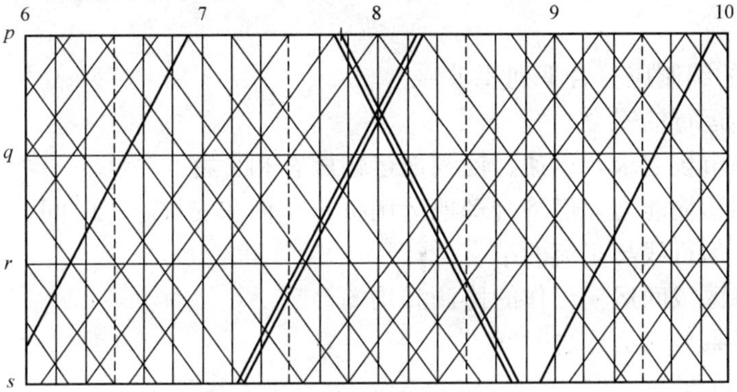

图 8-14　双线追踪非平行运行图

(1)列车在区间的运行时间。列车在区间的运行时间是指各种列车运行于两个站间所需要的时间。它是按每一区间并分别上下行方向确定的。各种列车的区间运行时分，一般除按照列车通过车站的条件查定外，由于列车在车站起车、停车和通过速度有变化，还要查定列车在各车站起车和停车的附加时分。

(2)列车停站时间。列车停站时间是指列车在车站上进行各种作业及列车会车、越行等所需要的最小停车时分。上述作业主要包括旅客乘降，行李、包裹、邮件装卸，车辆摘挂，零担货物装卸，快运货物列车加冰和上水，以及机车上水、更换机车、摘挂补机、检查车辆等。

(3)列车在车站的间隔时间。列车在车站的间隔时间是指车站为保证列车运行安全，办理列车到发和通过作业所需要的最小间隔时间。主要有相对方向列车不同时到达的间隔时间、会车间隔时间、同方向列车连发间隔时间。

(4)自动闭塞区间追踪列车间隔时间。自动闭塞区间追踪列车间隔时间是指在装有自动闭塞的区间，同方向追踪运行的两辆列车彼此间以闭塞分区相间隔所需要的最小间隔时间。

(5)机车在本段、外段和车站的停留时间。客、货运机车在本段或外段及其所在站，从到达车站时起至由车站出发时止的全部停留时间标准包括三部分，即机车在车站到发线的停留时间、机车出入段走行时间、机车在段内整备作业时间。

(6)列车在编组站、区段站及客、货运站的技术作业时间。其主要包括到达解体列车和编组出发列车在到发线上的停留时间、无改编作业列车在到发线上的停留时间、客车底在客车本外段及其所在站的停留时间。

8.3.3.5 列车运行图的编制

列车运行图的编制工作是一个复杂的过程。目前，我国铁路一般每年在全路定期编制一次运行图，在执行中允许根据需要进行局部调整。同时，为适应季节性旅客运输需要，如春节运输和暑期旅客运输旺季等还需编制增加临时客车和旅游列车的运行图。

我国铁路已经实现用计算机编制列车运行图。为了保证客、货列车按运行图运行和经济合理地运用机车，应在编制列车运行图的同时绘制机车周转图。机车周转图是根据该区段所采用的机车运转制和乘务制度，以及列车运行方案编制的机车运用工作的计划。

列车运行图的编制应符合下列要求：

(1)确保列车运行的安全。

(2)适应运输市场需求，迅速、便利地运输旅客和货物。

(3)充分利用运输能力，经济合理地运用机车车辆和安排施工时间。

(4)做好列车运行线与车流的结合。

(5)各站、各区段间运输工作的协调和均衡。

(6)合理安排乘务人员作息时间。

8.3.4 铁路线路的通过能力

铁路线路的通过能力是指在现有技术设备、行车组织方法及规定的技术作业过程条件下，铁路线路在一昼夜内所能通过的最大列车对数或列数(对/日)。它表示在一定类型机车及行车组织方法(运行图类型)条件下，利用固定设备所能通过一条线路规定重量(牵引定数)的最大行车量。固定设备包括区间、车站、机务段设备及整备设备、给水设备和电气化铁路供电设备。按照铁路区段各项固定设备计算的铁路通过能力又称为区间通过能力、车站通过能力等，其中的最小值即为铁路区段的最终通过能力。

1. 通过能力的确定因素

通过能力的确定主要考虑以下一些因素：

(1)区间通过能力。

(2)车站通过能力，按到发场、到发线和工作量最大的咽喉道岔来计算。

(3)机务段设备和整备设备的通过能力，按蒸汽机车的洗修台位、内燃机车与电力机车的定修台位、蒸汽机车温水洗炉装置及段内整备线计算。

(4)给水设备通过能力，按水源、扬水管路和动力扬水机械设备计算。

(5)电气化铁路线的供电设备通过能力，按牵引变电所计算。

另外，通过能力的大小与采用的列车运行图有关。运行图有多种，其中平行运行图(各种列车均为等速运行)是计算区间最大可能通过能力的基础。通常采用非平行运行图

(各种列车按不同速度运行)计算。

2. 铁路区间通过能力

铁路区间通过能力是指一个区间根据现有的固定设备(区间正线数目、区间长度、线路纵断面、信号、联锁及闭塞设备等),在一定类型的机车、车辆和行车组织方法的条件下,一昼夜内所能通过的最多列车对数或列车数。

铁路区间通过能力主要取决于该区段的技术设备和所采用的行车组织方法,例如,区间正线数量、区间长度、线路纵断面、机车车辆类型及信号、联锁与闭塞方式和列车运行图的类型等。列车运行图类型对区间通过能力影响很大,在同样的技术装备条件下,采取不同的运行图类型,通过能力就有较大不同。计算区间通过能力,一般是首先计算平行运行图的区间通过能力,然后,在此基础上再计算非平行运行图的区间通过能力。

平行运行图区间通过能力应分别对区段内的每一区间进行计算。运行图周期最大的区间称为该区段的限制区间,限制区间的通过能力,即为该区段的通过能力。运行图周期是指一定类型运行图中反复出现的一组列车占用区间的总时间。

3. 铁路车站通过能力

铁路车站通过能力是指车站在现有设备条件下,采用合理的技术作业过程,于一昼夜内所能通过或接发的最多列车对数或列数。它包括咽喉通过能力和到发线通过能力。车站通过能力是取咽喉通过能力和到发线通过能力中的最小值。

采用合理的作业组织和先进工作方法,以减少进路交叉干扰和缩短各项作业占用设备的时间标准,特别是采取可行的技术组织措施促进车站各作业环节之间能力的协调,以及组织各方向列车均衡到发以减少各种作业间的等待时间,将有助于提高车站的通过能力和改编能力,为保持车站的正常作业秩序创造条件。

8.3.5 车站行车组织工作

车站是铁路运输的基层生产单位。为了使车站各车间、各工种协调而有节奏地进行日常运输生产,充分发挥技术设备的效能,技术站和货运站均设有调度机构,通过制订车站作业计划来组织指挥车站日常生产活动。车站行车组织工作的主要内容包括接发列车工作、列车及货车的技术作业工作和调车工作等。

8.3.5.1 接发列车工作

接发列车工作是车站根据行车闭塞方式及技术设备条件,办理列车由区间接入、向区间发出和通过所进行的作业,是列车运行不可缺少的重要环节。

车站接发列车作业的主要内容有办理区间闭塞;准备接、发列车进路;开放和关闭进站、出站信号;交接行车凭证;接、送列车和指示发车等。这些作业必须按照一定的程序和要求进行。

1. 办理区间闭塞

在正常情况下办理区间闭塞,铁路列车运行采用区间(闭塞分区)间隔的行车方法。

即在同一时间和同一区间(闭塞分区)内的一条正线上，只允许有一辆列车运行，为此而设置的技术设备，称为行车闭塞设备。同一区间的两端车站之间使用闭塞设备确认区间(闭塞分区)空闲，并办理区间闭塞手续(双线区间由发车站向接车站发出发车预告)，取得列车占用区间的许可，这应是车站办理接发列车工作的收腰作业程序。

2. 准备接、发列车进路

列车在车站到达、出发或通过所需占用的一段站内线路，称为列车进路。接车进路是由进站信号机至接车线末端计算该线路有效长的警冲标或出站信号机之间的一段线路；发车进路是由列车前端至相对方向进站信号机(单线区段)或站界标(双线区段)之间的一段线路；通过进路是该列车通过线两段进站信号机或进站信号机至站界标之间的一段线路。

为保证列车在站内运行的安全，当列车出入车站前，车站值班员应正确发布准备列车进路的命令，有关人员应及时停止影响列车进路的调车工作，将进路有关的道岔开通到正确位置并锁闭，确认列车进路空闲和准备妥当。

3. 开放和关闭进站、出站信号

只有在区间闭塞手续办理完毕，列车进路确已准备妥当以后，车站才能开放进站(或出站)信号机，准许列车进(出)车站。信号一旦开放后，列车进路有关的道岔和敌对信号机就全部锁闭，不能中途转换，从而可以确保列车的运行安全。只有在信号机关闭以后，列车进路有关的道岔和敌对信号机才能解锁、重新转换。因而，信号开放过早势必会影响与列车进路有关的其他作业：信号开放过晚则会造成进站列车运缓、站外停车、冒进信号或列车出发晚点。信号关闭过早，会使列车进路有关的道岔和敌对信号机提前解锁，威胁列车运行安全；信号关闭过晚，则会耽误与列车进路有关的其他作业，影响车站作业效率。由于车站技术设备的不同，信号机的开放和关闭的方式与时机也有不同要求。

4. 交接行车凭证

交接行车凭证采用自动闭塞和半自动闭塞的区间，在正常情况下，列车占用区间的许可是通过出站信号机进行显示。车站在接发列车时，不必与机车乘务组交接行车凭证。但在采用其他行车闭塞法或非正常情况下，列车司机必须取得规定的行车凭证，才能向区间发车。为此，车站必须在办理区间闭塞，取得占用区间许可，确认发车进路准备妥当以后，才能向列车司机递交行车凭证，然后指示发车。在列车运行至前方车站，全列到达以后，列车司机将行车凭证交回车站，开通区间。对于不同车通过车站的列车，其行车凭证的交接，由车站和机车乘务组利用设置在列车通过线路一侧的自动交递装置在列车行进中办理。交递不上时应停车交付。车站和列车司机对交接的行车凭证都要仔细确认，防止错误，以保证列车运行安全。

5. 接、送列车和指示发车

当列车进出车站时，接发列车工作人员应在规定地点接送列车，注意列车运行情况和货物装载状态，发现有危及人身、货物或行车安全的情况，应及时采取有效措施妥善处理。

车站发车人员只有在确认列车取得占用区间许可、发车进路准备妥当、影响进路的调车工作已经停止、列车各项作业已经办理完毕以后，方可按规定时刻显示发车指示信号或发车信号，准许列车由车站出发。

自动闭塞接、发车作业流程，如图 8-15 和图 8-16 所示。

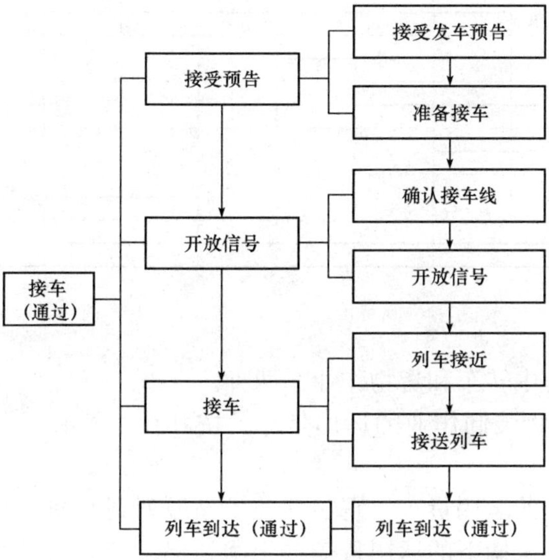

图 8-15　双线自动闭塞接车(通过)作业流程

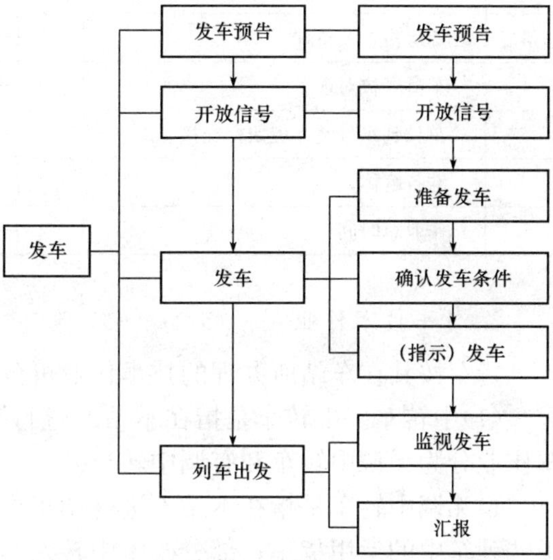

图 8-16　双线自动闭塞发车作业流程图

8.3.5.2　货物列车及货车的技术作业

铁路技术站和货运站的主要生产活动是办理各种货物列车及货车的技术作业。为了保证列车运行安全和货物完整，货物列车在始发站、到达站和运行途经技术站的到发线上及摘挂列车在中间站办理的各项技术作业，统称为货物列车技术作业。货车自到达车站时起，至由车站发出时止，在车站办理的各项技术作业，统称为货车技术作业。

1. 货物列车技术作业

为保证货物列车运行的安全和货物的完整，货物列车在始发站、到达站和运行途经技术站的到发线上要办理一定种类的列车技术作业。

(1)始发列车出发作业。由技术站或装车站编组始发的货物列车，在调车场编组作业完了转往出发场，在出发线上进行的技术作业，称为始发列车出发作业。

(2)无调中转列车作业。直达、直通货物列车运行途中经过某些技术站时，虽不进行改编调车作业，但是为了列车继续运行的安全和货物完整，在途经技术站到发线上进行的中转技术作业，称为无调中转列车作业。

(3)部分改编中转列车作业。在技术站对货物列车进行变更重量、换挂车组等少量调车作业后，继续运行的货物列车，称为部分改编中转列车作业。

(4)解体列车到达作业。货物列车到达解体站后，车列解体前，在到达线上进行的技术作业，称为解体列车到达作业。此类列车的技术作业及其时间标准见表 8-6。

表 8-6 到达解体列车技术作业过程

顺序	作业项目	作业时间/min							
		0	5	10	15	20	25	30	35
1	检车员、车号员、货运检查员出动								
2	车辆技术检修(包括试风和摘机车)								
3	货运检查及整理								
4	车员号核对现车								
5	车长到车号室办理票据交接								
6	准备解体								
	作业总时间								

2. 货车技术作业

货车按其在车站所办理的技术作业可分为中转车和货物作业车两种。

(1)中转车。中转车是指在本站不进行货物装卸作业的运用货车。按其在本站有无调车作业分为无调中转车和有调中转车。

1)无调中转车是指在本站不进行调车作业的运用货车。它包括技术站原列到开的无调中转列车中的运用货车；部分改编中转列车中未摘下的运用货车；中间站保留列车上的运用货车。

2)有调中转车是指在本站经过一系列改编作业后，再编入其他列车发出的运用货车。例如，到达解体列车中的全部中转车，由部分改编中转列车中摘下的中转车。

(2)货物作业车。货物作业车是指在站线、区间、专用线及铁路厂、段管线内进行装卸或倒装作业的运用货车。按其在站作业过程不同分为一次货物作业车和双重货物作业车。

1)一次货物作业车是指在本站只进行一次装车或卸车作业的货物作业车。

2)双重货物作业车是指在本站卸空后，在本站再装车，进行两次货物作业的货物作业车。

货车从到达车站时起至发出时止，在车站所进行的技术作业项目、程序及时间，统称为货车在站技术作业过程。各项技术作业平均时间之和等于该货车在站停留时间。

8.3.5.3 调车工作

在铁路运输生产过程中，除列车在车站的到达、出发、通过以及在区间内运行外，凡机车车辆进行一切有目的移动统称为调车。它是铁路行车工作的基本内容之一。

1. 调车作业分类

调车按其目的可分为以下几类：

(1)解体调车。解体调车是指将车列或车组中的车辆按一定要求(如重车按去向，空车按车种，不良车按检修地点等)分解到各指定线路内的调车。

(2)编组调车。编组调车是指根据有关规定将车辆编成车列或车组。

(3)摘挂车辆调车。摘挂车辆调车是指为列车补轴、减轴、换挂车组或摘挂车辆。

(4)取送调车。取送调车是指为装卸货物或检修车辆等目的向作业地点取送车辆。

另外，还有车列和车组转场、货车的检衡、场内车辆整理等调车，以及在站线上放行机车等。

2. 调车作业方法

调车作业方法按所用设备不同，可分为牵出线调车和驼峰调车。

(1)牵出线调车。利用牵出线进行调车，包括推送调车和溜放调车两种。推送调车是用机车将车辆从一股道调送到另一股道，在行进中不摘车；溜放调车是用机车推送车列达到一定的速度，并在行进中将计划摘下的车组提钩，使摘下的车组溜向指定地点。溜放调车又分为单组溜放、连续溜放、多组溜放和惰力溜放等。

(2)驼峰调车。利用驼峰分解车列，通常由以下四个环节组成：

1)挂车：机车去到达场或到发场连挂车列。当到达场或到发场与调车场处于并列位置时，还包括将车列牵至峰前到达场或推峰线的牵出作业。

2)推峰：机车将车列推至峰顶。在采用双推单溜作业方式时，还包括将车列预推到峰前信号机的预推作业。

3)溜放：机车连续推送车列，使摘下的车组越过峰顶溜向调车场内的指定线路。

4)整理：连续分解几个车列之后，机车下峰整理调车场内线路上的车辆，为驼峰继续溜放创造条件。根据驼峰设备条件和配属调车机车台数的不同，驼峰调车有单推单溜、双推单溜、双推双溜等不同的作业组织方法。

在一定的调车设备和调车作业方法下，调车所需时间主要取决于调车间隔、调车行程、调车最大容许速度、调动重量、作业性质及作业钩数等因素。

3. 调车作业计划与指挥

调车作业计划是规定车列如何解体、编组、取送、甩挂等作业的具体行动计划，调车工作应根据调车作业计划进行。调车作业计划由调车领导人负责编制，并以调车作业通知单的形式下达给调车指挥人及有关人员执行。

调车作业计划的编制应符合以下要求：

(1)符合列车编组计划、列车运行图和《铁路技术管理规程》的规定，保证调车作业和人身安全。

(2)合理运用技术设备和先进工作方法，最大限度地实现解体照顾编组、解体照顾送车，使解、编、取、送作业密切配合。力争做到调车钩数少、调动辆数少、占用股道少、行程短、作业方便、调车效率高。

(3)做到及时、准确、完整。即及时编制、下达计划；保证计划无漏洞、无差错，尽量不变或少变计划；要求调车作业通知单字迹清楚，项目齐全。

调车作业计划应按照车站技术作业过程及安全作业有关规定，对每台调车机车分别进行编制，并以调车作业通知单的书面形式(表 8-7)及时下达给有关调车作业人员依照执行。

技术站的调度指挥系统，一般如图 8-17 所示。

表 8-7 调车作业通知单

月 日第 号 编组解体 次第 调车机							
计划起讫时分：自 至							
实际起讫时分：自 至							
顺序	场别	股道	挂车数	摘车数	作业方法	记事	残存
1							
2							
3							
4							
5							
29							
30							

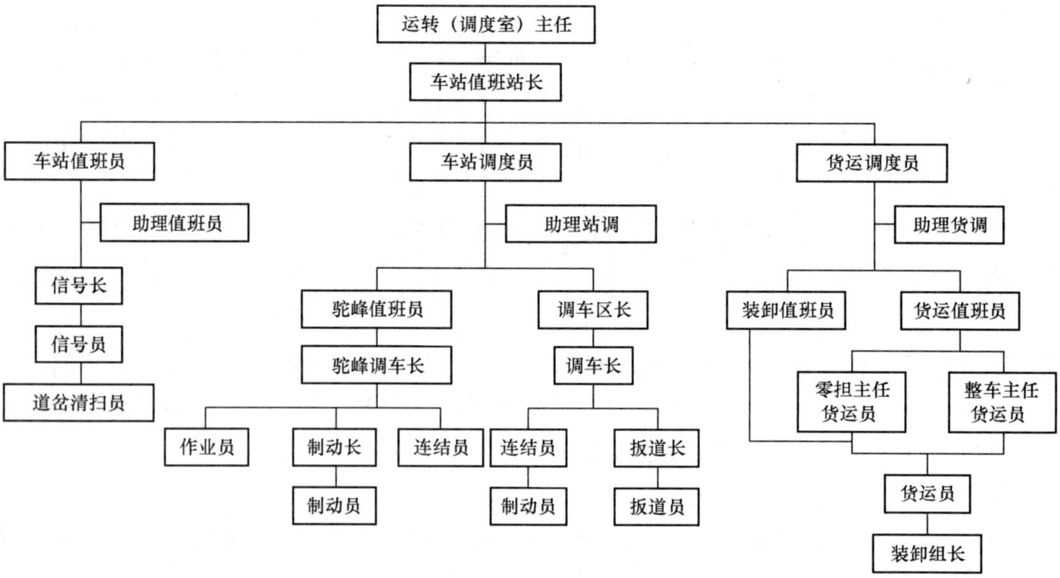

图 8-17 技术站调度指挥系统

8.3.6 铁路运输调度指挥

铁路运输调度指挥是对铁路日常运输生产的组织与指挥，由铁路运输部门设立调度机构统一实施。

1. 铁路运输调度指挥工作的基本任务

(1)认真执行国家运输政策，完成国家规定的旅客和货物运输任务。

(2)正确编制和执行运输工作日常计划。

(3)科学组织客流、货流、车流，搞好均衡运输，经济合理地使用机车车辆和运输设备。

(4)坚持“一卸、二排、三装”的运输原则，按照运行图行车。在确保安全的基础上，努力提高运输效率。

2. 铁路运输调度指挥原则

铁路运输调度工作实行分级管理、集中统一指挥的原则。铁道部设有调度处，铁路局(集团公司)设有调度指挥中心，技术站设有调度室。由上级下达调度命令，下级必须无条件执行。铁道部多下达一些战略性的调度命令，下达后的实际执行由铁路局自己处理。跨局列车的调度由铁道部整体统筹，实际操作由双方铁路局协调调度。有异议时必须遵循铁道部的调度命令无条件实行。

我国三级调度指挥机构的设置如图 8-18 所示。

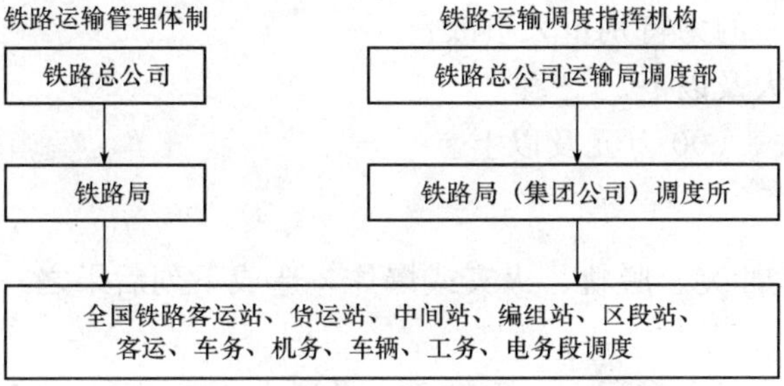

图 8-18　全路调度指挥机构示意图

3. 铁路运输调度指挥工作内容

铁路运输调度指挥的主要内容包括行车工作和配车工作。

(1)行车工作是指列车运行的指挥。列车运行指挥是保证列车按列车运行图正点运行所进行的运输调度工作。列车运行指挥实行列车调度员单一指挥制，即一切有关列车运行的命令和指示，只能由值班列车调度员发布。有关行车人员必须执行列车调度员命令，服从调度员指挥。

(2)配车工作是指货车装卸和列车开行的计划与组织以及车流的调整等。车流调整是指装车数量和去向调整、空车调整，以及变更车流运行经路等。车流调整是为了避免运用车分布同装车的需要不相适应，预防和消除车流积压而采取的调整措施。为此，各级调度机构要经常掌握车流动态，进行车流预测。

铁路运输调度工作除实行车流调整制度外，还建立了运输工作日常计划制度。其内容包括去向别、品类别装车计划和卸车计划，各区段和各技术站列车开行计划，分界站交接车计划和机车运用计划等。这些计划是根据月度运输计划、技术计划、列车编组计划、列车运行图、铁路运输综合作业方案和车流调整措施等制定的。日班计划制定后，就成为日常组织装车、卸车，分界站交接车，编组列车和行车工作的依据。

各级调度机构为了便于对运输生产过程进行全面指挥和监督，按照业务的分工，通常设有列车调度员、机车调度员、货运调度员、客运调度员以及其他调度员，他们在值班调度长的领导下，相互配合共同完成运输工作日班计划。

8.3.7　铁路行车安全

铁路行车工作包括列车在车站到达、出发、通过、区间运行、调车作业等。行车事故是由于技术设备的故障、作业上的过失和自然灾害等原因引起的。行车事故主要有冲突(包括列车冲突、调车冲突和其他冲突)、脱轨(包括列车脱轨、调车脱轨和机车车辆脱轨等)和列车火灾。

8.3.7.1 行车事故分类及级别

我国对行车事故按其造成的设备损坏程度、人员伤亡情况以及对行车的影响程度，分为特别重大事故、重大事故、大事故、险性事故和一般事故五类。

1. 特别重大事故

列车发生冲突、脱轨、火灾、爆炸或调车作业(包括机车车辆整备作业)发生冲突、脱轨，造成下列后果之一的为特别重大事故：

(1)人员死亡 50 人及以上。

(2)直接经济损失 1 000 万元及以上。

2. 重大事故

(1)客运列车发生冲突、脱轨、火灾或爆炸，造成下列后果之一的为重大事故：

1)繁忙干线。

①人员死亡 3 人及以上或死亡、重伤 5 人及以上。

②单线或双线之一线行车中断或延误本列满 3 小时，双线行车中断满 2 小时。

③客车中途摘车 2 辆。

④机车大破 1 台。

⑤客车报废 1 辆或大破 2 辆。

⑥直接经济损失 500 万元及以上。

2)干线。

①人员死亡 3 人及以上或死亡、重伤 5 人及以上。

②单线或双线之一线行车中断或延误本列满 4 小时，双线行车中断满 3 小时。

③客车中途摘车 2 辆。

④机车大破 1 台。

⑤客车报废 1 辆或大破 2 辆。

⑥直接经济损失 500 万元及以上。

3)其他线路。

①人员死亡 3 人及以上或死亡、重伤 5 人及以上。

②行车中断或延误本列满 6 小时。

③客车中途摘车 2 辆。

④机车大破 1 台。

⑤客车报废 1 辆或大破 2 辆。

⑥直接经济损失 500 万元及以上。

(2)其他列车发生冲突、脱轨、火灾或爆炸，造成下列后果之一的为重大事故：

1)繁忙干线。

①人员死亡 3 人及以上或死亡、重伤 5 人及以上。

②单线或双线之一线行车中断满 4 小时，双线行车中断满 3 小时。
③机车、车辆脱轨 6 辆(台)及以上。
④直接经济损失 500 万元及以上。
2)干线。
①人员死亡 3 人及以上或死亡、重伤 5 人及以上。
②单线或双线之一线行车中断满 6 小时，双线行车中断满 4 小时。
③机车、车辆脱轨 8 辆(台)及以上。
④直接经济损失 500 万元及以上。
3)其他线路。
①人员死亡 3 人及以上或死亡、重伤 5 人及以上。
②行车中断满 8 小时。
③机车、车辆脱轨 10 辆(台)及以上。
④直接经济损失 500 万元及以上。
(3)调车作业(包括机车车辆整备作业)发生冲突或脱轨，造成下列后果之一的为重大事故：
1)人员死亡 3 人及以上或死亡、重伤 5 人及以上。
2)繁忙干线单线或双线之一线行车中断满 4 小时，双线行车中断满 3 小时；干线单线或双线之一线行车中断满 6 小时，双线行车中断满 4 小时；其他线路行车中断满 8 小时。
3)直接经济损失 500 万元及以上。

3. 大事故

(1)客运列车发生冲突、脱轨、火灾或爆炸，造成下列后果之一的为大事故：
1)繁忙干线。
①单线或双线之一线行车中断或延误本列满 2 小时，双线行车中断满 1 小时。
②客车中途摘车 1 辆。
③机车中破 1 台。
④客车中破 1 辆。
⑤直接经济损失 100 万元及以上。
2)干线。
①单线或双线之一线行车中断或延误本列满 3 小时，双线行车中断满 2 小时。
②客车中途摘车 1 辆。
③机车中破 1 台。
④客车中破 1 辆。
⑤直接经济损失 100 万元及以上。
3)其他线路。
①行车中断或延误本列满 4 小时。
②客车中途摘车 1 辆。
③机车中破 1 台。
④客车中破 1 辆。
⑤直接经济损失 100 万元及以上。

(2)其他列车发生冲突、脱轨、火灾或爆炸，造成下列后果之一的为大事故：

1)繁忙干线。

①单线或双线之一线行车中断满 3 小时，双线行车中断满 2 小时。

②机车、车辆脱轨 3 辆(台)。

③直接经济损失 200 万元及以上。

2)干线。

①单线或双线之一线行车中断满 4 小时，双线行车中断满 3 小时。

②机车、车辆脱轨 4 辆(台)。

③直接经济损失 200 万元及以上。

3)其他线路。

①行车中断满 6 小时。

②机车、车辆脱轨 4 辆(台)。

③直接经济损失 200 万元及以上。

(3)调车作业(包括机车车辆整备作业)发生冲突或脱轨，造成下列后果之一的为大事故：

1)繁忙干线单线或双线之一线行车中断满 3 小时，双线中断满 2 小时；干线单线或双线之一线行车中断满 4 小时，双线行车中断满 3 小时；其他线路行车中断满 6 小时。

2)直接经济损失 200 万元及以上。

4. 险性事故

造成下列后果之一，但损害后果不够大事故条件的为险性事故。

(1)列车冲突。

(2)列车脱轨。

(3)向占用区间发出列车。

(4)向占用线接入列车。

(5)未准备好进路接、发列车。

(6)未办或错办闭塞发出列车。

(7)列车冒进信号或越过警冲标。

(8)机车、车辆溜入区间或站内。

(9)列车中机车、车辆制动梁或下拉杆脱落。

(10)列车在区间碰撞轻型车辆、小车、路料及施工机械。

(11)列车中机车、车辆、动车、重型轨道车断轴。

(12)接触网塌网、坠落、倒杆刮上客运列车。

(13)关闭折角塞门开出列车。

(14)列车运行中刮坏行车设备或货物坠落损坏行车设备。

(15)其他(性质严重的列车事故，经铁路局决定列入本项)。

5. 一般事故

造成下列后果之一，但损害后果不够大事故及险性事故条件的事故为一般事故。一般事故分为 A 类、B 类。

(1)A类一般事故：

A1. 调车冲突。

A2. 调车脱轨。

A3. 挤道岔。

A4. 错办或未及时办理信号招致列车停车。

A5. 错误办理行车凭证发车或耽误列车。

A6. 调车作业碰轧脱轨器或防护信号。

A7. 列车分离。

A8. 施工、检修、清扫设备耽误列车。

A9. 行车值班、值乘人员违反劳动纪律、作业纪律耽误列车。

A10. 列车发生火灾或爆炸。

A11. 滥用紧急制动阀耽误列车。

A12. 擅自发车、开车、停车，错办通过或在区间乘降所错误通过。

A13. 列车拉铁鞋开车。

A14. 漏发、错发、漏传、错传命令耽误列车。

A15. 错误操纵及使用行车设备耽误列车。

A16. 使用轻型车辆、小车及施工机械耽误列车。

A17. 其他(经铁路局、分局决定算事故的列入本项)。

(2)B类一般事故：

B1. 机车故障耽误列车。

B2. 车辆故障耽误列车。

B3. 线路、桥梁、隧道设备不良耽误列车。

B4. 水害、塌方、落石耽误列车。

B5. 动车、重型轨道车故障耽误列车。

B6. 信号、通信设备故障耽误列车。

B7. 供电、给水设备故障耽误列车。

8.3.7.2 行车作业人身安全

1. 行车作业人身安全的基本要求

(1)班前禁止饮酒，班中按规定着装，佩带防护用品。

(2)顺线路走时，应走两线路中间，并注意邻线的机车、车辆和货物装载状态。严禁在道心、枕木头上行走，不准脚踏钢轨面、道岔连接杆、尖轨等。

(3)横越线路时，应一站、二看、三通过，注意左右机车、车辆的动态及脚下有无障碍物。

(4)横越停有机车、车辆的线路时，先确认机车、车辆暂不移动，然后在该机车、车辆较远处通过。严禁在运行中的机车、车辆前抢越。

(5)必须横越列车、车列时，应先确认列车、车列暂不移动，然后由通过台或两车车钩上越过，勿碰开钩销，要注意邻线有无机车、车辆运行。严禁钻车。

(6)不准在钢轨上、车底下、枕木头、道心里坐卧或站立。

(7)严禁扒乘机车、车辆，以车代步。

2. 接发列车作业人身安全要求

(1)应熟知站内一切行车设备，并随时注意使用情况，如遇设备发生异状或变化时，应及时通知有关人员并采取安全措施。

(2)接发列车时，必须站在规定地点，随时注意邻线机车、车辆动态。

(3)向机车递交凭证时，须面向来车方向，交后迅速回到安全位置。

(4)折叠式授受机竖起后，必须插好插销，用完后及时恢复定位。接车时应站在授受机来车方向的前方。

3. 调车作业人员人身安全要求

(1)必须熟知调车作业区的技术设备和作业方法，以及接近线路的一切建筑物的形态和距离。

(2)上、下车时必须遵守以下规定：

1)上车时车速不得超过 15 km/h。下车时车速不得超过 20 km/h。

2)在站台上上、下车时，车速不得超过 10 km/h。

3)在路肩窄、路基高的线路上和高度超过 1.1 m 的站台上作业时，必须停车上、下。

4)蹬乘内燃、电力机车作业时，必须在机车停稳时再上、下车(设有便于上下车脚蹬的调车机除外)。

5)上车前应注意脚蹬、车梯、扶手，平车、砂石车的车板和机车脚踏板的牢固状态。

6)不准迎面上车。

7)不准反面上、下车(牵出时最后一辆除外)。

8)在上、下车时，要选好地点，注意地面障碍物。

(3)在车列、车辆走行中，禁止下列行为：

1)在车钩上，在平车、砂石车的边端或端板支架上坐立。

2)在棚车顶或装载高出车帮的货物上站立或行走。

3)手抓篷布或捆绑货物的绳索，脚蹬轴箱或平车鱼腹形侧梁。

4)在车梯上探身过远，或经站台时，站在低于站台的车梯上。

5)在装载易于窜动货物的车辆间和货物空隙间站立或坐卧。

6)骑坐车帮。

7)跨越车辆(使用对口闸除外)。

8)两人及以上站在同一闸台、车梯及机车一侧的踏板上。

9)进入线路提钩、摘管或调整钩位。

(4)手推调车时，必须在车辆两侧进行，并注意脚下有无障碍物。

(5)在电化区段，接触网未停电、未接地的情况下禁止到车顶上调车作业。在带电的接触网线路上调车时，禁止蹬上棚车(在区间及中间站禁止蹬上敞车)使用手制动机。编组、区段站在接触网高度为 6.2 m 及其以上的线路上准许使用敞车手制动机时，不能站在高于闸台的车梯或货物上。

(6)去专用线或货物线调车作业，须事先指派专人检查线路有无障碍物、大门开启状态及线路两侧货物堆放情况，事先派人检查有困难时，应在《车站行车工作细则》中规定检查确认办法。

(7)带风作业时，必须执行一关(折角塞门)、二摘(摘风管)、三提钩的作业程序。

(8)摘接风管、调整钩位、处理钩销时，必须等列车、车列停妥，并得到调车长的回示，昼间由调车长防护，夜间必须向调车长显示停车信号。

(9)调整钩位、处理钩销时，不要探身到两车钩之间。对平车、砂石车、罐车、客车及特种车辆，应特别注意端板支架、缓冲器、风挡及货物装载状态。

(10)溜放调车作业应站在车梯上，一手抓牢车梯，另一手提钩，不准用脚提钩或跟车边跑边提钩(驼峰调车作业除外)，严禁在车列走行中抢越线路去反面提钩。

(11)车辆走行中，使用手制动机时，必须使用安全带，要做到“上车先挂钩”“下车先摘钩”。不能使用安全带的车辆，如罐车、平车、砂石车、守车等，作业时必须选好站立地点。

(12)严禁使用折角塞门放风制动。

(13)使用铁鞋制动时，应背向来车方向，严禁徒手使用铁鞋，并注意车辆、货物状况和邻线机车、车辆动态。严禁带铁鞋叉上车。

(14)当单机或牵引运行时，严禁在机车前后端坐卧。

(15)使用折叠式手闸，须在停车时竖起闸杆，确认方套落下、月牙板关好、插销插上后方可使用。

(16)作业中严禁吸烟。

4. 扳道(清扫)作业人身安全要求

(1)接发列车时，必须站在《车站行车工作细则》规定地点，随时注意邻线机车、车辆动态。

(2)在扳道作业时，应遵守扳道作业方法，除因作业必须进入道心外，均应站在安全地点。

(3)清扫道岔前应得到车站值班员或有关人员的同意，清扫电器集中道岔或联动道岔，必要时，应先将安全木契置于尖轨与基本轨之间。清扫后应及时将清扫工具撤除，并向车站值班员或有关人员报告。

(4)在臂板信号机上更换灯泡、摘挂油灯、调整灯光时，必须使用安全带。

5. 行车作业人身伤亡的预防

铁路行车作业事故的发生往往会导致人身伤亡，因此，预防人身伤亡除遵守预防行车事故的有关规定外，还要做好以下预防措施：

(1)加强铁路沿线的防护设施建设，特别是道口建设。

(2)强化铁路安全常识宣传，普及铁路安全知识。

(3)教育职工遵章守纪，按“人身安全的要求”来要求自己。

学习评价

本章主要介绍客运工作、货运工作和行车组织工作。铁路旅客运输要求根据具体情况，规定正确的客运组织原则。由于货运工作涉及面广、政策性强、有严格的办理程序，所以必须做好货物运输组织工作。铁路行车组织是铁路运输组织的重要组成部分，是铁路综合运用各种技术设备、合理组织列车运行、实现旅客和货物运输过程的计划和组织工作。

思考与练习

一、填空题

1. 客流是一定时间内某一运输路线路段上一定方向的旅客流动，包含__________、__________和__________等要素。

2. 我国旅客列车按旅客乘车距离分为__________、__________和__________。

3. 一般情况下，长途旅客列车的固定车底编有__________、__________、__________、__________、__________、__________。

4. 我国铁路货物运输种类分为__________、__________和__________三类。

5. 集装箱按用途可分为__________和__________两类。

6. 列车按运输性质和用途的不同可分为__________、__________、__________及__________。

7. 列车运行图以横轴表示__________，以纵轴表示__________。

8. 按照铁路区段各项固定设备计算的铁路通过能力又称为__________、__________等，其中的最小值即为铁路区段的__________。

二、判断题

1. 我国铁路旅客列车的编组在每次运行图实行期间都是相对固定的。 (　　)

2. 铁路旅客运输合同的基本凭证是车票。 (　　)

3. 按零担托运的货物，一件货物体积最小不得小于 0.03 m^3(一件重量在 10 kg 以上的除外)，每批不得超过 300 件。 (　　)

4. 上部超限是指由轨面起高度超过 3 600 mm，有任何部位超限者。 (　　)

5. 列车编组计划根据全路各技术站的设备和能力合理分配列车解编任务，起着全路各技术站同意技术作业过程的作用。 (　　)

6. 十分格运行图的横轴以 20 min 为单位用细竖线加以划分，半小时格用虚线表示，小时格用较粗的竖线表示。 (　　)

三、简答题

1. 客运需求具有哪些特性？

2. 旅客运输计划主要包括哪些内容？

3. 客运送过程主要包括哪些流程？

4. 铁路货运组织应遵循哪些原则？

5. 铁路货物运输工作主要包括哪些内容？

6. 如何进行超限货物处理？

7. 如何进行货物列车的编组？

8. 列车运行图的结构组成要素有哪些？

9. 铁路运输调度指挥工作内容包括哪些？

项目 9

高速铁路与重载运输

学习目标

1. 了解高速铁路的概念、特征、主要技术和经济优势；了解世界高速铁路的发展和我国高速铁路的发展。

2. 熟悉高速铁路线路的基本特点，掌握高速铁路的技术标准和结构组成；熟悉高速铁路线路的养护、维修及运用管理。

3. 熟悉高速铁路车站的分类及特点；掌握高速铁路车站的修建模式。

4. 熟悉动车组的分类及特点；掌握动车组的基本组成及技术特点；熟悉我国和谐号动车组的种类及主要技术参数。

5. 掌握高速铁路牵引供电系统、信号与控制系统的结构组成。

6. 熟悉高速铁路运输组织的目标及特点；掌握高速铁路运输组织的模式。

7. 熟悉重载运输的定义及特点；掌握重载列车的组织形式；了解国外重载运输的发展情况及我国重载运输的发展情况。

9.1 高速铁路概述

9.1.1 高速铁路的相关概念

高速铁路，简称高铁。“高速”是一个相对的概念，在不同国家不同时代有不同的规定。

西欧早期把新建时速达到 250～300 km、旧线改造时速达到 200 km 的铁路定为高速铁路。1985 年联合国欧洲经济委员会在日内瓦签署的国际铁路干线协议规定：新建客运列车专用型高速铁路时速为 350 km 以上，新建客货运列车混用型高速铁路时速为 250 km 以上。

作为世界上最早开始发展高速铁路的国家，日本政府在 1970 年发布第 71 号法令，为制定全国新干线铁路发展的法律时，对高速铁路的定义是：凡一条铁路的主要区段，列车的最高运行速度达到 200 km/h 或以上者，可以称为高速铁路。

美国联邦铁路管理局曾对高速铁路定义为最高营运速度高于 145 km/h(90 mph)的铁路，但从社会大众的角度，“高速铁路”一词在美国通常会被用来指营运速度高于 160 km/h 的铁路服务，这是因为在当地除了阿西乐快线(最高速度 240 km/h)以外并没有其他营运速度高于 128 km/h(80 mph)的铁路客运服务。

随着技术的进步，一般认为新建速度达到 250～300 km/h，即有线改造速度达到 200 km/h 为高速铁路。我国国家铁路局的定义为：新建设计开行 250 km/h(含预留)及以上动车组列车、初期运营速度不小于 200 km/h 的客运专线铁路。这个定义中包括以下几个要素：

(1)将高铁限定于新建铁路。即有线改造提速是我国高速铁路的探索地、过渡点，不符合我国高铁的“新建”标准。另外，大量旧铁路扩改，一般都规划为客货共线(保留原来的客货运两种功能)的快铁级别，不是高铁。

(2)要求高铁最低设计时速为 250 km(含预留)，相关要求是运行动车组列车(否则时速上不去)。

(3)要求高铁初期运营速度不小于 200 km。

(4)要求是客运专线。

9.1.2 高速铁路的特征

(1)高速铁路非常平顺，以保证行车安全和舒适性，高速铁路都是无缝钢轨，而且时速 300 km 以上的高速铁路采用的是无砟轨道，即没有石子的整体式道床来保证平顺性。

(2)高速铁路的弯道少，弯道半径大，道岔都是可动心高速道岔。

(3)大量采用高架桥梁和隧道，来保证平顺性和缩短距离。

(4)高速铁路的接触网，即火车顶上的电线的悬挂方式也与普通铁路不同，来保证高速动车组的接触稳定和耐久性。

(5)高速铁路的信号控制系统比普通铁路高级，因为其发车密度大，车速快，故安全性必须要提高。

9.1.3 高速铁路的主要技术和经济优势

(1)载客量高。无论是高速公路或机场都会发生挤塞，高速铁路的优点是载客量非常高。

(2)耗时少。除最高运行速度外，旅客更关心的是旅行时间。以北京至上海为例，在正常天气情况下，乘飞机的旅行全程时间(含市区至机场、候检等全部时间)为 5 h 左右，如果乘坐高速铁路的直达列车，全程旅行时间则为 5～6 h，与飞机相当。

(3)输送力强。高铁所能承安的旅客运输能力非常强大。目前，各国高速铁路几乎都能满足最小行车间隔时间 4 min 及其以下(日本可达 3 min)的要求，扣除维修时间 4 h，则每天可开行的旅客列车约为280对；如每列车平均乘坐800人，年均单向输送能力将达到82 000万人；如果采用双联列车或改用双层客车，载客高达1.65亿人。

(4)安全性好。高速铁路由于在全封闭环境中自动化运行，又有一系列完善的安全保障系统，所以，其安全程度是任何交通工具无法比拟的。自高速铁路问世35年以来，日、德、法三国共运送了50亿人次旅客。只有德国1998年6月3日的ICE884高速列车行驶在改建线上发生过事故。

(5)正点率高。高速铁路全部采用自动化控制，可以全天候运营，除非发生地震。由于高速铁路系统设备的可靠性和较高的运输组织水平，可以做到旅客列车极高的正点率。西班牙规定高速列车晚点超过5 min就要退还旅客的全额车票费；日本规定到发超过1 min就算晚点，晚点超过2 h就要退还旅客的加快费，1997年东海道新干线列车平均晚点只有0.3 min。高速列车极高的准时性深得旅客信赖。

(6)舒适方便。座席宽敞舒适，走行性能好，运行非常平稳。减震、隔音，车内很安静。乘坐高速列车旅行几乎无不便之感。

(7)能耗较低。如果以“人/公里”单位能耗来进行比较。高速铁路为1，则小轿车为5，大客车为2，飞机为7。高速列车利用电力牵引，不消耗石油等液体燃料，可利用多种形式的能源。

9.1.4 国外高速铁路的发展

9.1.4.1 高速铁路的诞生

早在20世纪初前期，当时很少有火车“最高速率”超过时速200 km者。直到1964年日本的新干线系统开通，是史上第一个实现“营运速率”高于时速200 km的高速铁路系统。

世界上首条出现的高速铁路是日本的新干线，于1964年正式营运。日系新干线列车由川崎重工建造，行驶在东京—名古屋—京都—大阪的东海道新干线，营运速度达271 km/h，营运最高时速达300 km。

9.1.4.2 国外高速铁路的发展历程

1. 第一阶段(1964—1990年)

1959年4月5日，世界上第一条真正意义上的高速铁路东海道新干线在日本破土动工，经过5年建设，于1964年3月全线完成铺轨，同年7月竣工，1964年10月1日正式通车。东海道新干线从东京起始，途经名古屋、京都等地终至(新)大阪，全长为515.4 km，运营速度高达210 km/h，它的建成通车标志着世界高速铁路新纪元的到来。随后法国、意大利、德国纷纷修建高速铁路。1972年继东海道新干线之后，日本又修建了山阳、东北和上越新干线；法国修建了东南TGV线、大西洋TGV线；意大利修建了罗马至佛罗伦萨。这个阶段建成的高速铁路见表9-1。

表 9-1 初期已经建成的高速铁路新线

时期	国家	线路	投入运营时间/年	线路长度/km	设计最高速度/($km \cdot h^{-1}$)
初期的高速铁路建设	日本	东海道新干线	1964	515	250
		山阳新干线	1975	554	260
		上越新干线	1982	270	260
		东北新干线	1985	497	260
	法国	TGV 东南线	1981	565	270
		TGV 大西洋线	1989	282	300
	德国	汉诺威—威尔茨堡/曼海姆—斯图加特	1991	434	250(客车) 80(货车)
	意大利	罗马至佛罗伦萨	1992	254	250
总计	4	9	约 32	3 371	

2. 第二阶段(1990—20 世纪 90 年代中期)

从 1990 年到 20 世纪 90 年代中期，在欧洲兴起了第二次修建高速铁路的热潮。相继修建高速铁路的国家从先期的日本、德国、法国、意大利扩展到了西班牙、比利时、荷兰。修建高速铁路的方式：一种是新建；另一种是通过既有线的改造来实现。第二次高速铁路建设新线见表 9-2。

表 9-2 第二次高速铁路建设新线

时期	国家	项目	投入运营时间/年	线路长度/km	设计最高速度/($km \cdot h^{-1}$)
第二次高速铁路建设	西班牙	马德里—塞维利亚	1992	471 km	250 km/h
	法国	TGV 方线	1993	333	300
		TGV 东南延伸线	1994	148	300
		TGV 路网连接线	1996	128	300
	日本	北陆新干线	1997	117	260
	比利时	布鲁塞尔—里尔	1998	83	250
	德国	柏林—汉诺威	1998	264	250
总计	5	7	约 6	1 396	

3. 第三阶段(20 世纪 90 年代中期至今)

这一期间，俄罗斯、韩国、美国、澳大利亚、英国、中国台湾等国家和地区掀起了第三次建设高速铁路的热潮。主要体现在：一是修建高速铁路得到了各国政府的大力支持，一般都有了全国性的整体修建规划，并按照规划逐步实施；二是修建高速铁路的企业经济效益和社会效益得到了更广层面的共识，特别是修建高速铁路能够在节约能源、减少土地使用面积、减少环境污染、保证交通安全等方面得到显著的社会效益，以及能够促进沿线地区经济发展、加快产业结构的调整等。第三次高速铁路建设新线见表 9-3。

表 9-3　第三次高速铁路建设新线

时期	国家	项目	投入运营时间/年	线路长度/km	设计最高速度/$(km\cdot h^{-1})$
第三次高速铁路建设	法国	地中海线	2001	303	350
	德国	莱茵/美茵—科隆(法兰克福)	2002	219	300
	意大利	罗马—米兰	2007	204	300
		都灵—米兰	2006	124.5	300
	英国	海峡隧道连接线(一期)	2007	102	300
	西班牙	马德里—塞维利亚	2004	300	270
	荷兰	安特卫普—阿姆斯特丹	2005	100	300
	日本	东北新干线	2002	593	260
	澳大利亚	悉尼—堪培拉	2003	270	270
总计	8	9	约 6	2 215.5	

9.1.4.3　主要国家高速铁路的发展状况

下面主要介绍日本、法国、德国等世界上几个高速铁路发展较早国家的高速铁路发展状况。

1. 日本

日本是世界上第一个建成实用高速铁路的国家。1964 年 10 月 1 日东海道新干线正式开通营业，高速列车运行速度达到 210 km/h，从东京至大阪间旅行时间由 6 h 30 min 缩短到 3 h。这条专门用于客运的电气化、标准轨距的双线铁路，代表了当时世界第一流的高速铁路技术水平，标志着世界高速铁路由试验阶段跨入了商业运营阶段。

1971 年日本国会审议并通过了《全国铁道新干线建设法》，掀起了高速铁路建设的浪潮。1975 年山阳新干线通车营业，列车最高时速达到 270 km；1982 年上越新干线通车营业，列车最高时速达到 240 km；1997 年长野新干线通车营业，列车最高时速达到 260 km。

日本修建高速铁路的成功经验，极大地刺激了西欧各国，促使一直对修建实用性高速铁路犹豫不决的西欧国家政府纷纷行动起来。

2. 法国

1971 年，法国政府批准修建 TGV 东南线(巴黎至里昂，全长为 417 km，其中新建高速铁路线为 389 km)，1976 年 10 月正式开工，1983 年 9 月全线建成通车。TGV 高速列车最高运行时速达到 270 km，巴黎至里昂间旅行时间由原来的 3 h 50 min 缩短到 2 h，客运量迅速增长，预期的经济效益良好。TGV 东南线的成功运营，证明高速铁路是一种具有竞争力的现代交通工具。

1989 年和 1990 年，法国又建成巴黎至勒芒、巴黎至图尔的大西洋线，列车最高时速达到 300 km。1993 年，法国第三条高速铁路 TGV 北线开通运营。北线也称为北欧线，由巴黎经里尔，穿过英吉利海峡隧道通往伦敦，并与欧洲北部比利时的布鲁塞尔、德国的科隆、荷兰的阿姆斯特丹相连，是一条重要的国际通道。由于在修建高速铁路之初，就确定 TGV 高速列车可在高速铁路与普通铁路上运行的技术政策和组织模式，所以，目前法国高速铁路虽然只有 1 282 km，但 TGV 高速列车的通行范围已达 5 921 km，覆盖大半个法国国土。

3. 德国

德国的高速铁路技术储备不亚于法国，德国的实用性高速铁路直到 20 世纪 90 年代初才开始修建。

德国的高速铁路，一条是 1991 年 6 月建成通车的曼海姆至斯图加特线；另一条是 1992 年建成的汉诺威至维尔茨堡线。高速铁路上开行的 ICE 城际高速列车，时速为 250 km。1993 年以来，ICE 高速列车已进入伯林，把德国首都纳入 ICE 高速运输系统。ICE 也穿过德国与瑞士的边界，实现了苏黎世至法兰克福等线路的国际直通运输。

ICE 的运行速度很快，乘坐也十分舒适。ICE 通达德国境内多数大城市，包括德国的汉堡、慕尼黑、柏林、法兰克福、斯图加特、科隆、杜塞尔多夫等城市。时速最高可达 300 km，并且每小时都有列车发车。部分列车还通达瑞士的苏黎世和因特拉肯、奥地利的维也纳和荷兰的阿姆斯特丹。在德国乘坐铁路也很方便，每隔几分钟就有一班，德国的火车站没有很大的站台，乘客来往却十分方便，不必等候。

9.1.5 我国高速铁路的发展

20 世纪 90 年代以来，我国开始对高速铁路的设计建造技术、高速列车、运营管理的基础理论和关键技术组织开展了大量的科学研究和技术攻关，并进行了广深铁路提速改造，修建了秦沈客运专线，实施了既有线铁路六次大提速等。2002 年 12 月建成的秦皇岛至沈阳间的客运专线，是我国自己研究、设计、施工，目标速度为 200 km/h，基础设施预留 250 km/h 高速列车条件的第一条铁路客运专线。自主研制的“中华之星”电动车组在秦沈客运专线创造了当时“中国铁路第一速”——321.5 km/h。

2004 年 1 月，国务院常务会议讨论并原则通过历史上第一个《中长期铁路网规划》，绘就了超过 1.2 万 km“四纵四横”快速客运专线网。同年，我国在广深铁路首次开行时速达 160 km 的国产快速旅客列车。广深铁路被誉为中国快速铁路成长、成熟的“试验田”。

2007 年 4 月 18 日，实施中国铁路第六次大提速和新的列车运行图，快速铁路长达 6 003 km,采用 CRH 动车组。繁忙干线提速区段达到时速 200～250 km。这是世界铁路既有线提速最高值。

自 2008 年 8 月 1 日我国第一条速度为 350 km/h 的高速铁路——京津城际铁路开通运营以来，高速铁路在中国大陆迅猛发展。按照国家中长期铁路网规划和铁路“十一五”“十二五”规划，以“四纵四横”快速客运网为主骨架的高速铁路建设全面加快推进，建成了京津、沪宁、京沪、京广、哈大等一批设计时速达 350 km、具有世界先进水平的高速铁路，形成了比较完善的高铁技术体系。通过引进消化吸收再创新，系统掌握了时速达 200～250 km 动车组制造技术，成功搭建了时速达 350 km 的动车组技术平台，研制生产了 CRH380 型新一代高速列车。

2012 年 12 月 1 日，世界上第一条地处高寒地区的高铁线路——哈大高铁正式通车运营，这条全长为921 km的高铁，将东北三省主要城市连为一线，从哈尔滨到大连冬季只需4 h 40 min。哈大高铁将以冬季时速200 km的“中国速度”行驶在高寒地区，成为一道亮丽的风景线。截至2012年年底，中国高速铁路总里程达9 356 km。

2014年11月25日，装载“中国创造”牵引电传动系统和网络控制系统的中国北车CRH5 A型动车组进入“5 000 km正线试验”的最后阶段。这是国内首列实现牵引电传动系统和网络控制系统完全自主创新的高速动车组，标志着中国高铁列车核心技术正实现由“国产化”向“自主化”的转变，中国高铁列车实现由“中国制造”向“中国创造”的跨越，将大力提升中国高铁列车的核心创造能力。

2014年，中国铁路新线投产规模创历史最高纪录，铁路营业里程突破11.2万km。高速铁路营业里程超过1.6万km，稳居世界第一。中西部铁路建设掀起高潮，营业里程达到8万公里，占全国铁路营业总里程的62.3%。

近年来，中国高铁已成为中国最新科技大幅进军海外的标杆；中国高铁在海外高歌猛进，凭借高性价比和成功的运营经验，在全球市场接连斩获订单。有数据显示，目前中国中车的业务量在铁路装备行业、轨道交通装备行业已居全球第一名，中国高铁约占全球30%的市场份额。

表9-4所示为我国各条高速专线动工日期和通车日期(或预计通车日期)。

表9-4　我国高速专线动工日期和通车日期(或预计通车日期)

线路名称	总计长度/km	设计速度/(km·h^{-1})	动工日期(年/月/日)	通车日期(年/月/日)	所属的“四纵四横”客运专线
秦沈客运专线	405	250	1999/08/16	2003/10/12	(属京哈铁路一部分)
合宁铁路	156	250	2005/06/11	2008/04/18	沪汉蓉客运专线
胶济客运专线	364	250	2007/01/28	2008/12/20	青太客运专线
石太客运专线	225	250	2005/06/11	2009/04/01	青太客运专线
合武铁路	351	250	2005/08/01	2009/04/01	沪汉蓉客运专线
达成铁路	386	200	2005/05	2009/07/07	沪汉蓉客运专线
温福铁路	294	250	2005/10/01	2009/09/28	杭福深客运专线
甬台温铁路	268	250	2004/12/01	2009/09/28	杭福深客运专线
武广客运专线	968	350	2005/06/23	2009/12/26	京港客运专线
郑西客运专线	455	350	2005/09/25	2010/02/06	徐兰客运专线
福厦铁路	276	250	2005/09/30	2010/04/26	杭福深客运专线
沪杭客运专线	157	350	2009/02/26	2010/10/26	沪昆客运专线
宜万铁路	377	175	2003/12/01	2011/01/01	沪汉蓉客运专线
广深港客运专线(内地段)	116	350	2008/08/20	2011/05	京港客运专线
厦深铁路	502	250	2007/11/23	2012/02	杭福深客运专线
盘营客运专线	90	350	2009/05/31	2011	京哈客运专线
哈大客运专线	904	350	2007/08/23	2011	京哈客运专线
津秦客运专线	261	350	2008/11/08	2011	(原属京哈客运专线)
杭甬客运专线	150	350	2008/12/27	2011/12/27	杭福深客运专线

续表

线路名称	总计长度/km	设计速度/(km·h^{-1})	动工日期(年/月/日)	通车日期(年/月/日)	所属的"四纵四横"客运专线
京石客运专线	281	350	2008/10/08	2011/12/31	京港客运专线
石武客运专线	838	350	2008/10/15	2011/12/31	京港客运专线
京沪高速铁路	1 318	350	2008/04/18	2011/12/31	京沪客运专线
合蚌客运专线	131	300	2009/01/08	2012/10/16	京港客运专线
汉宜铁路	293	200	2008/09/17	2012/07/01	沪汉蓉客运专线
渝利铁路	264	200	2008/12/29	2013/12/28	沪汉蓉客运专线
遂渝铁路二线	132	200	2009/01/18	2012/12/30	沪汉蓉客运专线
西宝客运专线	148	350	2009/11/28	2013/12/28	徐兰客运专线
石济客运专线	319	250	2013/8	2017	青太客运专线
京沈客运专线	676	350	2014	2019	京哈客运专线
杭长客运专线	933	350	2009/12/22	2014/12/10	沪昆客运专线
郑徐客运专线	357	350	2012/12/26	2016/9/10	徐兰客运专线
宝兰客运专线	403	350	2010/10/19	2017 年年底	徐兰客运专线
长昆客运专线	1 167	350	2010/03/26	2016/6/16	沪昆客运专线
广深港客运专线(香港段)	26	200	2010/01/27	2015	京港客运专线(港铁公司营运及管理)

9.2 高速铁路线路

9.2.1 高速铁路线路的基本特点

高速铁路线路应保证列车按规定的最高速度，安全、平稳和不间断地运行。因此，铁路线路，无论就其整体来说，或者就其各个组成部分来说，都应当具有一定的坚固性和稳定性。

(1)高稳定性。稳定、沉降小且沉降均匀的平顺路基是高平顺性轨道的基础。平顺路基主要靠控制路基工后沉降和不均匀沉降，以及控制路基顶面的初始不平顺来保证。高稳定性特征反映在桥梁上，要求桥梁结构有足够大的刚度。

(2)高平顺性。轮轨相互作用的理论研究指出，轨道不平顺所引起的轮轨动力响应及其对行车安全性、平稳性和乘车舒适性的影响，均随行车速度的提高而显著增大。因此，高速铁路要求高平顺性的轨道，这需要依托高平顺性的线路空间曲线、路基、桥梁等。高平顺性是设计、建设高速铁路的控制性条件，也是高速铁路有别于中、低速铁路的最主要一点。

(3)高精度、小残变、少维修。严格控制轨道铺设精度是实现轨道初始高平顺的保证。

一是提高线路的测量精度；二是严格控制钢轨的平直性和焊接接头的平顺性；三是在完成铺轨后、开通运营前打磨钢轨，去掉钢轨在轧制和施工过程中造成的轨面微小不平顺，提高焊接接头的平顺性。

(4)宽大、独行的线路空间。高速铁路有一个宽大的行车空间，即增大两线间的距离和加宽站台上旅客的安全退避距离。在有高速列车通过的车站站台上，除加宽临近站台的安全退避距离外，还需在安全线上设置手扶安全护栏，留出可供旅客上下车的活门。另外，由于高速列车的动能和惯性力很大，一旦与其他物体发生碰撞，其后果不堪设想。故高速线路要求一个独行的空间，即采用全封闭形式，沿线路两侧设全长护栏。同时，在高速铁路与道路或既有铁路相交时，一律采用立体交叉。

(5)实行科学的轨道管理及严密的防灾安全监控。运营中，对运营中的高速线路要实行严格的轨道状态检测和科学的轨道管理制度，及时掌握铁路运营过程中轨道不平顺的量值及其发展速度，并予以校正，使其恢复到小残变状态，以保证高速列车运行的安全、平稳、舒适。

(6)高标准的环境保护。高速铁路作为重要的现代化交通运输工具，必须强调重视现代化的文明，各种设施应与周围环境协调，重视环境保护。防止噪声污染是环境保护的一项重要内容，因此，建设高速铁路时，应重视降低噪声的措施。沿线通过居民区和通过公园附近，均应设有隔音墙、明洞或隔音土堆。另外，还应重视减少列车振动以及防止电磁干扰等措施。

9.2.2 高速铁路线路的技术标准

高速铁路的高平顺性要求线路的空间曲线尽可能的平滑，即线路的平纵断面的变化尽可能的平缓。因为曲率变化快的地段，轮轨间的相互作用力就会增加，产生轨道不平顺，极大地影响行车的安全与稳定。因此，高速铁路的线路标准较之普通铁路有特殊的要求，具体如下。

1. 最小曲线半径

最小曲线半径的选定主要应考虑行车速度、地形条件和机车牵引种类等因素，其中，行车速度是选定最小曲线半径的主要因素。几个主要国家高速铁路的最小曲线半径值因地理条件各异而不同，见表 9-5。

表 9-5 几个国家高速铁路的最小曲线半径值 m

法国		德国	意大利	日本			
TGV 东南线	TGV 大西洋线			东海道	山阳	东北	上越
4 000(3 200)	6 000(4 000)	7 000(5 100)	3 000	2 500(2 000)	4 000(3 000)	4 000	4 000

在我国，当客运专线铁路行车速度为 350 km/h 时，区间线路最小曲线半径应为 7 000 m。

我国京沪高速铁路最小曲线半径应不小于 7 000 m。若考虑满足各种不同速度列车的组合运行条件的舒适性，最小曲线半径采用 9 000～11 000 m 较好，最大曲线半径不宜大于 12 000 m。

2. 缓和曲线

为使列车安全、平稳、舒适地由直线过渡到圆曲线或由圆曲线过渡到直线，在直线与圆曲线间必须设置一定长度的缓和曲线。缓和曲线是在直线与圆曲线的一段变曲率、变超高线段，其作用是在缓和曲线范围内完成曲率半径由直线上的无限大逐渐变化到圆曲线的曲率半径，曲线外股钢轨高度从与直线上左右股钢轨水平一致逐渐变化到圆曲线时达到外轨超高值。缓和曲线长度一般为 350～700 m，而准高速铁路和普通铁路缓和曲线长度仅为 20～180 m。

3. 曲线超高

曲线超高是指为平衡列车行驶在曲线上所产生的离心力，使曲线地段外股钢轨高于内股钢轨的数值。

(1)实设超高允许值。实设超高允许值主要取决于列车在曲线上停车时的安全、稳定和旅客乘坐舒适度要求。根据我国铁道科学研究院 1980 年的试验研究，当列车停在超高为 200 mm 的曲线上时，部分旅客感到站立不稳、行走困难且有头晕不适之感。日本新干线中最大超高除东海道新干线为 200 mm 外其余各线为 180 mm；德国 ICE 线和法国 TGV 线最大超高均为 180 mm。根据铁道科学研究院和国外高速铁路的研究资料，京沪高速铁路最大实设超高定为 180 mm。

(2)欠超高允许值。高速铁路的欠超高允许值主要取决于旅客乘坐舒适度要求，同时考虑到过大的欠超高可能带来较大的线路养护维修工作量，所以，在选择欠超高允许值时，应考虑留有一定的余地。我国铁道科学研究院曾通过环形铁道进行了广深准高速客车运行试验和广深线开通后的测试旅客舒适度的不同等级试验，提出了我国京沪高速铁路的欠超高允许值采用表 9-6 所示值。考虑到京沪高铁的高、中速列车共线的运营模式是以高速为主，重点在保证高速列车的旅客舒适度，因此，超高与欠超高的最大允许值一致。

表 9-6　京沪高铁最大欠超高、过超高允许值

条件	舒适度良好	舒适度一般	舒适度较差
最大欠超高[h_q]/mm	40	80	110
最大过超高[h_e]/mm	40	80	110

4. 坡度值和竖曲线

(1)最大坡度。客货共线的铁路，线路最大坡度是由货物列车运行要求所决定。高速列车采用大功率、轻型动车组，牵引和制动性能优良，能适应大坡度运行。但各国高速铁路由于采用的运输组织模式和线路条件各不相同，采用的线路最大坡度也不大一样。

日本新干线早期采用的最大坡度均小于 20‰，北陆新干线采用了 30‰的最大坡度值，九州新干线的最大坡度值为 35‰。法国铁路一直采用较大的坡度值，东南线和地中海线采用 35‰，其他几条高速铁路为 25‰。德国修建科隆—法兰克福线路时，采用了 40‰的坡度值。我国台湾高速铁路最大坡度为 35‰。我国京沪高速铁路最大坡度为 12‰，个别困难地段经牵引计算检算，可采用不大于 20‰的坡度。

(2)竖曲线半径。法国 TGV 东南线的竖曲线半径采用 25 000 m；TGV 大西洋线的竖曲线半径采用 16 000 m；而日本除东海道新干线的竖曲线半径采用 10 000 m 外，其余各线均采用 15 000 m。

我国拟建的高速铁路上竖曲线半径可根据所处区段远期设计最高速度按表 9-7 选用。

表 9-7　竖曲线半径采用标准

ν_{max}/(km·h^{-1})	300 以下	250 以上 300 以下	160 以上 250 以下	160 以下
竖曲线半径/m	25 000	20 000	15 000	10 000

9.2.3　高速铁路路基结构

高速铁路路基除应具备铁路路基的基本功能外，还应满足列车高速运行的要求：具有足够的强度、刚度、稳定性和耐久性；能承受正常施工和正常使用时可能出现的各种情况，在正常使用时具有良好的工作性能，在正常维护下具有足够的耐久性，在偶然事件发生时及发生后仍能保持整体稳定性。

高速铁路路基的多层结构系统，主要由路基本体、路基防护和加固建筑物以及排水设备三部分组成，如图 9-1 所示。高速铁路线路结构已经突破了传统的轨道、道床、土路基这种结构形式，既有有碴轨道，也有无碴轨道。

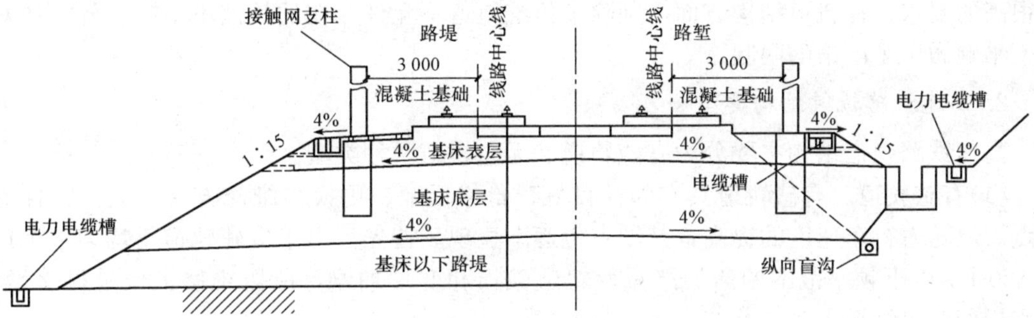

图 9-1　高速铁路路基断面图(单位：mm)

对于有碴轨道，在道床和土路基之间，已抛弃了将道砟层直接放在土路基上的结构形式，做成了多层结构系统。德国和法国高速铁路一般路基基床的断面形式，保护层的厚度为 25～30 cm。日本高速铁路板式轨道的基本结构形式之一，其把基床表层称为路盘或强化路盘，厚度为 30 cm，强化路盘的表层为厚度为 5 cm 的沥青混凝土，其下为级配碎石(或高炉矿碴)。

9.2.4　高速铁路轨道结构

高速铁路轨道结构和普通铁路轨道结构一样，由钢轨、轨枕、扣件、道床、道岔等部分组成，如图 9-2 所示。钢轨直接承受由机车车辆传来的巨大动力，并传向轨枕；轨枕承受钢轨传来的竖向垂直力、横向和纵向水平力后再将其分布于道床，并保持钢轨正常的几何位置；轮轨间的各种作用力通过轨枕和扣件的隔振、减振和衰减后传递给道床，使道砟重新排列，并将作用力扩散传递于路基。高速铁路的轨道必然要比普通线路具有更高的安全性、可靠性和平顺性。

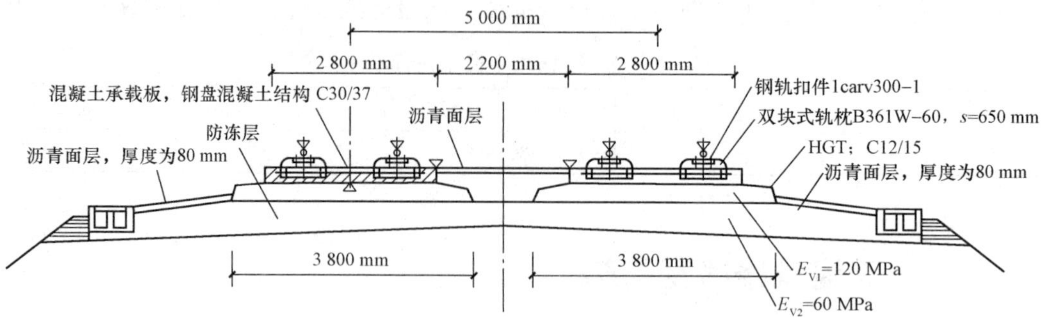

图 9-2　高速铁路轨道结构断面图

1. 高速铁路轨道结构等级

铁路轨道结构等级与运输条件密切相关。在铁路运输发展的初期，速度、轴重、密度都处于较低水平，对轨道结构的要求以可靠性为主，等级划分则以年通过总质量为主，兼顾列车速度的要求。近年来发展的客运专线和重载铁路，对轨道结构提出了不同侧重的要求。客运专线以旅客运输为主，除要求极高的安全性和可靠性以外，对旅客的舒适度提出了很高的要求。在轨道结构方面，则除了传统轨道不允许存在的长波不平顺以外，还对短波不平顺做出了严格的限制。

2. 高速铁路轨道结构类型

高速铁路轨道结构主要分为有碴轨道和无碴轨道两种类型。

(1)有碴轨道。有碴轨道具有弹性良好、价格低廉、更换与维修方便、吸噪特性好等优点。但随着行车速度的提高，其缺点也逐渐显现。首先，由于有碴轨道不均匀下沉产生的 120 Hz 以下频率范围的激振严重，轨道破损和变形加剧，所以维修工作量显著增加，维修周期明显缩短。

为了减少轨道变形、增大强度，除采用整体轨枕外，法国高速铁路还采用每根重为 245 kg、长为 2.24 m 的双块式混凝土轨枕，如图 9-3 所示。

(2)无碴轨道。与有碴轨道相比，无碴轨道具有使用寿命长、线路状况良好、不易胀轨跑道、高速行车时不会有石碴飞溅等优点。因此，无碴轨道在国外高速铁路上获得了越来越广泛的应用，其铺设范围已从桥梁、隧道发展到上质路基和道岔区，无碴轨道结构在高速铁路上的大量铺设已成为发展趋势。

9.2.5　高速铁路线路的养护、维修及运用管理

高速铁路需要有相应的线路养护、维修制度。虽然养护维修工作基本上还是可分为线路大修与日常维修，但是其内容及工作方法，却和常规线路有所区别。

1. 高速铁路轨道设备养护维修

高速铁路轨道设备磨损较快，更新周期短，轨道设备的运送、组装等都采用工厂化、机械化施工方式。由于采用了无缝线路和板式轨道，其使用寿命和维修周期大致相近，便于大修计划的安排与实施。在日本新干线铁路上，大修工作主要为更换钢轨、轨枕及更新

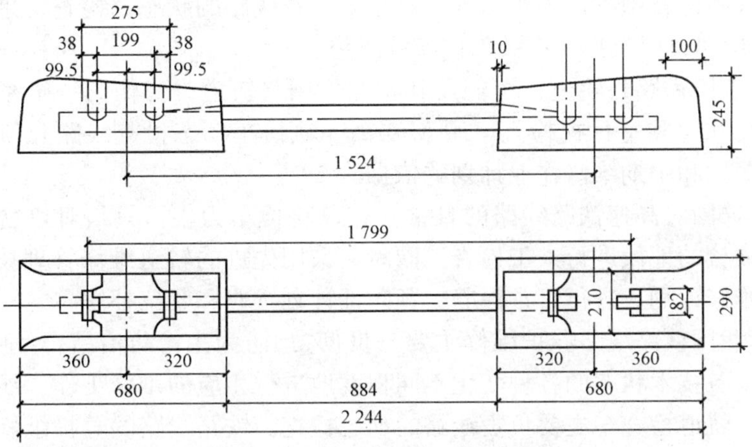

图 9-3　法国双块式混凝土轨枕

道床。作业时必须封锁线路，并严格按照运行图上规定的作业时间进行。日常维修则包括按周期进行的计划维修和随时进行的紧急补修。计划维修从线路一端开始，除少量更换损伤的轨道部件外，还对轨道进行整修和校正；轨道拨正后，用多头捣固机进行全面捣固；路基地段每年维修两次，高架桥与隧道地段则每年维修一次。紧急补修是对行车引起的轨道变形，及时整修到规定标准，使线路经常处于良好状态。

在线路上，由于列车荷载的反复作用，钢轨会变成凹凸不平的状态，称为轨道变形。为了保证旅客乘车的舒适性，必须经常对轨道状态进行检查和测量，并对变形进行修整。检测轨道变形通常采用 10 m 弦外割矩法，这对于以 200 km/h 或以上速度运行的高速铁路来说是不够的，高速铁路则采用 20 m 弦正矢测定。

为了检查和测定轨道状态和线路上电气设备的性能，在高速铁路上编有由电气试验车和轨道检测车组成的综合试验列车。这种列车同正常营业的列车一样纳入运行线，可隔几天运行一次。综合试验车测得的数据经电子计算机处理后，供制订线路维修计划之用。

另外，车辆摇摆的起因，大部分是由于轨道和车辆走行装置的变形所引起，因而须从车辆和轨道两方面进行管理。线路摇摆测量主要由轨道检测车进行，必要时用自动摇摆测量装置或移动式摇摆加速计进行测量。

对钢轨的管理，除正常磨耗、锈蚀等一般性检查外，还要用钢轨擦伤检查车和超声波探伤机进行周密检查。发现钢轨、道岔及叉心的磨耗或损伤的测量值超过容许值时，应及时进行修补或更换。缓和钢轨磨耗(包括波状和蛇形磨耗)及改善剥落、飞边、裂纹等不良状态的有效措施是对钢轨打磨整形，可用钢轨打磨车进行轨顶面管理。

维修工作的任务除及时消灭轨道上的缺陷，如处理断裂钢轨、起道抽换轨枕外，还要进行更换扣件、零件，定期拨道，捣固道床等工作。

2. 国内外线路养护维修概况

(1)日本。日本的线路维修养护全面贯彻预防性修理的指导思想，设定预防性维修极限值，在该阶段内实施修理，对特殊情况进行事后修理。新干线由日本客运公司进行管理，公司设立线路检查中心，采用综合试验车来检查线路的状态。检查结果直接输入综合数字通信网(ISDN)，以及指导有关部门实施维修。

(2)法国。法国铁路将轨道、车辆及其相互作用与轨道维修作为一个系统来考虑。轨道状态通过步行和驾驶室目视检查，用MOZAN轨检车动态检查线路几何状态，将检查结果作为制定短期和中期维修作业计划的依据。

(3)德国。德国对高速铁路线路的日常检查以轨检车为主，只是对道岔和需对轨检车的检查结果做复核的地段进行人工检查。同时，采用先进的轨道维修管理技术，根据轨道实际状态制订维修计划，进行日常保养、预防性计划维修和紧急补修。

(4)中国。我国铁路线路养护维修主要是贯彻"预防为主，防治结合，修养并重"的维修原则，按照设备技术状态的各种变化不同程度地进行相应的维修工作。线路检测以人工每月检查为主，轨道检查车主要负责线路的动态检查。铁路线路的养护维修按周期有计划地进行，分为综合维修、经常保养和临时维修。

9.3 高速铁路车站

高速铁路车站在技术设备和运输组织模式、售检票方式、旅客候车要求等方面都与既有线普通车站有很大的区别，应该根据其现实条件、服务对象、功能特点等因素设计成客流通道立体化、进出站自动化、功能多样化的具有所在城市特色的现代化车站。

9.3.1 高速铁路车站的分类

根据技术作业性质不同，高速铁路的车站可划分为以下几种类型：

(1)越行站。越行站主要办理中速列车待避高速列车的作业。由于不办理客运业务，原则上可不设站台。如图9-4所示，正线1、2办理高速列车通过，到发线3、4办理中速列车待避。

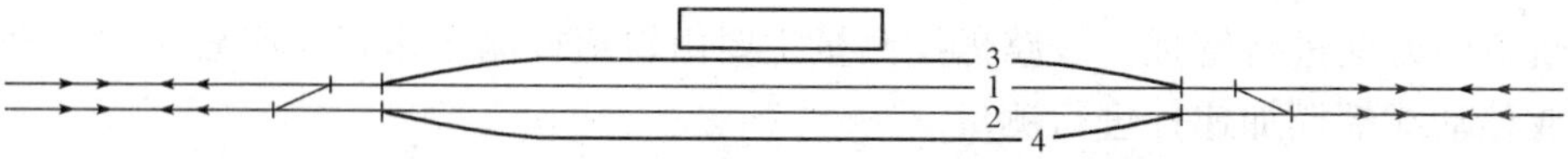

图9-4 高速铁路越行站布置图

(2)中间站。中间站主要办理停站的各种旅客列车的客运业务、少量高速旅客列车夜间折返停留及各种旅客列车的不停站通过作业。中间站布置有对应式和岛式两种，如图9-5所示。

1)对应式中间站的两个站台夹4条线，1、2道为正线，3、4道为到发线。考虑到办理四交会的可能，故设两条停车待避用的到发线。这种布置图的优点是站台不靠近正线，高速列车自正线通过时，不影响站台上旅客的安全，站台安全退避距离不必加宽，如图9-5(a)所示。

2)岛式中间站的中间站台靠近正线，1、2 道正线为高速列车通过线，3、4 道为待避线，如图 9-5(b)所示。

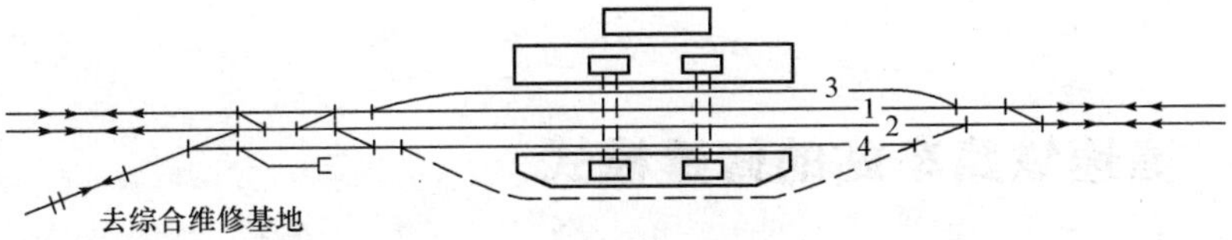

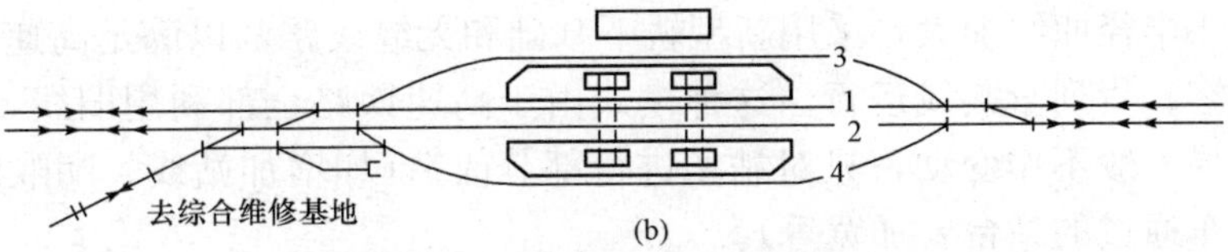

图 9-5 高速铁路中间站布置图

(a)对应式中间站；(b)岛式中间站

(3)始发终到站。始发终到站是指设在高速铁路的起点和终点，位于特大城市的铁路枢纽，主要办理始发、终到高速列车的作业。新建的高速始发站布置图如图 9-6 所示，图上设有到发线 4 条，站台 4 座。由于没有不停站的高速旅客列车通过，正线可设在靠近站台，并作为到发线使用。始发站应设有与到发线相衔接的动车段(所)或综合维修基地。

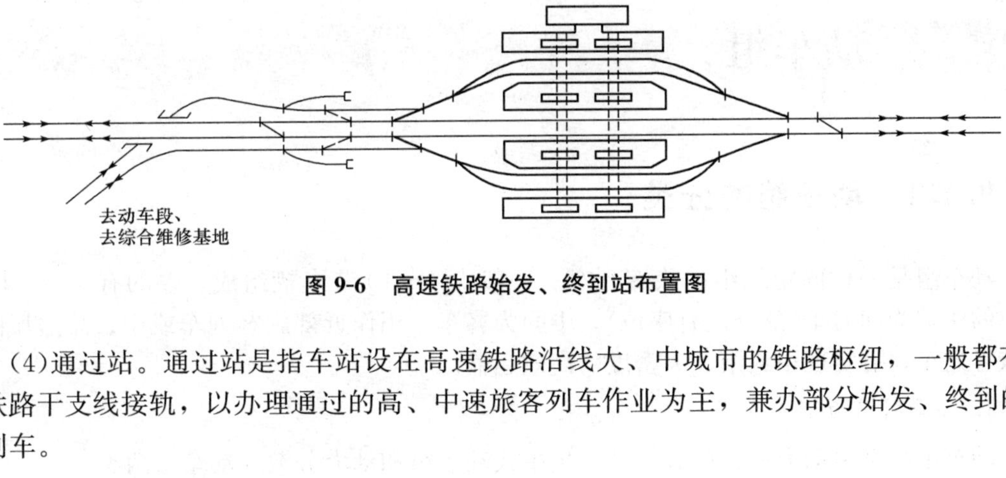

图 9-6 高速铁路始发、终到站布置图

(4)通过站。通过站是指车站设在高速铁路沿线大、中城市的铁路枢纽，一般都有普通铁路干支线接轨，以办理通过的高、中速旅客列车作业为主，兼办部分始发、终到的高速列车。

9.3.2 高速铁路车站的特点

1. 高速铁路车站的业务特点

(1)高速铁路车站只办理客运业务，不办理货运业务。

(2)在运行途中高速车站不办理行包、邮政托运业务，列车停站时间短。

2. 高速铁路车站的作业组织特点

(1)根据车站客运量的大小，车站需配备一定数量的自动售检票机、车站信息发布和客流导向系统等，以方便旅客购票、乘车，缩短旅客排队购票、进出站的时间。

(2)高速铁路的行车组织特点是“高密度、小编组”。“高密度”即发车间隔短，“小编组”即编挂车辆少。为满足高速列车在站高效、快速的作业要求，必须改进车站行车组织工作。

9.3.3 高速铁路车站的修建模式

(1)既有线改造，客货列车共线运行模式。对自然条件和技术条件较好的既有铁路线进行改造，将小半径曲线加大，采用新型轨下基础和无缝线路，以满足高速列车运行的技术条件，实行客、货列车共线运行。这种模式由于高速铁路全部利用旧线，其线路走向、车站及枢纽布局一般不作变动，只对站场进行部分改造(如增加站线、咽喉区选用大号码道岔、高速列车通过的站台要加宽等)。

(2)全部新建客运专线，全高速旅客列车运行模式。这种模式由于高速线与既有线的走向分开，沿线应单独设置一定数量的越行站和中间站，要考虑高速站房与既有站房的连通关系，以便利旅客的换乘等。

(3)高速线与既有线并行，全高速旅客列车运行或中、高速旅客列车共线运行模式。若高速线全部开行高速旅客列车时，应尽可能利用既有线的客运设施，并考虑方便旅客的换乘；若高、中速旅客列车共线运行时，应考虑不同速度列车运行的安全和技术要求。

9.4 动车组

9.4.1 动车组的分类

动车组是一种固定编组的旅客列车。一般由 4～10 节车辆组成，多的有 12～14 节。列车的两端为动力车(部分设有座位)，中间为客车。用作近郊旅客列车或中、短途城际高速旅客列车，可实现小编组、大密度的高效运输。

1. 按牵引动力形式分类

动车组按牵引动力形式可分为动力集中式动车组和动力分散式动车组两类。

(1)动力集中式动车组。动力集中式动车组就是将列车的动力集中在列车两端的头车和与头车邻近的车辆上，动力车之间为数量不等的拖车，也就是无动力的客车，形成推挽式牵引，与常规意义上的机车牵引若干车辆的列车相似。动力集中的电动车组，其优点是动力装置集中安装在 2～3 节车上，检查维修比较方便，电气设备的总重量小于动力分散的电动车组。其缺点是动车的轴重较大，对线路不利。动力集中式动车组的代表为法国 TGV 系列。

(2)动力分散式动车组。动力分散式动车组又分为完全分散和相对分散两种模式。完全分散模式是指高速列车编组中的车辆全部为动力车，这种模式采用较少。相对分散模式为目前动车组采用的主要模式，是指高速列车编组中一部分是动力车，其余部分为无动力的拖车。动力分散电动车组的优点是动力装置分布在列车不同的位置上，能够实现较大的牵引力，编组灵活。由于采用动力制动的轮对多，制动效率高，且调速性能好，制动减速度大，其适用于限速区段较多的线路。动力分散式动车组代表为中国的 CRH 系列。

2. 按照动力燃料类别分类

动车组按动力装置可分为电力动车组、柴油动车组和燃气轮动车组三类。电力动车组按电流制又分为直流电力动车组和交流电力动车组两种；柴油动车组按传动方式又分为机械传动动车组、液力传动动车组和电力传动动车组三种；燃气轮动车组按传动方式又分为电力传动动车组和液力传动动车组两种。蒸汽动车之间无法联控，所以没有蒸汽动车组。

3. 按照用途分类

绝大多数型号和数量的动车组都被用于客运领域，少量动车组被用于货运，还有极少一部分用于轨道检测等特殊用途(如动检，其代表产品为青岛庞巴迪为海南提供的动车项目)。

9.4.2 动车组的特点

动车组易组合成长短不同的列车。尤其是动力分散型电动车组的优点更为明显，主要有以下几点：

(1)动力效率较高，启动加速快。动力分散型动车组的驱动轴较多，黏着性能比较稳定，容易实现高速运转。

(2)由于动车组在两端都有司机室，因此，转换运行方向较为方便，可以加快运转速度。在保证安全的前提下，可明显提高行车密度，从而提高整个铁路网的运输能力。

(3)动车组甩挂方便，比较容易组合成长短不同的列车。可以根据客流的大小，加挂或少挂动车组，由于动车组中每组都是既有动力车又有拖车，因此，加挂动车组不影响速度，少挂动车组也不影响动力的发挥。

(4)动车组的制动效果好。电力动车组因为有较多的电动机，所以再生制动能力良好。另外，动车组一般都采用两种或两种以上制动方式，制动效果更为显著。

(5)最大轴重小，同时对线路的影响小。由于动车组的牵引设备分散布置在各动力车上，因此能够降低列车的轴重，减小运行阻力，减少对铁路线路的影响，并降低了维修保养费。

(6)动车组更加注重环保。高速动车组的内部装饰和化工材料全部符合国际环保规定的要求，卫生间均采用集便式便器，集中收集排放污物，不会对列车行经路段沿线造成污染；车内外噪声也非常小，已将噪声污染降到最低。

9.4.3 动车组的基本组成

通常动车组由车体与车辆内部设备、转向架、车辆连接装置、制动装置、牵引传动系统、列车网络控制系统等部分组成，如图 9-7 所示。

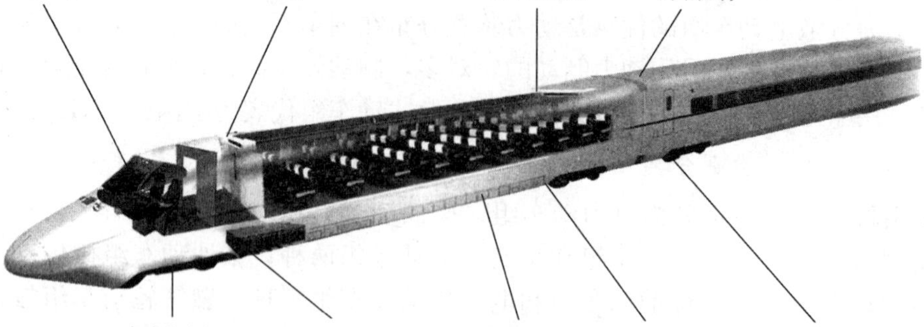

图 9-7　动车组的基本组成

1. 车体与车辆内部设备

车体是旅客乘坐和司机驾驶的地方，也是安装和连接其他设备与部件的基础，它由侧墙、端墙、车顶、底架和车头等部分组成。动车组车体分为带司机室车体和不带司机室车体两种。车内设备是指服务于乘客的车内固定附属装置，包括车门、车窗、座席、司机室、乘务员室、照明装置、供水、通风、取暖、空调、安全设备、行李架、旅客信息服务系统等。为了满足高速行车的要求，保证行车安全和旅客的舒适性，动车组一般将车头设计成流线型，车体选用轻量化、高强度的材料，并通过运用车体的密封隔声技术，使得车体具有良好的密封性和隔音效果。

2. 转向架

动车组转向架可分为动力转向架和非动力转向架。动车转向架车轴可以是全动力轴，也可以是部分动力轴，如图 9-8 所示。转向架置于车体和轨道之间，用来牵引和引导车辆沿轨道行驶，承受、传递来自车体及线路的各种荷载，并缓和其作用力。转向架是列车的走行部，是保证列车运行品质和安全的关键部件。

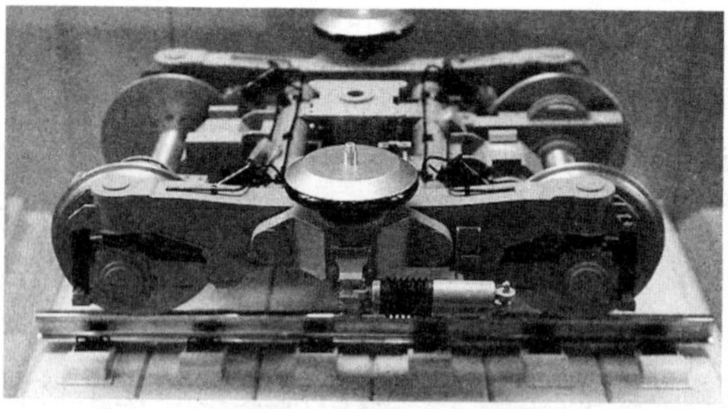

图 9-8　动车组转向架

动车组转向架要求具有良好的运行稳定性和舒适感、简单的结构和轻量化、方便出色的维修保养性、防止脱轨的安全性。

3. 车辆连接装置

动车组连接装置主要用于连接各个车辆并传递牵引力与制动力，同时，还能够起到缓冲和减振作用。另外，还可以保证车辆的密封性。

目前，世界各国的高速动车组普遍采用密接式车钩连接装置，如图 9-9 所示。该装置的两车钩连接面的纵向间隙一般都小于 2 mm，上下、左右偏移也很小，对提高列车的运行平稳性和电气线路、风管的自动对接提供了保证。在车钩连接的同时，贯通全列车的控制信息线路通过密接车钩的电气连接器自动接通。

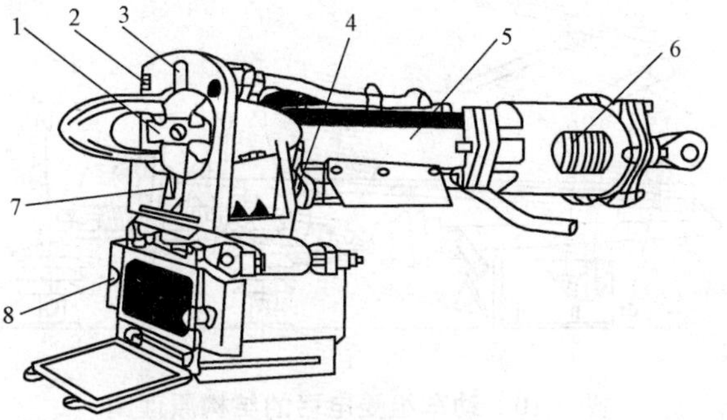

图 9-9　密接式车钩连接装置

1—钩舌；2—解钩风管连接器；3—总风管连接器；4—截断塞门；
5—钩身；6—缓冲器；7—制动风管连接器；8—电气连接器

4. 制动装置

制动装置是列车安全、正点运行的重要保证，也是提高列车运行速度的前提条件。目前，铁路上所采用的制动方式有摩擦制动和动力制动两大类。其中，摩擦制动包括闸瓦制动、盘形制动、电磁轨道制动三类；动力制动包括电阻制动、再生制动、电磁涡流制动等。由于动车组运行速度较高，因此，它对制动装置的要求也更高。动车组常采用动力制动与摩擦制动的复合制动系统。

复合制动系统通常由制动控制系统、动力制动、摩擦制动(如盘型制动和踏面制动等)系统、微机控制的防滑器和非黏着制动装置等组成。复合制动力的产生分别来自电气(动力制动)、机械(盘型制动或踏面制动)和非黏着力(磁轨制动或涡流制动)。

5. 牵引传动系统

动车组牵引传动系统包括主电路、受电弓、主断路器、避雷器、其他高压电器、牵引变压器、牵引变流器、牵引电机、电传动系统保护等。

由于运行速度较高，电力牵引高速动车组的受电与电力牵引常速列车的受电相比，具有一些明显的特点。例如，接触网与受电弓的波动特性发生变化，受电弓产生的噪声较大，所受的空气阻力较大使得空气动态力对高速受电有很大影响，需要的牵引功率较大等。

动车组受电弓的结构原理图如图 9-10 所示。

6. 列车网络控制系统

动车组列车网络控制系统是一套建立在现场总线通信网络上的分布式微处理器控制系统，一般称为 TCMS，如图 9-11 所示。列车网络控制系统是个移动的局域网，涉及高速列车控制、通信和计算机网络三个技术领域的技术。

动车组列车网络控制系统的一般功能包括以下几个方面：

(1)远程集中控制，在同端的人机操作接口上向全高速列车的设备发送对高速列车或

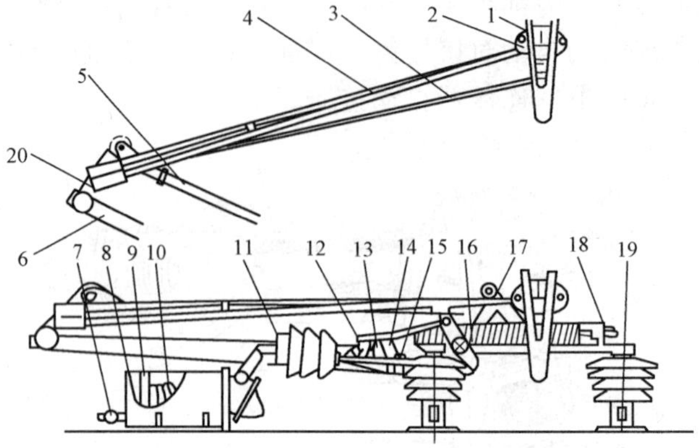

图 9-10　动车组受电弓的结构原理图

1—滑板弓头；2—弓头支承装置；3—平衡杆；4—上框架；5—推杆；6—下臂；
7—缓冲阀；8—传动风缸；9—活塞；10—降弓弹簧；11—拉杆绝缘子；
12—滑环；13—扇形板；14—拐臂；15—转轴；16—升弓弹簧；
17—底架；18—升弓弹簧螺母；19—支持绝缘子：20—铰链座

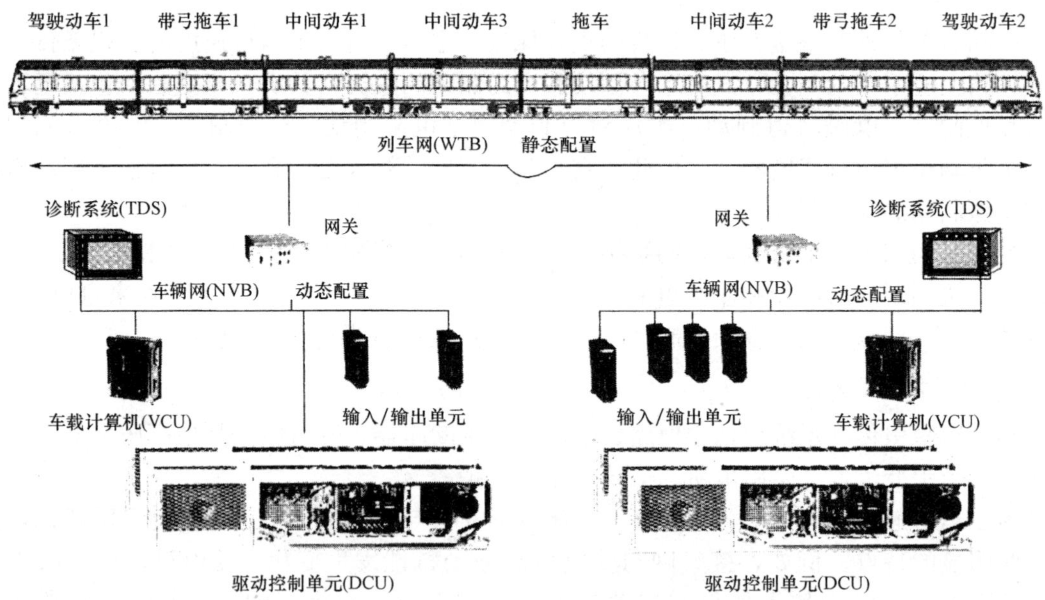

图 9-11　动车组列车网络控制系统

设备的运行控制命令，各个设备收到命令后按照相关的规定执行命令。

(2)远程集中监视，各个车厢的网络设备状态数据通过网络发送到主控计算机和人机操作接口，集中显示给随车的司乘人员。

(3)实时信息诊断。

9.4.4 动车组的技术特点

由于动车组速度提高，所以在动车组设计与开发中需要解决一系列关键技术。动车组是现代高新技术的集成，包括材料、机械、电子、计算机、通信、控制、空气动力学、人体工程学、工程仿真等领域的最新技术。动车组的主要技术特点如下。

1. 头型流线化

随着列车运行速度的提高，周围空气的动力作用一方面对列车和列车运行性能产生影响；同时，列车高速运行引起的气动现象对周围环境也产生影响。对于高速动车组来说，列车头型设计非常重要，好的头型设计可以有效减少运行空气阻力、列车交会压力波，提高运行的稳定性。

2. 车体结构轻量化

为了节省牵引功率，降低列车高速所引起的动力作用对线路结构、机车车辆结构产生的损伤，以及提高旅客乘坐舒适度，就需要最大限度地降低高速动车组的轴重。因此，国外各国高速列车车体的主要材料是铝合金和不锈钢，从发展趋势来看，铝合金将成为动车组车体的主导材料。

3. 高性能转向架技术

提高列车运行速度首先遇到的问题是转向架的运行平稳性和安全性，所以，要想提高列车运行速度必须具有高性能的转向架。对于高速转向架，要求具有高速运行的稳定性和良好的曲线通过性能，以满足乘客乘坐舒适度的要求。

4. 复合制动技术

由于高速列车的制动能量与速度的平方成正比，因此，传统的纯空气制动能力已不能满足需要，高速列车必须采用能提供强大制动力并更好利用黏着的复合制动系统。

5. 密接式车钩缓冲装置

目前，世界各国高速列车(如日本、德国)普遍采用密接式车钩连接装置，该装置两车钩连接面的纵向间隙一般都小于 2 mm，上下、左右偏移也很小，对提高列车的运行平稳性和电气线路、风管的自动对接提供了保证。

6. 交流传动技术

早期的电力牵引传动系统均采用交-直传动，用直流电动机驱动。由于直流电动机的单位功率质量较大，所以高速列车既需要大功率驱动又要求减轻轴重，形成难以缓解的矛盾。在交流转动系统中，交流牵引电动机较传统的直流牵引电动机具有结构简单、运行可靠、体积小、质量轻及造价低等系列优点。交流牵引电动机没有整流子结构对电动机功率的限制，牵引功率可以得到进一步提高。

7. 列车自动控制及故障诊断技术

列车自动控制系统对高速列车安全运行具有重要作用，世界各国在发展高速铁路时都十分重视列车自动控制系统的研究和开发，许多国家为其先进的列车控制系统研制了多种基础技术设备，例如，列车超速防护系统、卫星定位系统、车载智能控制系统、车载微机自动监测和诊断系统等。

8. 倾摆式车体技术

列车通过曲线时，未被平衡的离心加速度超过允许限度时会对乘客产生不舒适感。这种未被平衡的离心加速度与列车速度的平方成正比，由此限制了列车通过曲线时的速度。采用摆式列车可以在既有线路条件下使列车通过曲线时的速度提高约 30%。

9. 高速受流技术

高速动车组的接触网-受电弓受流过程是以列车的行驶与接触网之间的滑动完成的，是一个动态过程。这一过程包括了多种机械运动形式的电气状态变化，使电流容量、适用速度、安全性能有了相当大的提高。因此，要保证动车组可靠运行，受流系统要具有新的技术特点，一是要保证功率传输的可靠性；二是要保证受流系统的运行安全性；三是要保证有良好的受流质量；四是要保证延长受流系统的使用寿命。

9.4.5 我国的和谐号动车组

中国铁路总公司将所有引进国外技术、联合设计生产的 CRH 动车组车辆均命名为“和谐号”。和谐号动车组通常用来指 2007 年 4 月 18 日起在中国铁路第六次大提速调图后开行的 CRH 动车组列车。CRH(China Railways High-speed)中文意为“中国高速铁路”，是中国铁路总公司对中国高速铁路系统建立的品牌名称。和谐号动车组是我国铁路全面实施自主创新战略取得的重大成果，标志着我国铁路客运装备的技术水平达到了世界先进水平，中国也由此成为世界上少数几个能够自主研制时速 380 km 动车组的国家。

9.4.5.1 CRH 动车组车型种类

我国铁路开行的 CRH 动车组已有 CRH1、CRH2、CRH3，CRH5、CRH6、CRH380 A、CRH380 B、CRH380 C、CRH380 D 车型。

1. CRH1 动车组

CRH1 动车组是由中国南车集团四方机车车辆股份有限公司与加拿大庞巴迪的合资公司——青岛四方庞巴迪铁路运输设备有限公司(BST)生产。CRH1 动车组的原型车是庞巴迪运输为瑞典国家铁路提供的 Regina C2008 型，如图 9-12 所示。

2. CRH2 动车组

CRH2 动车组是向日本川崎重工及南车四方机车车辆股份有限公司订购的 CRH 系列高速动车组。CRH2 型动车组是由新干线 E2 系发展而来，如图 9-13 所示。

3. CRH3 动车组

CRH3 型动车组由中国北车所属长客股份公司和唐车公司联合设计生产。这一新型动车组可根据不同运营线路的需求，分别以时速 160 km、时速 200 km、时速 250 km 三个速度等级运行，是目前国内唯一的既适合时速 200～250 km 客运专线、又适合时速 160～250 km 之间城际铁路运行的动车组，如图 9-14 所示。

图 9-12　CRH1 动车组

图 9-13　CRH2 动车组

4. CRH5 动车组

CRH5 动车组是由中国北车集团长春轨道客车股份有限公司联合法国阿尔斯通，引进法国阿尔斯通的技术，车体以法国阿尔斯通为芬兰国铁提供的 SM3 动车组为原型，由北车长春轨道客车股份有限公司负责在国内生产的，如图 9-15 所示。

图 9-14　CRH3 动车组

图 9-15　CRH5 动车组

5. CRH6 动车组

CRH6 动车组是由中国南车四方股份公司研发设计，如图 9-16 所示。CRH6 型城际动车组是为满足我国区域经济快速发展和城市群崛起对城际轨道交通的需求而研制的一种新型运输工具，作为高速铁路和城市轨道交通的纽带，具有运能大、起停速度快、乘降方便快速、疏通迅捷有效、乘坐舒适、安全可靠、节能环保的特点。

6. CRH380 动车组

(1)CRH380 A 动车组。CRH380 A 动车组是原铁道部为运营新建的高速城际铁路及客运专线，由中国南车四方机车车辆股份有限公司在 CRH2 C(CRH2－300)型动车组的基础上自主研发的 CRH 系列高速动车组。这款动车组不仅搭载了现代科技与中国文化完美融合的新头型，而且在列车总成、车体、转向架等关键技术研究和装备研制方面取得了实质性的突破，如图 9-17 所示。

图 9-16　CRH6 动车组

图 9-17　CRH380 A 动车组

(2)CRH380 B 动车组。CRH380 B 动车组是中国北车长春轨道客车股份有限公司为北方高寒地区特制的抗高寒动车组列车。列车可适应－40 ℃～40 ℃的温差，最高运行速度达 380 km/h。此列车是世界上首列能在高寒地区跑出速度达 300 km/h 的动车组，如图 9-18 所示。

(3)CRH380 C 动车组。CRH380 C 动车组是 CRH380 家族中最新的成员，是继哈大高铁专用的 CRH380 B 高寒动车组后，又一款高寒动车组，也是国内首款 16 辆大编组高寒动车，如图 9-19 所示。

图 9-18　CRH380 B 动车组

图 9-19　CRH380 C 动车组

(4)CRH380 D 动车组。CRH380 D 动车组由青岛四方庞巴迪铁路运输设备有限公司研发，原项目名称为 CRH－380，在 2010 年 12 月中旬，原铁道部重新分配动车组车号，改各为 CRH380 D 系列，如图 9-20 所示。

9.4.5.2　各动车组的主要技术参数

我国各型高速铁路动车组的主要技术参数，见表 9-8。

图 9-20　CRH380 D 动车组

表 9-8　我国各型高速铁路动车组的主要技术参数

技术参数＼型号	CRH_1 动车组	CRH_2 动车组（速度 200 km/h）	CRH_2 动车组（速度 300 km/h）	CRH_3 动车组	CRH_5 动车组
运营速度	200 km/h	200 km/h	300 km/h	300 km/h	200 km/h
牵引功率	5 300 kW	4 800 kW	7 200 kW	8 800 kW	5 500 kW
列车编线	每列 8 辆固定编组，5 辆动车，3 辆拖车	每列 8 辆固定编组，4 辆动车，4 辆拖车	每列 8 辆固定编组，6 辆动车，2 辆拖车	每列 8 辆固定编组，4 辆动车，4 辆拖车	每列 8 辆固定编组，5 辆动车，3 辆拖车
列车定员	668 人	610 人	610 人	600 人	622 人
列车结构	不锈钢筒形结构	铝合金筒型结构	铝合金筒型结构	铝合金筒型结构	铝合金筒型结构
轴重	小于 16 t	小于 14 t	小于 14 t	小于 17 t	小于 17 t
受电弓位置	2 号车和 7 号车	4 号车和 6 号车	4 号车和 6 号车	2 号车和 7 号车	3 号车和 6 号车

9.5　高速铁路牵引供电系统

高速铁路牵引供电系统由牵引供变电系统、接触网系统、SCADA 系统、检测系统等构成。牵引供电线的主要功能是为高速铁路列车运行提供稳定、高质量的电流。与常速列车的电力牵引相比较，高速铁路列车电力牵引具有牵引功率更大、所受阻力更大、受电弓移动速度快、电流易发生波动等特点。

9.5.1　牵引动力

电力牵引和内燃电传动牵引同样都能满足牵引高速列车的要求。从目前各国发展高速铁路的情况看，大多数国家都采用电力牵引。

1. 牵引动力的方式

高速铁路列车的牵引可以采用传统的机车牵引方式，也可以采用动车组牵引方式。由于动车组的轴重低，可以减少对线路的破坏作用，因此，目前世界上大部分高速铁路列车采用动车组牵引方式。

2. 牵引动力的配置

高速铁路列车牵引动力的配置有集中配置和分散配置两种。

(1)牵引动力集中配置于一端。这是一种传统的机车牵引客车的方式。高速铁路列车由一台或几台机车集中于一端来牵引，它在高速化的初期为不少国家所采用。

(2)牵引动力集中配置于两端。高速铁路列车两端为动力车，中间全部为无动力的挂车，牵引采用前挽后推方式。两端设动力车可以有两种模式：一种是机车模式，即两端的动力车实际上就是一般的机车，而中间的无动力挂车即为一般的客车，如德国的 ICE 高速列车，这种模式在列车长度方面机动性较大，可随意加大或缩小编组；另一种是动车组模式，即两端的动力车与其后的无动力挂车具有共同的转向架及铰接机构，构成动车组，如法国的 TGV 高速列车，除位于整列车两端的列车转向架上装有牵引电动机外，相邻首尾的第二辆车的第一台转向架上也装有牵引动力装置，这种模式可保持整列车的荷载均匀，运行相对平稳，但由于编组固定，因而在列车长度方面的机动性较差。

(3)牵引动力分散配置。这是一种动车组牵引方式，也有两种模式：一种是完全分散模式，即高速列车编组中全部为动力车，如日本的 0 系列高速列车，其 16 辆编组中全都是动力车；另一种是相对分散模式，即高速列车编组中大部分为动力车，其余为无动力的挂车，如日本的 300 系列高速列车，其 16 辆编组中有 10 辆是动力车，6 辆是挂车。

9.5.2 供电方式

高速铁路牵引网一般采用带回流线的直接供电方式和自耦变压器供电方式。

1. 带回流线的直接供电方式

带回流线的直接供电方式牵引网拓扑结构如图 9-21 所示。电流从牵引变电所回流线通过接触网流向动车组，从动车组下到钢轨上，回流分为三部分：一部分直接沿钢轨流回变电所，约占 40%；一部分从钢轨通过吸上线流向回流线，通过回流线返回变电所，约占 30%；剩余部分从钢轨漏泄至大地，沿大地流向牵引变电所，在变电所附近返回钢轨或变电所接地网。

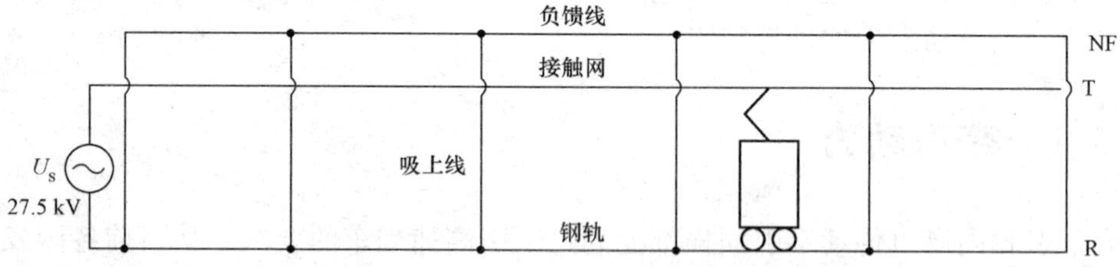

图 9-21　带回流线的直接供电方式牵引网拓扑结构

2. 自耦变压器供电方式

自耦变压器供电方式牵引网拓扑结构如图 9-22 所示。沿线路设置变比 2∶1 的并联自耦变压器，接触网、钢轨与正馈线构成 2×25 kV 系统，接触网与正回流线间的额定电压为 55 kV，动车组运行的接触网与钢轨间额定电压保持 27.5 kV 不变。因自耦变压器的电压平衡、电流吸上作用，自耦变压器牵引网电源供出的电流只有动车组电流的一半，由于提高了工作电压，自耦变压器牵引网的电压损失降低、电能输送能力增强，并且其对通信线路的干扰防护能力要优于带负回流线的直接供电方式，故特别适于重载、高速运输。我国新建速度为 250 km/h 及以上的高速铁路普遍采用自耦变压器供电方式。

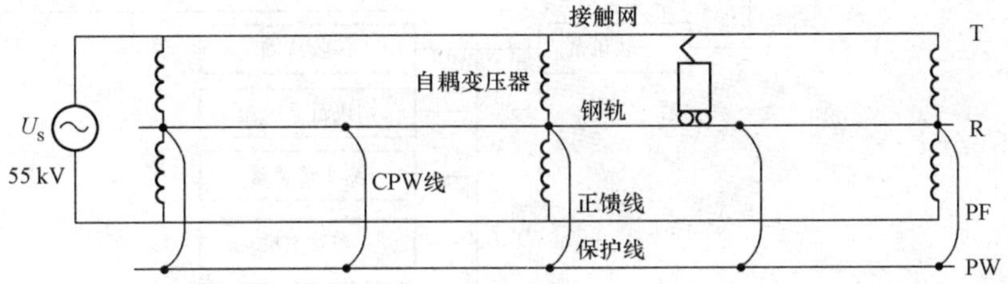

图 9-22　自耦变压器供电方式牵引网拓扑结构

9.6　高速铁路信号与控制系统

高速铁路信号与控制系统是高速列车安全、高密度运行的基本保证，是保证列车行驶安全和提高行车效率最有效的信号设备。在普通速度线路的列车运行中，司机是根据地面信号显示来控制列车运行。而在高速线路上，由于速度高，司机在很短时间内要辨认地面信号是非常困难的，必须根据地面发送的信息直接与机车制动系统相联系。

9.6.1　高速铁路信号与控制系统的主要特点

由于新技术及微型计算机的发展及应用，高速铁路信号与控制系统的主要特点有以下几项：

(1)管理集中、控制分散的微型计算机综合列车自动控制系统。

(2)具有较高的容错能力及安全性，即使调度中心计算机发生故障，各站微型计算机也能按计划很好地完成各项控制功能。

(3)具有较大的信息处理能力及系统运用上的灵活性，可以构成包括行车指挥、运行控制和运营管理在内的综合控制系统。

(4)人-机关系合理，构成系统的主要设备及计算机的软件、硬件都已模块化，功能综合化，设备一体化。

9.6.2 高速铁路信号与控制系统的组成

高速铁路信号与控制系统是一套完整的行车安全制式，主要由列车运行控制系统、计算机联锁系统、行车指挥系统和代用信号设备等组成，如图 9-23 所示。以上设备主要布置在调度中心、车站、区间信号室、车辆段、维修基地、线路旁以及列车上。

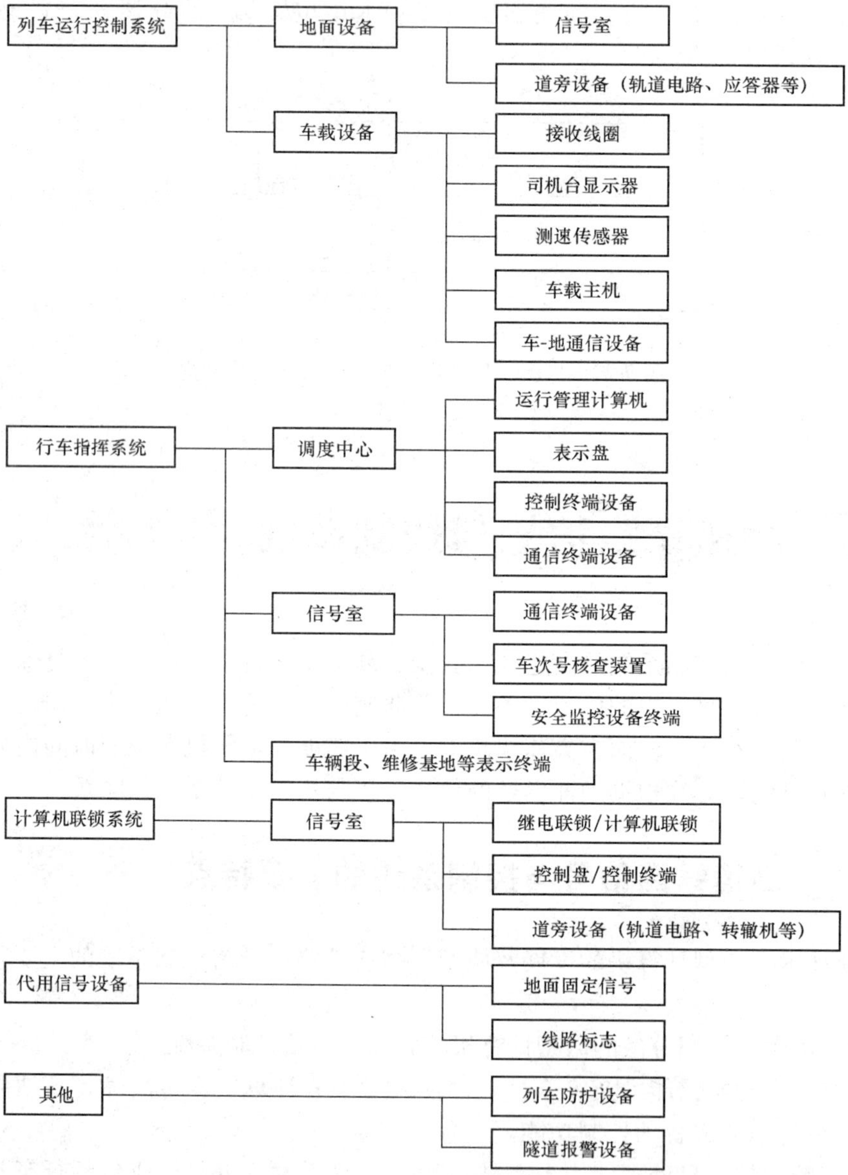

图 9-23 高速铁路信号与控制系统的组成示意图

9.6.3 计算机联锁系统

计算机联锁系统是铁路信号的重要组成部分，主要是用于车站进路的控制和保证列车运行和作业的安全。高速铁路信号当然也离不开联锁系统。高速铁路联锁系统除设计上要考虑到高速列车运行的特点外，其设备与普通铁路没有本质的差别。但高速铁路进路由调度中心计算机控制，取消了地面信号，由车载信号控制列车运行，因此，选用的联锁系统必须是先进的联锁系统。

1. 计算机联锁系统的特点

计算机联锁系统与继电联锁相比的优越性主要有以下几个方面：

(1)计算机联锁系统功能更加完善。例如，我国广泛应用的继电联锁设备(6502 电气集中联锁系统)，受站场形状、电路逻辑层次和结构、继电器以及接点数量的影响，在功能及功能扩展方面受到限制。对于上述限制，计算机联锁系统通过增加少量硬件并开发软件即可解决。

(2)计算机联锁系统的信息量大，利用当前的各种网络手段，可与行车调度指挥系统、列车控制系统联网，交换各种信息，以使整个信号系统协调工作。

(3)计算机联锁系统易于实现系统自诊断和自检测功能，并通过联网实现远距离诊断。有利于信号维修管理及维修体制改革。

(4)体积小，功耗低，使信号室投资减少。随着大规模集成电路的发展，计算机联锁系统的设备造价将会越来越低，与继电联锁相比将更占优势。

计算机联锁由于上述的特点，近年来，在国内外得到了广泛的使用和发展，国内外均有成功的研究设计和使用维护的经验。因此，计算机联锁系统应该作为高速铁路车站信号联锁的首选制式。

2. 计算机联锁系统的工作原理

计算机联锁由联锁控制用计算机、各种接口、输入/输出通道及外部设备，通过系统总线连接在一起，是实时控制系统。由于涉及行车安全，系统的软件、硬件设计必须遵循闭环工作原理，如图 9-24 所示。

从计算机联锁系统的体系结构来看，其属于二级集散式控制系统，突破了旧有的集中式信号系统模式，其具有模块化、层次化等特点。模块化是指联锁机主模块、PLC 及信号结合模块等；层次化是指系统具有操作表示层、联锁运算层、复核驱动层、结合电路层及监控对象层五个物理层次。这种结构的优点在于可根据车站规模的大小、作业需求的不同，在不改变联锁软件的基础上通过修改站场静态数据并增设相应硬件模块，即可满足系统的扩容要求，先进的控制体系结构结合工艺设计使得系统调试周期与现场施工、开通周期均大为缩短，具有很好的经济与实用性。

由于高速铁路运行间隔小、运行速度快，为提高系统对各种运行信息的响应速度，计算机联锁系统具有进路自动排列和进路储存功能。随着计算机技术发展，强化了人机工程的研究，提高现代化的声、像、图文显示，改善操作人员的工作环境和提高工作效率，其控制方式已由传统的控制盘，改为键盘、数字化仪、鼠标等。各国高速铁路均设立集中的

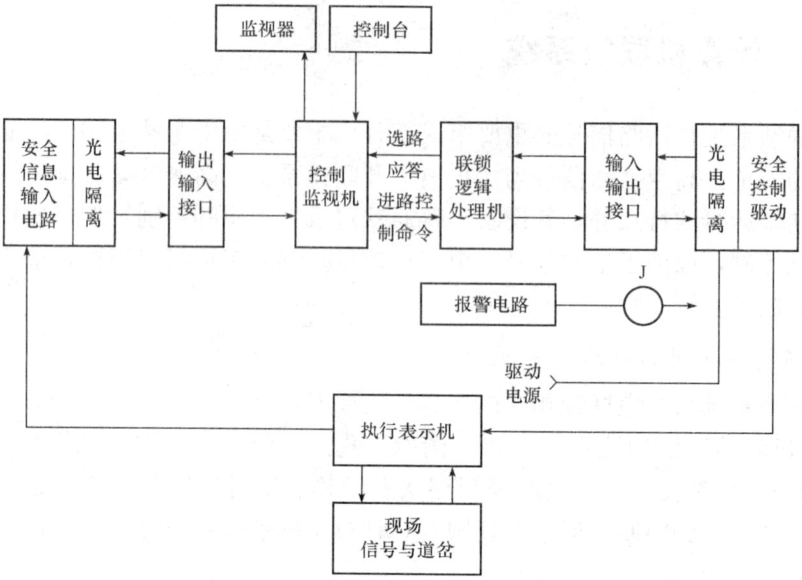

图 9-24　计算机联锁系统的工作原理

维护管理中心，以保证高速铁路的不间断运转。车站设维护管理终端，与中央调度所的维护管理中心联系，传送各种信号设备状态、联锁系统的运行信息、故障报警信息等，以便维修人员及时对设备进行干预和维护。

9.6.4　列车运行控制系统

列车运行控制系统(简称列控系统)是对列车运行实现自动监控的系统，是保障高速铁路运营安全、提高运营效率的核心技术装备，是高速铁路的中枢神经。

1. 高速列车运行控制系统的组成

高速列车运行控制系统如图 9-25 所示。

地面设备提供线路参数、目标距离和进路状态。车载设备生成目标距离控制模式曲线，并通过驾驶室内的人机界面为司机提供目标速度、当前速度、最高允许速度、距前方停车点距离等信息，满足高速运行所需的控车要求。

信号数据传输网路实现地面设备之间的数据信息交互。车-地信息传输设备完成地面设备和车载设备的信息交互。

2. 高速列车运行控制系统的分类

列车运行控制系统按照自动化程度可分为列车超速防护系统、列车自动限速系统和列车自动运行系统。

(1)列车超速防护系统。当列车实际运行速度超过允许速度时，报警装置鸣响给司机报警，若司机失去警惕，列车速度继续升高，当列车运行速度超过最大运行速度时，超速防护设备实施强迫制动，使列车停在显示“禁止”信号的信号机前方。

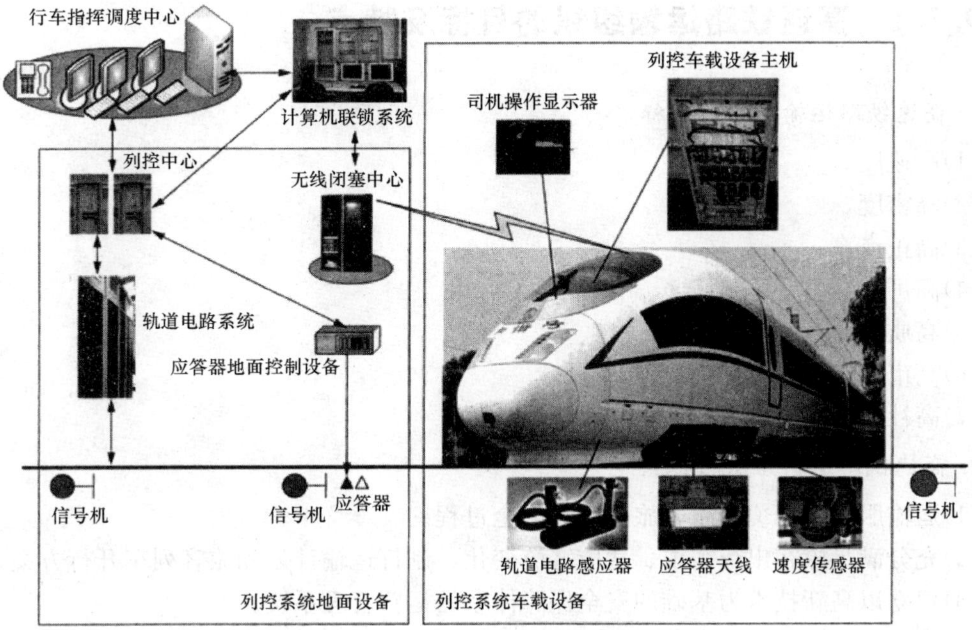

图 9-25　高速列车运行控制系统设备组成示意图

(2)列车自动限速系统。当列车实际运行速度超过限制速度时，设备自动实施常用制动，使列车运行速度自动地降低，当列车运行速度降低到低于限制速度一定值后，制动自动缓解。

(3)列车自动运行系统。列车自动运行系统是叠加在自动限速系统上的。当列车不能按列车运行图正点到达时，在自动限速系统允许速度的前提下，对列车运行的速度自动调整，加速或减速。除具有自动调速功能外，还具有定点停车、自动开关车门、自动列车广播等功能。

目前，在高速铁路线上，大部分国家采用列车超速防护系统和列车自动限速系统两种列车速度控制系统。

9.7　高速铁路的运输组织

高速铁路的运输组织是根据高速铁路的特点研究一些有别于普通铁路运输的一些技术问题。高速铁路的运输组织是涉及高速铁路的技术经济优势能否充分发挥，能否最大限度地吸引客流，能否获得最佳的经济、社会效益的软件环境，是高速铁路技术的重要组成部分。

9.7.1 高速铁路运输组织的目标及特点

1. 高速铁路运输组织的目标

(1)高速度。

(2)高密度。

(3)高正点率。

(4)高可靠性。

(5)高质量服务。

(6)高市场占有率。

(7)高社会经济效益。

2. 高速铁路运输组织的特点

(1)运输服务系统覆盖旅客旅行服务的全过程。

(2)充分满足旅客出行需求、适应客流变化，制订运输计划和旅客列车开行方案。

(3)建立以高新技术为基础的安全保障体系的运营管理系统。

(4)建立以调度中心为中枢的运营管理总体系统。

9.7.2 高速铁路运输组织的模式

目前，世界高速铁路采用的运输组织模式大致可归纳为以下三种：

(1)“全高速-换乘”模式。“全高速-换乘”模式是指高速线上只运行高速列车，无跨线列车运行，直通客流大，跨线旅客采用换乘的方式。这种模式适用于成体系的高速客运专线。如日本的新干线。它具有列车运行速度高(可达到 200～300 km/h 以上)、列车追踪运行时间短(最小可达到 2～3 min)、运输组织简单、便于管理、运输能力大等优点。但由于跨线客流要全部在衔接作业站进行一次或多次换乘，将延长旅客旅行时间，部分客流可能会转向其他交通工具，加重市内交通压力，给旅客带来不便和困难。所以，旅客换乘是“全高速”模式的关键性问题。

(2)“全高速-下线运行”模式。“全高速-下线运行”模式是指高速线上既运行本线高速列车又运行跨线列车的高速线路，跨线列车在高速上按高速列车运行，下高速先后按普通线路允许的速度运行的方式。这种模式是用于与普通线路相衔接的高速客运专线，例如法国的高速铁路。其优点是由于高速线上运行的高速列车速度基本相同，可按平行运行图运行、通过能力大；高速列车下线运行，可以增加高速列车的通行网络，扩大了高速线路的服务范围，能更多地吸引客流，提高高速线的利用率，减少旅客换乘，较好地解决跨线旅客运输问题。其缺点是需要较多的高速列车车底，必须要求高速客运专线与既有线兼容。

(3)“混合运输”模式。“混合运输”模式是指高速线上不仅运行高速旅客列车，还运行速度较低的货物列车的方式。这种模式多适用于改建既有线为高速线的线路上。例如，英国、德国、苏联等国的高速铁路。它的优点是线路的工程投资小，但是线路上由于运行的客货列车速差大(客车的速度一般为 200 km/h，货车的速度一般为 100 km/h)，客车的扣除系数大，通过能力较小，列车的运行组织复杂；客车的最高速度也受到限制，一般只能达到 160～200 km/h，延长了旅客的旅游时间。

9.8 重载运输

重载运输是除高速铁路外，铁路现代化的又一个标志。重载运输是指在先进的铁路技术装备条件下，扩大列车编组，提高列车重量的运输方式。铁路重载运输技术始于 20 世纪 20 年代，至今已在世界上很多国家广泛采用，它是提高线路输送能力、提高运输效率的重要措施。重载运输已成为世界各国铁路货物运输发展的共同趋势。

9.8.1 重载运输的定义及特点

1. 重载运输的定义

自 1978 年第一届国际重载大会在澳大利亚佩思召开、1985 年国际重载运输协会正式成立以来，重载铁路的定义伴随重载运输与时俱进、不断发展。2005 年国际重载协会理事会提出新的重载铁路标准，要求至少应满足下列三个条件中的两个：

(1)经常、定期开行或准备开行总重至少为 8 000 t 的单元列车或组合列车。

(2)在长度至少为 150 km 的线路区段上，年计费货运量至少达 4 000 万 t。

(3)经常、正常开行或准备开行轴重为 27 t 以上(含 27 t)的列车。

2. 重载运输的特点

(1)重载运输代表了铁路货物运输领域的先进生产力，有着非常高的运输效率和效益，适用于大宗散装货物，特别是铁矿石、煤炭等大宗物资运输。

(2)无论是与常规铁路还是与其他运输方式相比，重载铁路都存在着很大的优势。从经营的层面来讲，其巨大的发展潜力能保障投资者的收益；从技术的层面来讲，重载技术发展迅速，能使铁路生产体现成本优势；从旅速的层面来讲，在中长距离上又能保持铁路的速度优势。

(3)重载运输还可以增强铁路运能，缓解铁路运能紧张的状况，极大地提高铁路劳动生产率，降低货物运输成本。

9.8.2 重载列车的组织形式

重载列车的组织形式大致有三种，其作业组织方法也各不相同。

1. 单元重载列车

对于货源充足、品类单一、产销关系稳定的大宗散堆装货物(如煤炭、矿石、粮食等)，可组织开行装卸地之间的单元式重载列车。这种列车固定编组，货物品种单一、运量大而集中、在装卸地之间循环往返运行。单元重载列车是加速货物送达和机车车辆周转的有效运输组织形式。但是，这种重载运输方式要求装、运、卸各个环节的技术设备协调配套，装车采用不停车的作业方法，需设置装车环形线及高效率装车设备；卸车采用不摘钩卸车的作业方法，需设置卸车环形线及高效率卸车设备(如翻车机、车底开门车辆等)。以北美洲(美国和加拿大)为代表，包括巴西、澳大利亚和南非等国，在重载运输专线上均开行单元重载列车。

2. 组合重载列车

组合重载列车作为地区之间物资运输通道的半封闭式重载铁路，由于其货流来源与去向的多样性，需要通过较多的开行组合式重载列车这种复杂的车流组织形式。即为了提高重载铁路的输送能力，采取措施提高了重载干线的牵引定数，而相应的集疏运线路的牵引定数则相对较低，所以，需要在技术站(称“重载列车组合站”)将若干列小编组列车(即小列)组合为大编组列车(即大列)再进行直达运输。这种列车以俄罗斯为代表，我国大秦线开行的 4×5 000 t 和 2×10 000 t 列车为这种重载列车。

3. 整列重载列车

整列重载列车是由单机或多机牵引，机车挂于列车头部，在站线有效长为 1 050 m 的铁路线上开行的货物列车。这种列车采用普通列车的作业组织方法，具有更大的通用性。我国京沪、京广、京哈等长大干线开行的 5 000 t 货物列车属于这种重载模式。

9.8.3 国外重载运输的发展情况

从诞生以来，铁路业的繁荣持续到 20 世纪 40 年代，从 20 年代 30 年代开始受到航空和公路运输业的挑战，欧美铁路业逐渐萎缩。从 20 世纪 60 年代开始，西方发达国家进入建设综合交通运输体系的阶段，为铁路业的复兴创造了条件。重载铁路运输逐渐成为主流。

1. 美国

美国铁路以货运为主，是重载运输发展最早的地区。美国铁路重载运输主要采用重载单元列车方式。1967 年 10 月，美国诺福克西方铁路公司(N&W，现已归入诺福克南方铁路公司)，在韦尔什至朴次茅斯 250 km 线路上，开行了 500 辆煤车编组、由 6 台内燃机车分别分布在整个列车头部和中部担当牵引、全长为 6 500 m、总重达 44 066 t 的重载列车。

2. 加拿大

20 世纪 60 年代，加拿大重载运输已取得了实质性进展。1967 年，加拿大国有铁路在采用了固定车底循环往返的专用直达列车运输谷物后，又扩大到煤炭、矿石等物资，之后就一直不断发展。加拿大积极组织开行和发展了双层集装箱重载列车，与普通列车相比，双层集装箱列车的运输成本约降低 30%。加拿大典型单元重载列车编组为 124 辆货车，牵引重量为 16 000 t，平均速度为 70 km/h，最高速度为 85 km/h。

3. 澳大利亚

澳大利亚借鉴美国和加拿大的经验，因地制宜修建了几条重载铁路，既有窄轨，也有准轨铁路。澳大利亚铁路发展重载运输主要采取两种途径：一是在客货混跑线路上，采取改造旧线和修建部分新线相结合的办法，变轻载线为重载线；二是新建重载专线，牵引总重可达2万多吨。

4. 南非

南非的重载铁路全部采用窄轨(1 067 mm)铁路，长度为2.7万km，通往17个非洲国家，年收入达126亿兰特。其中，理查德湾煤矿重载线：长度为550 km(420 km复线)，速度为80 km/h，周转时间为55 h，2003年的运量达8 400万t/年；列车牵引重量为21 500 t(200辆)，轴重为26 t，坡道为15‰，列车采用3台11E电力机车牵引。Orex铁矿重载线：长度为860 km(为单线)，轴重为30 t，坡道为15‰，列车牵引重量为25 920 t(216辆)，采用3台50 kV·A电力机车+1台内燃机车牵引，周转时间为61 h。

5. 欧洲

欧盟经过研究认为，欧洲铁路客运非常发达，每年运送90亿人次、6 000亿人公里；货运也同样很繁忙，货运量占全世界铁路货运总量的30%，每年还以4.4%～7.5%的速度增长。欧洲铁路货运量中有30%重载运输潜力。2001年以欧洲铁路为主体的国际铁路联盟(UIC)以团体名义加入国际重载运输协会(IHHA)，成为团体理事成员。

9.8.4　我国重载运输的发展情况

我国铁路从20世纪80年代开始发展重载运输，起步较晚，但发展迅速。

在20世纪80年代初期“三西”(山西、陕西、蒙西)煤炭的外运，以每年递增1 000万t的速度发展。直到1985年，“三西”煤炭外运的北路通道，只有丰(西)沙(城)大(同)线一条铁路。丰沙大线设计运输能力为6 000万t，而1985年的实际运量已达到6 300多万t，超过了设计能力。在这种情况下，铁道部组织人员多次对北美、加拿大、澳大利亚、苏联、南非等重载运输发展较快、取得经验较多、运营收益较大的国家进行技术考察，提出了我国铁路通过采用重载运输的方法，来扩大煤炭运输能力。特别是学习了苏联铁路开行“合并列车”的方法，决定在丰沙大线首先开行7 400 t组合式重载列车(即以同方向运行的两列普通货运列车，每列3 700 t首尾连接在一起，使其间隔的时间为零)。与此同时，我国还决定修建中国铁路第一条电气化运煤专线——大同到秦皇岛铁路(线)，开行单元式的重载列车。

大秦铁路是我国自行设计并修建的第一条双线电气化重载运煤专线，是在借鉴了北美、加拿大、澳大利亚等国开行重载单元列车的经验上修建而成。在大秦线的始端、大同和雁北地区，共设立了18处煤炭集运点(其中，环线装车点9处，贯通线9处)，采用定量漏斗，利用低恒速(速度为0.8 km/h±0.2 km/h)不停车装车。在大秦线的终端，秦皇岛港内设立了卸车环线，用拨车机拨动车辆，送上翻车机每次翻卸3辆，可不停车连续作业。6 000 t列车卸车时间为60 min，10 000 t列车卸车时间为90 min。1988年年底，大秦线西段——湖东站至大石庄站建成通车(长411 km)，西段开通后，用法国引进的8 K型电力机车和C63型专用车辆(装有旋转式车钩、ABDW型制动机大容量缓冲器)，试验开行了单机牵引6 000 t和双机牵引10 000 t的重载单元列车。1992年年底，大秦线东段建成全线开通。同时，秦皇岛第三期煤码头也配套建成投产。

自2006年以来，随着大秦线2万t组合列车的大量开行及23 t轴重通用货车在全路推广使用，我国铁路的重载运输已形成两种主要模式：在重载运煤专线大秦线及其相邻衔接线路上开行万吨单元列车和万吨、2万t组合列车；在京广、京沪、京哈、陇海等既有主要繁忙干线上开行1万吨级的整列式重载列车。随着我国铁路的发展，重载运输技术有待进一步推广。

根据《中长期铁路网规划》，我国各区域之间将建成大能力货运通道。到2020年，我国重载运输通道将形成八纵、九横的网络格局。重载运输网总规模将近3万km。其中，南北重载运输通道规划里程约为1.31万km，占重载运输总里程的46%，主要由京哈、京沪、京广、京九、包西等8条运输通道构成。东西重载运输通道规划里程约为9 100 km，占重载运输总里程的32%，主要由大秦、神朔黄、陇海线、沿江通道等9条运输通道构成。铁路重载运输主要通道的实现，可极大缓解铁路货物运输压力，保证国家重点物资运输畅通，这些成就标志着我国铁路重载运输技术已达到了世界先进水平。

学习评价

本章主要介绍高速铁路的相关概念、特征、主要技术和经济优势，高速铁路线路，高速铁路车站，动车组，高速铁路牵引供电系统，信号与控制系统，高速铁路的运输组织及重载运输。高速铁路在现代铁路运输中具有十分重要的地位。高速铁路线路应保证列车按规定的最高速度，安全、平稳和不间断地运行。牵引供电线的主要功能是为高速铁路列车运行提供稳定、高质量的电流。高速铁路的信号与控制系统是高速列车安全、高密度运行的基本保证，是保证列车行车安全和提高行车效率最有效的信号设备。高速铁路的运输组织是高速铁路技术的重要组成部分。重载运输是指在先进的铁路技术装备条件下，扩大列车编组，提高列车重量的运输方式。

思考与练习

一、填空题

1. 我国国家铁路局给高速铁路的定义为：新建设计开行__________km/h(含预留)及以上动车组列车、初期运营速度不小于__________km/h的客运专线铁路。

2. 高速铁路路基的多层结构系统，主要由__________、__________以及__________三部分组成。

3. 根据技术作业性质不同，高速铁路的车站可划分为__________、__________、__________和__________四种类型。

4. 动车组通常由__________、__________、__________、__________、__________、__________等部分组成。

5. 高速铁路牵引网一般采用__________和__________。

6. 高速列车运行控制系统包括__________、__________、__________和__________。

7. 世界高速铁路采用的运输组织模式大致可归纳__________、__________和

__________三种。

8. 重载列车的组织形式大致有__________、__________和__________三种。

二、判断题

1. 2008 年 8 月 1 日，我国第一条 350 km/h 的高速铁路——京张城际铁路开通运营。（　　）

2. 在我国，当客运专线铁路行车速度为 350 km/h 时，区间线路最小曲线半径应为 7 000 m。（　　）

3. 和谐号动车组通常用来指 2007 年 4 月 18 日起在中国铁路第五次大提速调图后开行的 CRH 动车组列车。（　　）

4. 计算机联锁系统应作为高速铁路车站信号联锁的首选制式。（　　）

5. “全高速一换乘”运输组织模式，是指高速线上只运行高速列车，有跨线列车运行，直通客流大，跨线旅客采用换乘的方式。（　　）

6. 大秦铁路是我国自行设计并修建的第一条双线电气化重载运煤专线。（　　）

三、简答题

1. 高速铁路的主要技术和经济优势有哪些?
2. 高速铁路线路具有哪些基本特点?
3. 高速铁路车站的修建模式主要有哪几种?
4. 动车组主要有哪些技术特点?
5. 高速列车牵引动力的配置有哪几种方式?
6. 计算机联锁系统与继电联锁相比的优越性主要表现在哪几方面?
7. 高速铁路运输组织的模式有哪几种? 它们各有什么特点?
8. 什么是重载运输? 重载运输有哪些特点?

参 考 文 献

[1] 王绍军．铁道概论[M]．成都：西南交通大学出版社，2014.
[2] 肖荣．铁道概论[M]．北京：人民交通出版社，2013.
[3] 李明华，罗世民．铁道概论[M]．长沙：中南大学出版社有限责任公司，2011.
[4] 韩军峰，胡子亮，于彦良．铁道概论[M]．北京：北京交通大学出版社，2016.
[5] 刘广武，王艳艳．铁道概论[M]．成都：西南交通大学出版社，2014.
[6] 佟立本．铁道概论[M]．北京：中国铁道出版社，2010.
[7] 张晓玲．铁道概论[M]．成都：西南交通大学出版社，2016.
[8] 张立．铁道概论[M]．北京：人民交通出版社，2013.
[9] 周平．铁道概论[M]．2 版．北京：中国铁道出版社，2015.
[10] 李海军，侯立新，张文婷．铁道概论[M]．成都：西南交通大学出版社，2013.